Warren Buffett

Benjamin Graham

John Templeton

T.Rowe Price

Phil Fisher

株の天才たち

バフェット、グレアム、フィッシャー、プライス、テンプルトンから学ぶ

Nikki Ross

ニッキー・ロス

木村規子[訳]

[改題] 賢人たちの投資モデル

Lessons from the Legends of Wall Street

How Warren Buffett, Benjamin Graham, Phil Fisher, T. Rowe Price, and John Templeton Can Help You Grow Rich

by Nikki Ross

Pan Rolling

日本語版への序文

ウォール街の伝説として語り継がれているばかりか、人間的にも偉大な五人の投資家について書かせていただき、ここに本書を通じて彼らの教えを日本のみなさんにもお伝えできることを光栄に思います。かつてT・ロウ・プライス・アソシエーツの創設者T・ロウ・プライスが次のように述べています。

「堅実かつ実行可能な投資プランを作成できるほど具体的な青写真をしっかりと心に描いている投資家が、あまりにも少ないことに驚いている。しかも、よく考えて練り上げたプランに一度は納得したはずなのに、それをきちんと実行していける人はさらに少ない。だが、そんな彼らも家を建てるとなれば、必ず青写真を用意して周到に計画を実現していく」

本書を読み、五人の投資戦略を慎重に取り入れていけば、きっと実りある資産形成ができることと思います。

二〇〇一年八月

ニッキー・ロス

推薦の言葉

「長期的に抜群の運用成績を上げてきた著名な投資家たちによる常識を踏まえた投資手法をニッキー・ロスが実に分かりやすく、かみ砕いて説明している」
ジョン・M・テンプルトン(テンプルトン・ミューチュアル・ファンド、テンプルトン財団の創設者)

「ニッキー・ロスは、わが創始者の心をよくくみとって、ミューチュアル・ファンドだけでなく、株式に投資する人たちに対しても貴重な情報を提供してくれた」
ジョージ・A・ローチ（T・ロウ・プライス・アソシエーツ会長)

「投資について楽しみながら学んでみたいと思いませんか。この素晴らしい本にはウォール街の数十年分の知恵が織り込まれています。私も勉強させてもらいました。もっと賢い投資家になるために、もう一度学び直しながら、これまでの歩みを思い出しています。ありがとう、ニッキー。ありがとう、伝説のヒーローたち」

ゲイル・M・デュダック（UBSウォーバーグ、チーフUSストラテジスト兼マネージング・ディレ

クター。ＣＮＢＣ、ＰＢＳ『ナイトリー・ビジネス・レポーツ』、ＣＮＮ『マネーライン』のゲスト・コメンテーター）

「偉大な投資家たちはいかにして成功を手に入れたのか。そしてその情報をどう使いこなせばいいのか、ニッキー・ロスが教えてくれる。本書はＮＡＩＣ（全米投資家協会）の会員にとって必読の書であるばかりか、すべての投資家の書棚に収めていただきたい本である」

トーマス・Ｅ・オハラ（ＮＡＩＣ理事長）

「こうしたヒーロー崇拝的な話は割り引いて受け取るべきものだが、これは違う。私の投資歴が一〇年に満たないうちに、こうした本が出ていれば、どんなによかったかと思う」

ケネス・Ｌ・フィッシャー（フィッシャー・インベストメンツ設立ＣＥＯ。フォーブス誌のポートフォリオ戦略コラムニスト）

「投資やおカネについて真面目に考えている人すべてにとって、読む価値のある一冊」

ムリエル・Ｆ・シーバート（シーバート・ファイナンシャル・コープ社長兼会長）

「伝説の偉人たちからのアドバイスがあれば、賢明な決断を下せるようになるだろう。本気で投資する人は全員、本書を買って、友人や家族にプレゼントしてみるとよいかもしれない」

バーン・ヘイデン（CFP。元全米金融教育基金会長）

「現在の投資マインドをこれほど見事に洞察した本はいまだかつてなかった。投資家全員が読むべき本だ」

クリストファー・L・ヘイズ博士（全米女性・退職調査センター創設理事）

「他者がどうやって市場で富を築いたのかを学ぶことは、どの投資家にとっても有益なことだ。アメリカ屈指の株式投資家五人の戦略が知りたければ、本書を読むのが一番だ。グレアム、バフェット、プライスらの戦略を自分のポートフォリオに生かす方法が分かる。必ず得るものがあるはずだ」

スティーブン・サンボーン（バリューライン・パブリッシング調査担当取締役）

「株式投資を始めて三五年以上になるが、役に立つ本にあまり出合ったことがない。だがこの本は別格だ。真面目に投資を考えているみなさんに、ぜひともお勧めしたい数少ない本のうちの一冊だ」

フィリップ・K・スウィガード（バークシャー・ハサウェイの株主。個人投資家）

「文学を理解したければ、偉大な作家について勉強すればいい。音楽なら、偉大な作曲家について学べばいい。では、なぜ大抵の投資講座では偉大な投資家たちのことを教えてはくれないのだろうか。市場に勝てる者などいないといった効率的市場理論なら説いてくれるのに、どうして市場に勝てる者たちのことをおろそかにするのだろう。その点、ありがたいことに、本書なら大丈夫。運用成績をアップさせられるかもしれない。この一冊があるだけで、数あるアカデミックな投資テキストよりも、ずっと実践的なアドバイスが得られるだろう」

ドン・フィリップス（モーニングスターCEO）

「よくやった！　これは一般投資家向けの素晴らしい本だ。伝記的な要素とアカデミックなテキストとを合体させるとは、実にユニークである。これなら学ぶのがずっと楽しくなるだろう」

T・ウエイン・ホイップル（CFA、ニューヨーク証券アナリスト協会会長）

「この素晴らしい手引書には、投資界の長老たちからの教えが明確に記されている。投資家にとって、注目に値する情報源だ」

ベルナデット・B・マーフィー（キメルマン&ベアード、チーフ・マーケット・アナリスト。テレビ番組『ウォールストリート・ウイーク・ウィズ・ルイス・ルーカイザー』のレギュラー出演者）

「相場に目をやるたびに、有能な投資コンサルタントがいればと思う。ニッキー・ロスによって結成された投資のドリームチームによる明察は、見事であると同時に時を得ている。五人の伝説的ヒーローたちの知恵と洞察は、コンサルタントやファンド・マネジャー、ファイナンシャル・アドバイザー、株式ブローカー、そして何よりも重要な投資家たちにとって、勝ち組の投資戦略を構築するのに役立つはずだ。この素晴らしい本は知識を得ながら実に楽しく読める。どんなタイプの投資家にもぜひ読んでいただきたいものだ」

マイケル・T・ディーシュバーグ（ソロモン・スミス・バーニー、コンサルティング・グループCIMA）

「ニッキー・ロスは今一番豊かな鉱脈から細心の注意を払って金を採掘し、賢く投資をしたいと望むすべての人たちにとって高い価値を生むように精製してくれた。経験豊富な投資家にとっても本書は必読書だが、経験の浅い投資家にも理解できる内容となっている」

エリス・トラウブ（インベストウェア会長）

「これは面白くて、ためになる。五人の伝説的投資家たちがニッキー・ロスを介して語りかけてくる。財を成し、それを維持するために彼らがとった戦略が詳細に記され、読者自身が自ら資産形成の青写真を描けるように解説されている。ぜひともお勧めしたい本である」

ゲイル・リーバーマン（新聞雑誌連盟コラムニスト、『ラッグス・トゥー・リッチズ』の著者）

献辞

あらゆる知恵を授けてくれた神に、
夫、ジョーゼフの愛に、
母、クレアの勇気に、
弟、リチャードの献身に
捧げる。

株の天才たち　目次

序文

「二一世紀末には、ダウ平均(ダウ工業株三〇種平均)は一〇〇万ドルを超えることになるだろう」フロリダ州マイアミで開かれた機関投資家向け資産運用会議でのスピーチ中、ジョン・テンプルトンはこう予言した。聴衆のなかには、まゆを上げ、目を大きく見開いて、いぶかしげな表情を浮かべる者もいたが、歴史的見地からすれば、テンプルトンの理論的解釈は、何も非現実的なことではない。二〇世紀初頭、ダウ平均（**訳者注**　当時はダウ工業株一二種平均）はだいたい一〇〇ドルぐらいだった。が、彼がスピーチを行った一九九九年一一月一八日には約一万一〇〇〇ドル。つまり、一〇〇倍を超えている。そこで、今世紀も二〇世紀と同じだけ上昇すると考えるなら、二〇九九年には一〇〇万ドルに達していることになるのである。

株式市場の将来については楽観的なテンプルトンも、「二一世紀の弱気相場に備えて〝精神的にも資金的にも〝きちんと準備をしておくように」と警告を発している。一般に、弱気相場（ベア・マーケット）とは、「高インフレ、高金利、企業収益の低下、投資家心理の冷え込みといったさまざまな要因によって、マーケットが二〇%以上下落すること」と定義されている。このテンプルトンの警告は実にタイムリーだった。なぜなら、二〇〇〇年四月には弱気相場の兆候が現れていたからだ。

たとえ上昇相場で株を買ったとしても、その銘柄が上がるとはかぎらない。ウォール街の証券会社でマーケット・ストラテジストをしているアンソニー・ドワイヤーによれば、一九九九年にはダウ平均が二五％上昇したにもかかわらず、ニューヨーク証券取引所（NYSE）に上場している株式のうち値下がりした銘柄は六割にも上ったという（一九九九年のアンソニー・ドワイヤーとの会話および彼の調査を基にした）。

本書の活用法

伝説的な五人の投資家たちの知恵を三つの重要な投資ステップに凝縮するとともに、株が上がろうが下がろうが、様子見気分のときであろうが、地合いがどうあれ、彼らの戦略を応用していけるようにアドバイスしていく。投資経験の多少にかかわらず、個別株やミューチュアル・ファンドを購入するとき、資金運用担当者に運用を頼むときなど、より良い投資判断を下すのに役立つ情報が得られるだろう。

伝説的な五人の投資家については、すでにおなじみのこともあるかと思うが、本書では、彼らの戦略を今日の市場に適用できるように内容をアップデートしてある。各章では、投資に不可欠なさまざまな知識や原理を紹介する。それぞれを組み合わせて手堅い投資プランを立ててほしい。

●ウォーレン・バフェット

超長期投資の実績を持つ独立独歩の大富豪。年次報告書を読み、株の調査レポートから、しかるべき銘柄を物色し、収益を上げる手法について洞察を与える。

●ベンジャミン・グレアム

バリュー投資の父。証券分析の基準を設け、応用することで富を築く。企業を評価するうえで必要となる重要な財務データ、財務比率について解説。二一世紀を迎えて、グレアムの弟子たちがこの投資基準をさらに発展させている。

●フィル・フィッシャー

探偵まがいの投資手法で資産を形成。企業の最高経営幹部・製品・政策を評価することで超成長株を選別していく方法を伝える。

●トーマス・ロウ・プライス

成長株に投資し、企業のライフサイクル理論（誕生、成熟、衰退）を応用することで富を獲得した未来派人間。成長率の鈍化を示す警告シグナルや、株価に影響を与える種々の動向について論じる。プライスが創設したミューチュアル・ファンド・グループ、T・ロウ・プライス・アソシエーツのファンド・マネジャーらが彼のアドバイスをアップデートし、さらに充実させている。

●ジョン・テンプルトン

グローバル投資の長老。テンプルトン・ファンド、テンプルトン財団の創設者。物質的な富だけでなく、精神的な富を創造。いつの時代にも有効な一五の投資法則とグローバル投資戦略について明かす。

本書の構成

第一部から第五部までは、まず各人の人物紹介とその業績について概観し、次にそれぞれの成功戦略と投資原理を説明していく。以下に挙げる三つの投資ステップの実践法については、その後に論じる。

ステップ一　情報を集める

伝説の投資家たちの手掛かりのつかみ方や企業調査のやり方とともに、インターネットや印刷刊行物、その他の情報源を利用した株のリサーチ法を詳しく解説。

ステップ二　情報を評価する

彼らの投資基準の応用法をはじめ、定量情報（企業の財務指標など）の見方や定性情報（企業の経営陣や製品の質など）の評価法を紹介。彼らが株を買った企業を例に挙げながら説明していく（ただし、読者が本書を読むころには、すでに売却されている可能性もあり、その企業のファンダメンタルズや株価は、もう買うにはふさわしくないかもしれない）。売上高、利益、売上高利益率、ＲＯＥ（株主資本利益率）といった財務指標については、五人とも同じような基準を設けているが、財務情報に対する見方には違いがあることが分かるだろう。

ステップ三　決断を下す

売買や保有に関する決断を、彼らがどう下しているのかを見ていく。

その後の章では、彼らならではの取っておきの話や、投資家別戦略応用法（保守派、中道派、積極派のうち、自分がどのタイプに属するかについては、第三二章の終わりにある「投資スタンス判定テスト」を参照のこと）に加え、彼らの生涯や経歴を物語風に簡単にまとめてみた。最初に概観や投資戦略に関する話から読んでもいいし、いきなり三つの投資ステップのところから読み始めてもかまわない。伝説のヒーローたちのバックグラウンドについてさらに知りたければ、その生涯や経歴のところを先に読んでもいいだろう。

第六部では、各部を合成した三つの投資ステップの応用法と、独自の財テクプランを作成するための情報収集法をお伝えしていく。

著者からの感謝の言葉

以下の方々に調査やインタビューなどでご協力いただき、心より感謝の意を表したい。

バフェットに関する章を書くに当たっては、ウォーレン・バフェットと彼のアシスタントのデビー・ボサネクから、バークシャー・ハサウェイ社の年次総会にご招待いただいたうえ、過去の年次報告書など、資料を提供していただいた。

オマハ・プレス・クラブのエグゼクティブ・ディレクター、デビッド・カタランと社員のガリー・ハーパーには、一九九八年にバークシャー・ハサウェイの年次総会後にほかの二人の作家アンドリュー・キルパトリックとジャネット・ロウとともに講演者としてお招きにあずかり、バフェットとマンガーのスピーチの要約をさせていただいた。このスピーチの準備をしたおかげで、バフェットとマンガーの投資手法に対する私の洞察はさらに深まることになった。

ベンジャミン・グレアムに関する章については、トゥイーディ・ブラウン社のジョン・スピアーズとロバート・Q・ワイコフ、サウスイースタン・アセット・マネジメント社のメーソン・ホーキンズとリー・ハーパーから資料とアドバイスをちょうだいした。コンピュータライズド・インベスティング誌の編集者で、グレアムについて執筆したことのあるジョン・バイコフスキーからは、AAIIジャーナル誌（アメリカ個人投資家協会刊）のために彼が書いた財務比率分析に関する論文をいただいた。

フィリップではなくフィルと呼んでほしいと言われたフィル・フィッシャーには、特に感謝の意を表したい。フィルは私の知人のなかでもとりわけ律義な方で、ご自分の時間を何時間も割いて電話やファックスや手紙で私の質問に答えてくださった。そしてフィッシャー・インベストメンツ社のCEO（最高経営責任者）でフォーブス誌の人気コラムニストでもある、フィルの息子ケン、ケンの妻シェリー、その息子クレーにもご協力いただき感謝している。

T・ロウ・プライス・アソシエーツ社の創設者トーマス・ロウ・プライスの章を書くに当たっては、同社会長のジョージ・ローチ、彼のアシスタントのジョーン・フリスター、最高運用責任者デビッド・テスタ、プライスが初めて設定したファンドの運用担当者ボブ・スミス、副社長のスティーブ・ノーウィッツに助けていただいた。ノーウィッツには、プライスの著作の一部や未公開社史からのデータに加え、同社の刊行物などを使う許可をいただいた。

ジョン・テンプルトンからはご親切にも彼の著作のいくつかをお送りいただいた。電話でお話を伺ったうえ、一九九九年一一月には機関投資家向け資産運用会議にて、ご一緒させていただいたおかげで、彼についてさらに学ぶことができ、感謝の気持ちでいっぱいである。テンプルトンに関する章については、テンプルトン・インベストメント・カウンセル社の社長ドン・リード、フランクリン・テンプルトン・ファンドを複数担当しているファンド・マネジャー兼外国株式調査担当取締役マーク・ホロウェスコ、フランクリン・リソーシズ社のCEOチャールズ・ジョンソン、テンプルトン・マネジメント・カンパニーの元会長ジョン・ガルブレイスから情報およびコメントをちょうだいした。また、テンプルトンのアシスタント、メアリー・ウォーカーには大変親切にしていただいた。

ＮＡＩＣ（全米投資家協会）会長のトーマス・Ｅ・オハラ、その妻エレナには励ましの言葉をいただいた。そして、ディアボーン社で本プロジェクトにご協力いただいたシンディ・ジグムント、ジャック・キバーツ、トレイ・テールケに感謝したい。

右でお名前を挙げさせていただいた方に加え、本書にご協力いただいた以下の方々に感謝の意を表したいと思う。インベステック社のジェームズ・Ｂ・スタックとリサ・ゴートン。フランクリン・テンプルトン社のリサ・ガレゴス。バリューライン社のスティーブ・サンボーン。米国投資管理調査協会（ＡＩＭＲ）のサリー・カラハン。ビアンコ・リサーチ社のジェームズ・ビアンコ。ニューヨーク証券アナリスト協会のウエイン・ホイップル。アーンスト＆ヤング・センター・フォー・ビジネス・イノベーションのトニー・ジースフェルト。全米ＩＲ協会（ＮＩＲＩ）のＣＥＯルイス・Ｍ・トンプソン・ジュニア。トムソン・ファイナンシャルのグループ企業ウィーゼンバーガー社のラミー・シャーラン。マーケット・ガイド社のマーク・ガースタイン。モルガン・スタンレー・キャピタル・インターナショナル（ＭＳＣＩ）のロン・チェリー。ソロモン・スミス・バーニー社コンサルティング・グループのマイケル・Ｔ・ディーシュバーグとマーク・ケナード。ベイラード・ビール・アンド・カイザー社のブレンダ・ロック。マネー・ワールド社のミシェル・バーベレットとドン・フィルポット。モーニングスター社のドン・フィリップス。ケトリー・パブリッシング社のビル・ダベンポート、キティ、ピーター。ジェミー・ルイズとエリス・トラウブ。NAIC会員フィル・キーティング、メアリー・ベック、ワンダ・バーク。

そしてデード・カントリー・ライブラリー・システム北東支部のスーザン、シルビア、ロザーリオ、本部のミッキー、ルー、クリスティーナ、マイアミ大学ライティングセンターのシャーロットほかの皆様にも感謝したい。フィル・スウィガード、マミー・レーダー、バーバラ・ディー、スーザン・ライター・グリーンボーム、シャーリー・タイダー、ジム・ツィンマーマンにはフォーカスグループとして参加していただき、ローリー・ハーパーにはアシスタントをお願いした。また、タイプを打っていただいたナンシー・クライン、編集を手伝っていただいたスーザン・マンにも謝意を表したい。

私が本書を楽しみながら書いたように、みなさんにも楽しみながら読んでいただければと思う。伝説の投資家たちからの教えが大いにためになりますように……。

第一部

ウォーレン・バフェット――最高のブレンド投資

アメリカ屈指の大富豪、ウォーレン・バフェットは一九五六年に投資を開始して以来、超長期にわたる並外れた運用実績を誇っている。投資のスーパーマンと称されるバフェットは、猛スピードで企業レポートを読んで理解し、数値に対する超人的な記憶力を持ち、どれほど神経質な相場展開が続いていようとも、鋼鉄並みの図太い神経で重大な投資決定を下していく。が、その人柄もまたクラーク・ケントに似て温厚である。

アメリカン・ドリームを地でいくバフェットだが、つつましい生活から一躍大金持ちになった今も、その質素なライフスタイル、昔かたぎの道義心、庶民的なユーモア、現実的かつ賢明な思考・態度に変わりはない。若いころのバフェットにとって、カネ儲けとはむしろ必要に迫られてするものだった。しかし晩年では一種のゲームと化し、おカネはスコアカードのようなものとなっている。生活のなかでぜいたくを楽しむこともあるが、のめり込むことはない。約三万二〇〇〇ドルで買った家にいまだに住んでいる。バフェットにとって、おカネを使うということは、こういうことだ。仮にきょう一ドル使ったとする。それは、今は一ドルだが複利運用すれば長い年月が経つうちに価値が増大するはずのカネを使う、という意味にもなるのだ。バフェットの銘柄選びには抜け目がない。複利の原理を株式投資にも当てはめるのである。

もっとも、バフェットがこれまで好成績を上げてきたのは、彼一人だけの力ではない。ほかの偉大な投資家たちの戦略を学び、自らの専門知識と、それらを合体させたのである。したがって、投資の達人でなくとも彼のテクニックをまねすることはできるし、並外れた投資収益を上げることも夢ではないのだ。

現実的に自分の能力の限界をわきまえているバフェットは、自分の頭で理解できる企業にしか投資しない。つまり、経済的に見て、自分で納得のいく企業にだけ投資する。投資基準に見合うものが見つからなければ、静観を決め込み、キャッシュポジションのまま次の投資機会を伺う。

一九五六年、バフェットは投資パートナーシップの運用をスタートさせた。一三年後には持ち株のほとんどを売却しているが、一年複利で計算して、その間のダウ工業株三〇種平均（ダウ平均）の収益率が年率九％だったのに比べ、それは約二三・八％も回っていた。純資産額は二五〇〇万ドルに膨れ上がっていたのである。しかし当時は投機が横行し、危険なくらい株価は高騰していた。そこでバフェットは自分自身とパートナーたちのために利益を確定しておこうと思ったのだ。

一九七三年から七四年にかけてダウ平均が四〇％を超える下げを見せたとき、バフェットは資金を用意して途方もない買い物に出た。バークシャー・ハサウェイ社の会長として同社の経営権を握り、同社を持ち株会社に変えていたバフェットは、公開・非公開を問わず、株を買い付け始めたのである。一九七三年、約一〇〇〇万ドルを投じ、三〇％ほど下落していたワシントン・ポストの株を購入。バッファロー・ニューズの株も取得した。一九七六年にはＧＥＩＣＯコーポレーションの株が六〇ドルから二ドルに暴落したときに買いを入れ始め、その後、ＧＥＩＣＯは見事に復活。約二〇年後には残りの株も買い占め、会社を丸ごと買い取った。ほかにバフェットが購入した株には、キャピタル・シティーズ／ＡＢＣ（後にディズニーがキャピタル・シティーズを買収）、ジレット、アメリカン・エキスプレス、連邦住宅貸付抵当公社（FHLMC・通称フレディーマック）、コカ・コーラなどがある。

バフェットは株も買うが、時には債券に投資することもある。一九九六年には銀を一オンス四・二五ドルで買い付けたこともある。また、一九九八年にはインターナショナル・デイリークイーンに加え、世界でもトップクラスの損害保険再保険会社ゼネラル・リーを買収。その際、二二〇億ドル相当の自社株を発行し、その支払いに当てている。

今や大富豪となったバフェットはまた、彼に投資してくれた人々のために真の富を築き、それを長期にわたり維持してきた。一九九九年一〇月一一日付のフォーブス誌によれば、一九六五年にバークシャー・ハサウェイ社に投資した一万ドルは、今や五一〇〇万ドルに増えているそうだ（一九九九年一〇月一一日付フォーブス誌／英語版〔米国長者番付フォーブス四〇〇特集号〕一八六ページ「バークシャー一団」より）。

第一章

バフェットの成功戦略――常識を踏まえた投資法と複利の収益で真の富を築く

株を買うことは、企業の一部を買い取って長期保有するようなものだとバフェットは考えている。物色の対象となるのは、財務内容が良く、経営陣に恵まれ、広く競争優位に立ち、ユーザーを引きつけて離さない超一流のブランド商品を有する企業だ。バフェットが主に買収するのは、継続して安定した収益を生み出し、再投資によって成長が見込まれる、株主にとって投資効率の高い企業である。

株式を購入する前にバフェットはこう自問する。

「これは優良企業だろうか。株価は適正だろうか」

市場占有率が高く、人の心をつかむユーザーフレンドリーな商品を扱う企業に投資する

マーケティングが専門のロバート・ピーターソン教授は長年にわたりCS（顧客満足）調査を行ってきたが、CSが取引の継続につながるという確証は得られなかった。ただし、顧客がモノあるいはサービスに対して愛着を感じるようになると、CSが継続取引に結びつくことが分かった（トム・ピーターズ著『トム・ピーターズの経営破壊』TBSブリタニカ　一九九四年）。

バフェットが投資対象とするのは、社会の基本的なニーズを満たし、人の感情に訴える、好感度の高い商品を扱っている企業だ。例えば、ジレットは基本的なニーズの一つにこたえ、われわれの身だしなみに深くかかわっている。多くのアメリカ人にとって、チョコレートが無性に欲しくなったときに食べるのはシーズ社のチョコレートであり、のどが渇いたときに目に浮かぶのはコカ・コーラである。こうした企業は、長年にわたる効果的な広告活動と賢明なマーケティングによってブランドイメージを確立してきた。これらの商品は人々の意識のなかに定着しているため、競合他社の商品とは一線を画しているのである。

バフェットは、大抵の場合、自分自身が顧客となっている企業を買収している。ネブラスカ・ファニチャー・マートを買い取る何年も前からそこで買い物をしているし、バークシャー・ハサウェイの年次総会のときも、シーズのチョコレートをかじりながら、一方の手にコカ・コーラ、もう一方の手

にデイリークイーンのソフトクリームを持ち、こんな冗談を言っている。「自分が口を出したところには、ちゃんとカネも出すのだ」と。

商品価値が高ければ、企業はインフレ時にコスト高を顧客に転嫁できるだけでなく、買い控えが起こる景気後退期にも、商品を売りさばくことが可能となるのである。

良き経営陣のいる企業に投資する

無能な経営陣のいる企業を買うことは、走るべき線路の敷かれていない列車を買うようなものだ。有能な経営陣は、中核となる得意分野の事業に専念する。分不相応の事業に手を出したりはしない。バフェットが買収した企業の経営者らも本業に専念するタイプで、仕事を愛し、株主にも顧客にも従業員にも公平に応対している。ネブラスカ・ファニチャー・マートの創設者ローズ・ブラムキンのモットーはズバリ、「安く売り、正直であれ」である。そのうえ、経営幹部らは会社のために尽くし、顧客のニーズに見合う商品探しにとことん努力している。従業員もまた質の高い顧客サービスを提供すべく、特別に研修を受けている。

バフェット式投資の原理とその戦略

バフェットは長い年月の間にその投資戦略に改良や修正を加えているが、株式であれ債券であれ、公開企業であれ非公開企業であれ、その他の投資対象であれ、その価値を認めたときに買いを入れるスタンスは変えていない。バフェットの信奉者のなかには、彼が何を買うか見定めてから提灯買いに加わる者もいるが、大切なのは、投資対象の価値とともに、その投資基準と戦略を理解することである。例えば、バフェットが銀を購入したことは新聞などで大々的に公表されたが、バークシャーの副会長チャーリー・マンガーは一九九八年の年次総会において、こう指摘している。「銀がバークシャーの資産に占める割合はわずか二%ほどにすぎず、現時点における総資産価値への影響は微々たるものである」と。しかも、バフェットの投資動向に関するメディアの憶測は必ずしも正しいとは限らない。

バークシャー・ハサウェイの一九九八年の年次報告書には、保有株式として、アメリカン・エキスプレス、コカ・コーラ、ウォルト・ディズニー（一九九九年に売却）、フレディーマック（二〇〇〇年に売却）、ジレット、ワシントン・ポスト、ウェルズ・ファーゴといった、評価額が七億五〇〇〇万ドルを超える普通株が記載されている。

また、同社保有の非公開企業としては、以下のものが挙げられている。

●保険関連――GEICO、ゼネラル・リー
●航空サービス関連――フライト・セーフティー、エグゼクティブ・ジェット
●家具関連――ネブラスカ・ファニチャー・マート、R・C・ウィリー・ホーム・ファーニシングス、スター・ファニチャー・カンパニー
●靴関連――H・H・ブラウン・シュー・カンパニー、ローウェル・シュー・インク、デクスター・シュー・カンパニー
●宝飾品関連――ヘルツバーグ・ダイヤモンド、ボーシャイムズ
●その他――インターナショナル・デイリークイーン、シーズ・キャンディーズ、スコット・フェッツァー・カンパニーズ（主力商品は、ワールド・ブックの百科事典、キャンベル・ハウスフェルドのエア・コンプレッサー、カービーの家庭用掃除機）、バッファロー・ニューズ

バフェットには独自の哲学がある。このため、投資家の多くがその企業価値を認めていない、あるいは、その企業について悲観的な見方をしているときでさえ、かまわずその株を買い付けてきた。その投資戦略は二つある。業績が驚異的に好転しそうな企業に投資すること。そして下げ相場のときに、長期的に見てかなり有望だと思う企業に投資することだ。次に、この二つの戦略について見ていくことにしよう。

業績が驚異的に好転しそうな企業に投資する

バフェットは一九九〇年にウェルズ・ファーゴの株を買い付けている。アメリカ西部で最も歴史の古い銀行として知られるウェルズ・ファーゴは、カリフォルニア州を拠点とした持ち株会社で、銀行業務、抵当貸付、信託業務、クレジットカード、証券業務を手がけている。

西部劇ファンや歴史通の方なら、ウェルズ・ファーゴの金庫を運ぶ駅馬車が覆面強盗に強奪されるシーンを思い出すかもしれない。ウェルズ・ファーゴの歴史は一八五二年に始まる。カリフォルニア州コロマに近いジョン・サッターの製材所で金が発見された一八四八年、ひと儲けできると当て込んだ人々が全国からこの地に集まってきた。そのなかに東部から来た羽振りの良い実業家、ヘンリー・ウェルズとウィリアム・G・ファーゴがいた。金を試掘している人々を眺めていた二人は、別の方法で富を得ることを思いついた。こうして一八五二年三月一八日、ウェルズ・ファーゴ&カンパニーという銀行兼駅馬車急送便会社が誕生したのである。

ウェルズ・ファーゴは、カリフォルニア州の複数の銀行で取り付け騒ぎが起こった一八五五年の金融恐慌のときも、一九〇六年のカリフォルニア大地震のときもなんとか生き延びてきたが（ウェルズ・ファーゴの沿革を記した冊子より）、バフェットがその株を買い付けたときは、また別の危機に瀕していた。一九九〇年、カリフォルニア州は不況の真っただ中で、不動産価格が暴落していた。ウェルズ・ファーゴは不動産関連融資の割合が大きかったため、その額が問題視され、将来の支払い能力を懸念する声さえ出ていた。バフェットはウェルズ・ファーゴの株価が三〇％以上下げたところで買いに入った。同行のCEO（最高経営責任者）カール・ライチャード率いるこの経営陣なら危機を脱することができると見たのである。ライチャードの指導の下、同行は経費削減計画を立て、人員整理とともに報酬構造の改革を断行。付加的な銀行業務に加え、新たな収益源を創出した。バフェットは同行の株を一株当たり純資産額より下で拾っていた。やがてカリフォルニア州が不況から立ち直ると、不動産市況も回復。バフェットはさらに三億九二〇〇万ドルを注ぎ込んでウェルズ・ファーゴ株を買い増したが、このとき投じた資金が一九九九年末には二三億九〇〇〇万ドルの価値を生んだのである。ヘンリー・ウェルズとウィリアム・G・ファーゴはまた、バフェットが株を大量に保有しているもう一つの会社、アメリカン・エキスプレス（第七章を参照のこと）の創設者でもある。

深刻な経営問題を抱えている企業に投資するときは、その企業に関する豊富な知識と、問題は一時的なことだという確信がなくてはならない。個人投資家がこうした復活株候補を手がける場合は、一点買いをするのではなく、かなりよく分散されたポートフォリオのなかの一つとして買うのがよいだろう。

相場が急落しているときに買う

一九九七年五月、出版キャンペーンで慌ただしく飛び回っていたキャサリン・グラハムは、そのツアー中にオマハに立ち寄った。バークシャー・ハサウェイの年次総会に出席して、バフェットとマンガーの講演を拝聴し、自著『キャサリン・グラハム　わが人生』（TBSブリタニカ）の宣伝をさせてもらうためだ。そこにはバークシャーの株主たちによる長蛇の列ができていた。ワシントン・ポスト社の舵取り役として株主たちの資産形成に一役買った彼女の自筆サインをもらおうと待ち受けていたのである。

ワシントン・ポストの沿革を記した小冊子によれば、一八七七年ジャーナリストのスティルソン・ハッチンズがワシントン・ポスト紙を創刊。その後、同紙は何人かのオーナーの手を経て、金融業者のユージーン・マイヤーに売却された。そのマイヤーの娘キャサリンは、マイヤーが高く評価していた聡明でカリスマ性のあるフィリップ・グラハムと結婚。マイヤーの死後、後を引き継いだフィリップは一九六一年にニューズウィーク誌を買収している。

当時、働く女性はまだ珍しく、女性の役割は家庭を守ることとされた時代に育ったキャサリンだったが、一九六三年に夫が四八歳で他界したため、いや応なしに女手一つで子育てと会社経営の二足のわらじを履くことになった。ワシントン・ポスト社は一九七一年に株式を公開。公開価格は一株二六ドルだった。しかし一九七三年から七四年にかけてはダウ平均が四五％以上も下落。ちょうどワシントン・ポストがウォーターゲート事件の報道で世間の注目を集めているときだった。同紙の記者ボブ・ウッドワードとカール・バーンスタインの二人がウォーターゲート侵入事件やホワイトハウスの不法行為について書きまくり、これがニクソン大統領の辞任へとつながったのである。バフェットはワシントン・ポストの株価が三〇％落ちたところで買いを入れた。買値は一株六・三七ドル（株式分割調整済み）。当時の総収入（売上高）を基にした同社の一株当たりの価値は、この買値の約四倍だった（ワシントン・ポストの一株当たりの価値は、バフェットの買値の約四倍だった。ジョン・トレイン著『The Midas Touch』〔HarperCollins, 1987〕二七～二八ページより）。バフェットが好印象を抱いたのは、財務データだけではない。キャサリン・グラハムをはじめ、編集のベン・ブラッドレー、記者のボブ・ウッドワードやカール・バーンスタインといった人々の誠実さ、人材の質の高さが決め手となったのである。

年月がたつうちにバフェットはキャサリンの相談相手となり、友人となった。取締役として迎えられたバフェットの勧めに従い、ワシントン・ポストは自社株買いを実施するなど、株主価値を高める政策をとっている（アンドリュー・キルパトリック著『Of Permanent Value : The Story of Warren Buffett』〔AKPE, Birmingham, Alabama, 1996〕二七～二八ページより）。バフェットがワシントン・ポストに投じた約一〇〇〇万ドルは、キャサリンが引退した一九九三年には七〇〇〇万ドルの配当を生み、その市場価値は四億ドルを超えていた。ちなみに、一九九九年末の市場価値は九億六〇

○○万ドルとなっている。
キャサリンはフォーチュン誌からビジネス界栄誉賞を受賞している。ワシントン・ポスト紙も彼女のリーダーシップによってピュリツァー賞を獲得し、バフェットとマンガーは彼女に賞賛の言葉を贈っている。現在は、キャサリンの息子ドナルドがワシントン・ポストの会長を務めている（**訳者注**　キャサリン・グラハムは二〇〇一年七月、転倒事故により八四歳にて死去）。

バフェット式戦略の進化

バフェットは若いころにテクニカル分析の勉強をしている（テクニカル・アナリストとは、企業の財務力や収益性を評価するのではなく、出来高や株価の値動きを重視するアナリストのこと）。バフェットはバロンズ誌に端株取引の統計に関する論文まで書いているが、これは今日ではテクニカル的に当てにならない指標とされている（**訳者注**　いわゆる「オド・ロット（端株）理論」のこと。一般に端株取引をする人は素人であるため、相場の逆指標となることから、端株取引の売買量を分析して相場予想を立てる手法があった）。その後、ベンジャミン・グレアムの『賢明なる投資家』（パンローリング刊）を読んで深く感銘を受けたバフェットはニューヨークに出向き、グレアムから証券分析について学んでいる。それから長い年月がたった一九九四年、ニューヨーク証券アナリスト協会がグレアムをたたえるために開いた昼食会でバフェットはこう語っている。

「もしベン・グレアムに出会っていなかったなら、私はいまだに端株取引にこだわって時間を浪費していただろう」

バフェットはグレアムから投資に関する別の見方を教わった。バフェットにとって、グレアムは良き指導者であり、恩師であり、雇い主であり、ヒーローだったのである。

グレアムがウォール街に「買い物」に行くときは、収益あるいは純資産額から見て「バーゲン価格」で売られている株を物色していた。「バリュー投資の父」と称されるグレアムは企業の財務指標に注意を集中させ、バーゲン品の代わりに不良品をつかまされることのないよう、株・債券ともに投資対象を幅広く分散させたポートフォリオを組んでいた。ベルトをした上にさらにサスペンダーをつけるかのように、念には念を入れ、自己評価した価格よりもさらに下で株を購入した。これこそ、彼の編み出した「安全余裕率」(Margin of Safety)というものだ。例えば、一株二〇ドルの価値があると思った株については、一四ドルで買い付けることにする。この場合の安全余裕率は三〇%となる。安全余裕率が高ければ高いほど、安心していられるというわけだ。

投資を始めて間もないころのバフェットは、グレアムを見習って、統計的に安い株に分散投資していた。グレアムをしのぐ投資家として成長した今でも、師の真髄となる原則にはこだわりを見せる。ただし、バフェットのほうがより集中型の投資を行い、好業績の優良企業に投資するときは、高くついても買いを入れるようにしている。大抵の場合、グレアムは買ってから数年以内で手放していたが、バフェットは長期保有する。短期では長期投資ほどの大きなリターンが得られないからだ。

バフェットは、パートナーであり友人でもあるバークシャー・ハサウェイの副会長チャーリー・マンガーからも大企業に投資するコツを教わっている。そしてカリフォルニアに住むファンド・マネジャー、フィル・フィッシャーのもとも訪れている。グロース投資（成長株投資）のパイオニアであるフィッシャーは、投資の質的な面により重きを置き、経営陣の能力や経営状態を判断材料とした。バフェットはフィッシャーの投資手法を学び、企業の人材・政策・製品を評価する彼の基準のいくつかを採用している。フィッシャーを崇拝しているバフェットは、バークシャー・ハサウェイの年次総会で彼の投資術を褒めたたえたこともある。バフェットはグレアムの割安株投資の概念とフィッシャーの超成長株投資の手法を応用し、バリューとグロースの二つの戦略をブレンドした彼独自の投資スタイルを確立したのである。

バフェット式常識を踏まえた投資法

投資には自制・忍耐・知識が必要だが、常識を働かせることもまた重要である。バフェット式の常識を踏まえた投資法には八つのルールがある。以下にそれを挙げてみよう。

（一）自分なりの投資プランを書面に書く、あるいは頭の中に描いておく。そして自制心をもって、そのプランに従う。

（二）健全な判断や条件の根拠となったものの正当性が揺らいだときは、柔軟に対応し、自分の投資戦略を変更するか、改良を加える。
（三）企業の売上高や利益を調べ、収益につながるまでの過程を学ぶ。
（四）自分が目をつけた株を重点的に追う。当該企業の製品・サービス、業界での位置、競合他社との比較の仕方を理解する。
（五）経営陣に関する情報をできるだけ頭に入れておく。
（六）超優良株を見つけたときは、市場予測や経済予測に左右されてはならない。
（七）自分の投資基準を満たすだけの価値ある株が見つからないときは、キャッシュポジションのまま様子を見る。感情に走る投資家は、実際の価値よりもかなり割高になった株を買って失敗することが多い。
（八）自分は何を知らないのか、また何をよく知っているのかをきちんと見極め、知っていることに特化する。

第二章 バフェットが実践する三つの投資ステップ――年次報告書から洞察を得る

ステップ一　情報を集める

投資の手掛かりをつかみ、企業情報を集めるために、バフェットはさまざまな新聞・雑誌に目を通す。ウォール・ストリート・ジャーナル、ニューヨーク・タイムズ、ワシントン・ポスト、バッファロー・ニューズ、フォーブス、フォーチュン、USAトゥデー、バロンズ、ファイナンシャル・ワールドなどだ。自分が買う可能性のある企業やその企業が属している業界のほか、一般の経済情勢に関するニュースを探すのである。

バフェットは、企業が現在手がけている事業だけでなく、これまでの足取りを理解するために過去の業績を調べ、それらを基に将来の動向に関する手掛かりをつかむ。また、狙いをつけた企業の各種報告書を読む。それには、いわゆるアニュアル・レポート（年次報告書）のほかに、フォーム10K、フォーム10Q、フォーム8Kがある。フォーム10Kとは、SEC（証券取引委員会）向けに提出される年次報告書で、株主向けの年次報告書とほぼ同じ内容だが、さらに詳しくなっている。フォーム10Qは、SEC向けに提出される四半期報告書で、年次報告書の内容をアップデートしたもの。フォーム8Kは、例えば、資産の売却とか、役員あるいは取締役の退任など、重要な変更事項を報告するものだ。

さらにバフェットは議決権行使についての参考書類（**訳者注**　定時株主総会招集通知に同封されている書類）も読む。これは株主に対して取締役会やその他の事項における議決権の行使を勧誘するもので、役員や取締役らの報酬、持ち株、ストックオプション（自社株購入権）に関する記載があり、株価の値動きを示す図表も添えられている。バフェットはまた、企業のバックグラウンドや財務実績を比較するために、競合他社の報告書もチェックしている。

こうした報告書を手に入れるには、企業のＩＲ（投資家向け広報）部門に電話をかけるか、Ｅメールを送る。あるいは企業のウェブサイト（企業のウェブサイトのアドレスは、www. companiesonline. com に多数掲載されている）や、SECのサイト（www. sec. gov）を訪問してもよいだろう。ライバル企業の名前を知るには、株関連のデータリサーチ・サービスを利用するか、企業のＩＲ部門に問い合わせると、教えてもらえるかもしれない。

バフェットは『バリューライン・インベストメント・サーベイ』（valueline. com）を定期購読しているが、株式情報を入手するうえで貴重なリサーチサービスだと考えている。これ以外にも刊行物や電子メディアを使ったデータサービスがある。例えば、ブルームバーグ・ファイナンシャル（www. bloomberg. com）、スタンダード&プアーズ（www. standardandpoor. com）、モーニングスター（morningstar. com）などは大量の株式データを提供しているし、フーバーズ（hoovers. com）では、企業の沿革についての情報提供を行っている。

バフェットはまた、経営陣、競合他社、その他の関係者、あるいは買い候補となっている株について知識のある人たちと話をしたり、製品調査については、実際にその企業の製品を使って試してみることが多い。

ステップ二　情報を評価する

バフェットはまず企業の評価から始め、その企業が自分の投資基準を満たしているかどうかを判定する。次にその株価を見て、投資妙味があるかどうかを判断する。株を買うことは、企業の一部を買うのと同じことだと考えているバフェットは、次のようなことを自問する。

●それは自分の頭で理解できる企業か。

●企業のこれまでの売上高、利益、経営状態から見て、CEO（最高経営責任者）や最高経営幹部らは有能か、事業にひたむきに打ち込んでいるか。
●経営陣は株主に対してありのままを率直に報告しているか。
●その企業は、ユーザーを引きつけて離さない超一流のブランド商品を有しているか。顧客のロイヤルティー（忠誠心）は高いか。
●その企業は広範に及ぶ競争上の優位性を持っているか。競合他社の追随を阻むことができるか。
●その企業は「オーナー収益」すなわちフリー・キャッシュフロー（FCF）を十分に生み出しているか。
●その企業は売上高と利益において高い伸び率を長期間維持しているか。
●ROE（株主資本利益率）が一五％以上あるか。ほかに投資するよりも高いリターンが得られるか。
●競合他社よりも高率の売上高利益率を維持しているか。
●企業目標は何か。その目標を達成するためにどのような計画を立てているか。
●その企業はどのようなリスクを抱えているか。
●財務内容は健全か。借り入れは少ないか、処理できる範囲内か。
●将来の予想収益や予想株価と比べ、現在の株価は適正か。

ある企業が自分の投資基準に見合うかどうかは、企業の報告書やバリューラインの調査レポートを読み、それを参考にして決める。仮にバフェットの基準を一〇〇％満たしていなくても、真に傑出した、株価が魅力的な企業でなければいけない。

年次報告書から投資に関する洞察を得る

一九五六年に運用の仕事を始めたときから、バフェットは年次報告書や他企業の報告書を読むことにかけては達人だった。多くの投資家にとって、財務諸表を読んで理解することは至難のわざである。しかし『バリューライン・インベストメント・サーベイ』（第三章を参照のこと）のような、財務指標をもっと分かりやすく示した調査レポートと一緒に読めば、結構理解できるものだ。

コカ・コーラの年次報告書を読んだバフェットは、一九八七年から八八年にかけて同社の株を買い増していく決断を下した。その報告書には経営陣の目標と海外市場において成長余地がかなりあることが記されていたのである。

年次報告書を見れば、投資妙味のある企業か、投資不適格な企業かが分かる。バークシャー・ハサウェイの株主たちがバフェットに年次報告書の読み方を尋ねたところ、彼はにっこりしてこう答えた。

「初めから終わりまで全部読むんです」

年次報告書はまず、「株主の皆様へ」というCEOからのあいさつに始まり、財務報告ハイライト、事業内容の説明、過去の営業成績、新製品（すでに売り出されているかもしれない）を含む事業別セグメント情報、R&D（研究開発）活動、目標、業績についての経営陣による論考、監査報告書、財務諸表などが続き、報告書の末尾には、会社の住所、電話番号、ウェブサイトのアドレス、年次総会のお知らせ、その他の情報が記載されている。

バフェットがCEOからのあいさつと経営陣による論考を読むときは、その報告書が株主にとって貴重な情報源となっているか、それとも宣伝目的の資料にすぎないのかを見る。バフェットは自分が投資する企業の経営陣には、ありのままを正直に報告することを求めているのである。

バフェットのバークシャー・ハサウェイの株主に対する年次報告書には気取りがない。一九七六年の年次報告書には、繊維部門（後に売却）に失望したことが述べられている。バフェットはコスト高の原因をこう説明している。それは、経営陣が設備能力および従業員の能力を適切に評価していなかったためである、と。一九九四年の年次報告書には「過ち日記」と呼ばれる項目がある。バフェットはトップの名誉にかけてUSエアーの優先株を購入したが、一九九四年九月その配当支払いが停止され、株価は急落。結局、バークシャー・ハサウェイはその株を手放している。

マーケットは上がっているのに、自分の持ち株は下がっていく。どんな偉大な投資家でも、このような経験を何年かしたことがあるものだ。一九九九年、S&P五〇〇種株価指数（S&P五〇〇）が一九％上昇しているにもかかわらず、バークシャー・ハサウェイの株価は一五％の下落。「クルーゾー警部（**訳者注**　コメディー映画『ピンクパンサー』シリーズに登場するドジなフランス人警部）でさえ、だれが悪者であるか分かるだろう。そう、それは会長の責任だ」と、バフェットは年次報告書に書いている。ここでバフェットの保有株式を見てみよう。コカ・コーラの九八年末の終値は六七ドルだが、九九年末には、それより下がって五八ドル。ジレットは、九八年末が四七ドルで、九九年末は四一ドル。両者とも二〇〇〇年初頭にはさらに下げている。しかし、九九年の年次報告書によれば、バフェットがコカ・コーラに投じた一三億ドルは一一六億五〇〇〇万ドルに、ジレットへ投じた六億ドルは三九億五〇〇〇万ドルに増えている。つまり長期的には、いずれの株価も値上がりしているというわけだ。

経営者層を評価する一つの方法としては、年次報告書に記載された前年までの企業目標・収益・その他の実績に関する彼らのコメントを読んで、実際の結果と比較するのがいいが、それには数年分の年次報告書を読むのがお勧めだ。例えば、「業績を反映し、株主の付加価値を高めてきた」といった発言があったなら、財務諸表に示された売上高と利益がこれまでの年よりも上がっているかどうかをチェックしながら客観的な見方をしなければいけない。

企業を理解する

バフェットが物色するのは、実利的な価値が高いと思われる企業だ。年次報告書には、その企業の実体、売り上げや利益を生む仕組み、製品・サービスに関することが記載されている。例えば、ジレットの経営陣は一九九八年の年次報告書にこう書いている。

「当社は、カミソリ、替え刃、シェービングクリームなどの男性向けひげそり用品や女性向けの無駄毛のお手入れ用品において、世界一の売り上げを誇っております」

九八年について言えば、カミソリと替え刃における世界でのマーケットシェアは六九％である。

一九九六年、ジレットは大手アルカリ電池メーカー、デュラセルを買収。これにより、自社にマッチした経済的に納得のいく製品が生産できるようになった。というのも、同社がすでに世界的な販売力を確立していたからだ。ジレット製品は実に二〇〇以上の国と地域で売られているのである。このほかには、ブラウンの小型電器製品、オーラルBの歯ブラシをはじめとするオーラルケア用品、パーカー、ペーパーメイト、ウォーターマンの筆記用具、ライトガード、ソフト＆ドリーの化粧品などを扱っている。

ジレットの財務報告書を見ると、ＥＰＳ（一株当たり利益）は、一九八八年には〇・三一ドル。九八年は一・二七ドルなので、着実に伸びているのが分かる。

企業目標と目標達成計画

投資する前に、バフェットはこう自問する。

「何がうまくいって、何がうまくいかなくなるか」

企業の目標、戦略、ビジネスリスクを分析すると、何らかの答えが出る。

うまくいきそうな例としてコカ・コーラを挙げてみよう。同社の目標には、「安くて良いものを作る」「販売網を世界に広げ売上高を増大させる」「長期のフリー・キャッシュフロー（ＦＣＦ）、ＥＰ

S、ROEを最大化する」といったものがある。

コカ・コーラは、売り上げを世界的に伸ばすという目標を達成するために、先進国のみならず、中国、インドなどの発展途上国（新興国）においても生産施設、流通網、設備、技術への投資を行っている。一九九七年の年次報告書では、経営陣はアメリカと発展途上国とのコカ・コーラ飲料の消費率を比較しながら、大幅な利益拡大が見込めることを示唆している。それによると、アメリカの人口は約二億七二〇〇万人。一人当たりの年間消費量は八オンス瓶で三七六本。一方、中国の人口は一〇億人を超えているが、一人当たりの年間消費量はわずか六本。インドの場合は、人口約九億六〇〇〇万人で、消費量はたったの三本だという。つまり、莫大な成長余力があるということだ。

資金の源泉と流動性

年次報告書では資金の源泉と流動性にも触れられている。これにより企業の財務体質の強さと目標達成に向けた企業戦略の遂行能力が分かる。運転資本とは、当座の債務支払いに使える資金で、流動資産から流動負債を差し引いた額のこと。流動資産とは、（通常一年以内に）簡単に資金化できる資産で、現金、市場性のある有価証券、売掛金、棚卸資産などが含まれる。流動負債とは、一年以内に支払期限の来る負債で、支払手形、税金、短期借入金などがある。一般に、流動負債一ドルに対して、流動資産が二ドル（最低でも一ドル）あることが望ましいとされているが、これは企業ごと、業種ごとに異なる。運転資本を算出するための数値は、企業の貸借対照表（バランスシート）や、刊行物あるいはインターネット上の株式調査レポートを見れば分かる。

運転資本がどれだけ必要かは、各企業の総売上高、棚卸資産回転率（在庫回転率）、売上債権回転日数、総合的な財務体質などによって違ってくる。コカ・コーラの報告書では、この運転資本がマイナスになっているが、同社のような優良企業の場合は、在庫回転率が大きく、売掛金の回収も容易でキャッシュフローが十分にあるため、こうした基準に満たない企業に比べると、運転資本がかなり少なくてもやっていけるのである。一般に、規模が小さく、財務体質の弱い企業ほど、多額の運転資本があることが重要となる。

コカ・コーラの経営陣は一九九七年の年次報告書において同社の運転資本についての見解を述べている。

「当社ではキャッシュフロー、インタレスト・カバレッジ（金利負担能力）、負債比率を基に適正な負債水準を維持しています。当社の債券格付けは、スタンダード&プアーズ（S&P）ではAA（ダブルA）、ムーディーズではAA3（ダブルAスリー）となっており、コマーシャル・ペーパー（CP）については、最高ランクの格付けを取得しています。このため、資金調達コストを低く抑えることができますが、債務管理政策と並行して自社株買いと投資活動を行っているため、往々にして流動負債が流動資産を上回る結果となっています」

自社株買いのメリット

コカ・コーラやジレットをはじめ、多くの企業が自社株買いを戦略的に行っている。これについては年次報告書にも記載があると思う。というのも、企業が自社株を買い戻すと、発行済み株式数が減るため、各株主にとって、利益の分け前が増えることになるからだ。これを簡単に説明すると、例えば、一〇〇〇万ドルの利益を出している企業の発行済み株式数が一〇〇〇万株の場合、EPS（一株当たり利益）は一ドルになる。もしこの企業の利益が一〇〇〇万ドルで発行済み株式数が五〇〇万株だとすると、一株益は二ドルになる。というわけで、一般に自社株買いは好材料となるため、賢い戦略と言える。

ただし、自社株買いの価値がどのくらいあるかは、その企業がいくらで株を買い戻すか、そして将来の利益がどのくらいになるかで決まるのである。

ビジネスリスク

経営陣は、企業の将来への指針について意見を述べるだけでなく、企業の将来に影響を及ぼすリスクについて論じ、警告を発する。年次報告書にこうしたリスクが十分に記されていない場合は、フォーム10K（SEC向けの年次報告書）か、四半期報告書を見るといいだろう。

企業がビジネス上の問題を抱えていたり、減益になったりしていると、目標を達成することがより難しくなる。コカ・コーラは利益の七五％を北米以外から、ジレットは利益の約六〇％を海外市場から稼ぎ出している。アジアやラテン・アメリカなどのエマージング・マーケット（新興市場）で操業していると、経済的なリスクや政治的なリスクを抱えることになる。それに為替レートの変動もまたリスクの一つである。中国の元、メキシコのペソ、ロシアのルーブルのように通貨が急落したりすると、多国籍企業の収益は目減りすることになるからだ。ジレットやコカ・コーラの経営者らはこうした為替リスクを減らすためにヘッジをかけているが、いつもうまくいくとは限らない。また、将来の製品需要は広告・マーケティング・販促活動の良しあしにある程度左右されるため、需要の落ち込みリスクもある。さらに、商売敵が現れて収益を食われることもあれば、生産に必要な原材料価格が値上がりすることもあるだろう。

コカ・コーラの元CEO、ロベルト・ゴイツエタが一九九四年の年次報告書にこう記している。

「グローバル経済の動向、為替の変動、平価切り下げ、自然災害、政治的動乱、社会不安、天候不良、乱高下する株式市場は、われわれの手ではほとんどコントロールすることができません。しかし、自らの行動を完全に制し、説明責任（アカウンタビリティー）をきちんと果たしていくことはわれわれにもできます」

これは企業のトップだけでなく、投資家についても当てはまることだ。一九九八年から二〇〇〇年初頭にかけて、軟調なグローバル市場、ドル高、その他の問題によって企業収益が伸び悩んだとき、彼の言葉が現実味を帯びてきた。二〇〇〇年に入り、コカ・コーラは従業員のレイオフに加え、リストラ計画を発表した。

監査報告書

投資対象には向かない企業でも、監査人からはきちんと「適正」というお墨付きをもらっているものだ。監査人の仕事とは、経営陣から提出された証拠書類等を調査・検討し、財務データや財務諸表の注記の裏付けを取ることだ。そして、そうした報告が「一般に認められた会計原則」（GAAP）に従っているかどうかを判定する。監査人は、その適否について意見を述べるが、監査手続きが十分に実施できない場合は「意見差し控え」となることもある。また、これはめったにあることではないが、企業の財務データが正確に記述されていないと監査人が判断した場合には、「不適正」とされる。

本気で投資するなら、会計原則だけでなく、貸借対照表や損益計算書、キャッシュフロー計算書といった財務諸表についても基本的なことぐらいは頭に入れておいたほうがいいとバフェットなら言うだろう。本書では財務諸表を深く分析するつもりはないが、第九章でまたいくらか取り上げようと思っている。

バフェットの投資ステップ二と三の続きは、次章を見てほしい。

第三章

バフェットが実践する三つの投資ステップ（続き）――株式調査レポートから洞察を得る

バフェットは『バリューライン・インベストメント・サーベイ』（valueline.com）を定期購読しているが、これは刊行物としてだけでなく、ネット上でも閲覧できる。

バリューラインのレポートは業種別に項目分けされ、概況ページには、業種見通し、その業種に関する最新ニュースのほか、総合統計（売上高、利益、株主資本利益率、売上高利益率、負債、配当利回りなどのデータ）が記載されている。企業レポートには、その企業に関する記述と概評、長期にわたる業績の推移、収益予測などが書かれている。『バリューライン・インベストメント・サーベイ』なら、ある業種に属する株をグループ単位で見ることができるので、財務指標などを同業他社と見比べられるし、個別企業の現在と過去の数値を比較することもできる。例えば、バフェットはソフトドリンク業界のレポートを見て、コカ・コーラとペプシコ、キャドベリー・シュウェップス、コットなどを比べてみることにしている。そして、こうしたレポートを調べるときは、売上高、利益、株主資本利益率、売上高利益率などの長期トレンドを細かく見ていく。

複数のデータサービスを利用する場合は、財務比率の算出法が違うかもしれないので気をつけること。例えば、バリューラインでは、減価償却（これについては後述する）前の売上高営業利益率を出している。これは営業利益率に対する保守的な見方だが、調査機関によっては減価償却費を考慮に入れているところもある。したがって、財務指標の推移を時系列で比較するのであれば、同一の算出法を使うことが重要である。バフェットは株式を一つの企業として評価しているため、全体的な数値とともに、一株当たりの数値も見るようにしている。そこで一例として、以下にコカ・コーラとジレットの一株当たりの数値を挙げてみることにしよう。

増収増益の記録を探す

バフェットは、ロケットのように急騰したかと思えば急落してしまうような、派手な値動きをする株には興味がない。着実に成長する株を物色し、最低一〇年は持つつもりで購入する。だから、一〇年以上先まで利益成長が望める企業であれば、まあ安泰と思ってよいということになる。

バフェットが投資するのは、売り上げ、利益ともに一貫して伸びている企業だ。もちろん、過去がそうだったからといって、将来もそうなるという保証はないが、成長性と安定性において過去に実績

年	A社１株益	B社１株益
1990	$0.40	$＊d4.09
1991	0.49	＊d8.85
1992	0.58	＊d4.85
1993	0.67	2.13
1994	0.79	6.20
1995	0.93	7.28
1996	1.11	5.72
1997	1.28	7.89
1998	1.27	5.24

出所＝バリューライン・インベストメント・サーベイ
注＝＊dは赤字

のある企業のほうが将来もいくらか安心できるというものだ。

上の**表**を見てほしい。これはA社とB社の一九九〇年から九八年までのEPS（一株当たり利益＝一株益）の推移を示したものだ。どちらの企業がバフェットの好みかは一目瞭然だろう。

A社は、バフェットが株を保有しているジレットである。一九九〇年代はほぼ増益基調にある。ただし、この表にはないが、一九九八年から九九年にかけては、減益となっている。九七年の世界的な景気減速がその一因である。

B社の名前は伏せておくが、利益の増減に一貫性がないばかりか、九〇年、九一年、九二年と、この一〇年間に三回赤字となっている。バフェットも減益企業に投資したことはあるが、不振は一時的なことだと受けとめている、これまでの業績はずっと良かった、というときのみである。B社はそれに該当しない。バフェットの投資哲学から見て、彼がB社に投資することはまずないだろう。

オーナー収益とフリー・キャッシュフロー（FCF）

「キャッシュは――オーナー収益は、どのくらいあるのか見せてほしい」

投資の際、バフェットは決まってこう言う。バフェットが投資するのは、成長の原資として使える収益を生み出している企業だ。すなわち、設備を維持するためだけに膨大な資金を必要とする鉱山会社とは正反対の「カネのなる木」である。

キャッシュフローは、収益とともによく使われる尺度だが、その標準的な算出法は、一株当たり純利益に一株当たり減価償却費（設備・その他の資産の消耗や老朽化を考慮して利益から差し引かれる、現金支出を伴わない費用項目）を加えて求められる。

しかし、バフェットのやり方は、同様に一株当たり純利益に一株当たり減価償却費を加えるものの、そこからさらに一株当たり資本支出（工場や設備の維持・改善のために必要な支出）を差し引くのである。バフェットはこの計算により得られる答えを「オーナー収益」(owner earnings)と呼んでいる。

キャッシュフロー＝一株当たり純利益＋一株当たり減価償却費

コカ・コーラのオーナー収益とフリー・キャッシュフロー（1998年）

キャッシュフロー	$1.70
資本支出	$0.50
オーナー収益	$1.20
配当支払額	$0.60
フリー・キャッシュフロー	$0.60

出所＝バリューライン・インベストメント・サーベイ
注＝いずれも一株当たりの数値

オーナー収益＝一株当たり純利益＋一株当たり減価償却費－一株当たり資本支出

オーナー収益を算出するための数値、すなわち一株当たりキャッシュフローと一株当たり資本支出については、バリューラインが多くの企業の数値を発表しているが、年次報告書を見てもよいだろう。

バフェット考案の「オーナー収益」は「フリー・キャッシュフロー」と称されることもあるが、これは経営者が自らの裁量で新製品の研究開発、広告、マーケティング、自社株買いなど、さまざまな用途に自由に使える資金のことである。一般に、投資家がフリー・キャッシュフローの計算をするときは、キャッシュフローから資本支出を差し引いたうえに、さらに株主への配当支払額を差し引いて求める。配当も自由裁量に任されることになるが、配当実績のある企業なら、通常いくらかの配当が出るものと予想されるからだ。したがって、バリューラインの数値を使ってフリー・キャッシュフローの計算をするときは、バフェットのオーナー収益の公式から配当支払額を差し引くこと。上にコカ・コーラの例を示してみた。なお、フリー・キャッシュフローについてのさらに詳しいことは、一四四ページを参照のこと。

売上高利益率の高い企業を探す

企業のオーナーにとって、売り上げから差し引かれる諸経費が増えれば増えるほど、利益(収益)が減ることになる。これはビジネスの基本原則である。そこで、バフェットは企業の経営者たちに対して常にコスト管理に細心の注意を払うように求めている。

バフェットは六歳のとき、初めて売上高利益率なるものを知った。売上高利益率とは、売上高と利益の関係を示すもので、純利益(税引き後利益)を売上高で割ると得られる答えをパーセント表示する。バフェットは祖父の食料品店からコカ・コーラの六本パックを二五セントで仕入れ、三〇セントで売りさばいていた。彼の利益は五セント。生産費や税金はタダなので、売上高純利益率は、五セント÷三〇セント=約一六・六%。なかなかのものである。

売上高純利益率=純利益÷売上高

売上高利益率は、企業の営業利益(企業本来の営業活動から得た利益。投資活動などの、主たる営業活動以外の活動によってもたらされる収益とは別)を基に計算することもできる。バリューライン

業種別売上高利益率（1998年）

	売上高営業利益率	売上高純利益率
ソフトドリンク業界	20.0	8.0
小売店	8.0	2.9
食料雑貨販売	7.1	2.4
新聞業界	21.5	8.0
機械	13.5	5.8

出所＝バリューライン・インベストメント・サーベイ

の計算法では、売上高営業利益率は、支払利息・税金・減価償却控除前の営業利益を売上高で割ってパーセント表示する。

売上高営業利益率＝支払利息・税金・減価償却控除前営業利益÷売上高

当期の売上高利益率を過去の数値と比較してみよう。

それから競合他社の数値と比較してみる。例えば、コカ・コーラの売上高利益率は、ライバル企業のペプシコよりもはるかに高い。一九九八年のコカ・コーラの売上高営業利益率は二九・八％、売上高純利益率は一八・八％だが、ペプシコは順に、一八・四％、七・九％である。もっとも、ペプシコは不採算部門のスピンオフ（事業の一部を分離・独立させること）を実施。ビジネス手法を改善し、ボトラー（瓶詰業者）の効率化を図っているため、将来的には利益率は上がるものと思われる。

売上高利益率は年ごと、あるいは業種によって異なるため、個別企業の利益率を評価するときは、その業種の総合統計を見るのがいいだろう。ロバート・モリス・アソシエーツが発行している『RMAインダストリー・サーベイ』では、業種別の比率がさらに数多く掲載されている。なお、これよりもカバー範囲は狭いが、バリューラインの業種別総合統計でも各業種の概況を知ることができる。

純資産の推移を追う

株式の簿価（book value）とは、株主資本（自己資本）あるいは会社の純資産（簿価ベース）のことで、会社が解散したときに株主が受け取ることのできるものを理論値で示したものである。純資産の算出法は、総資産（会社が所有しているもの）から負債総額（会社にとって返済義務のあるもの）を差し引いて求める。その際、普通株よりも優先的に残余財産の請求権のある優先株の持ち分は控除すること。一株当たり純資産の算出法は、純資産を発行済み株式数で割って求める。「純資産額」は、バリューラインのレポートでは「book value」（簿価）として掲載されているが、年次報告書（アニュアル・レポート）では「shareholders' equity」（株主資本）となっており、企業の貸借対照表（バランスシート）上に記載されている。

一株当たり純資産＝（資産－負債－優先株）÷発行済み株式数

一九五〇年代の半ばごろ、バフェットは、株価が一株当たり純資産を下回る、あるいはそれに近い株を拾っては、純資産価値より高くなったところで売却していた。これはベンジャミン・グレアムが実践していた成功戦略である。それから長い年月がたち、一九九三年、バフェットはコロンビア大学で行ったスピーチにて、その最たる例を挙げている。なんでも、一株当たりキャッシュ（現預金および現金同等物）が一二〇ドルあるユニオン・ストリート・レールウエー・オブ・ニュー・ベッドフォード社（マサチューセッツ）の株価が四五ドルになったときに買いを入れたのだという。

しかし最近では、バフェットの純資産に対する見方は変わってきている。純資産額を長期間にわたって評価し、増加傾向にあるのか、減少傾向にあるのか、そのトレンドを見るようになったのである。これは個人の純資産の推移を追うのと同じことだ。ちなみに、コカ・コーラの一株当たり純資産は、一九八九年には一・一八ドルだったが、九八年には三・四一ドル。ジレットの場合も、八九年の〇・〇九ドルから九八年には四・〇三ドルに増加している。

株主資本利益率に注意する

バフェットは企業を評価する上で、ＲＯＥ（株主資本利益率）を特に重要な尺度の一つと考えている。ＲＯＥとは、純利益を株主資本で割ったもので、企業の経営者らが株主によって投資された資金をいかに効率的に管理しているかを見る指標である。

ＲＯＥ（株主資本利益率）＝純利益÷株主資本（純資産）

ＲＯＥは一般に一五％以上あるのが望ましいとされているが、その企業の過去のＲＯＥやほかの投資対象の利益率と比較してみたほうがよいだろう。また、ＲＯＥと並行してＲＯＩ（投下資本利益率）も見ておこう（これについては二二三ページで解説する）。例えば、バフェットの保有株式で見てみると、一九九八年のジレットのＲＯＥは三一・四％、コカ・コーラは四〇・五％となっている。

バフェットが物色するのは、利益が着実に伸び、その多くを内部留保に回して上手に再投資し、高いリターンをもたらしてくれる企業だ。逆に経費が高く、ＲＯＥの低い企業には手を出さない。

負債が適正水準にある企業に投資する

「カネは貸すな、借りるな」とは、シェークスピアの言葉だ。バフェットも個人的にはこれに同意するかもしれないが、借り入れたものを賢く使えば、企業の利益につながる。企業の負債（他人資本）を評価する方法の一つに、負債・資本比率（負債比率）があるが、企業の資本は、社債・その他の長期負債と優先株・普通株などを合計したものと定義することもできる。バリューラインなどのサービス機関をはじめ、多くの投資家が利用している負債比率は、実は総資本に修正を加えたものなのである。この負債比率の算出法は、長期負債を、長期負債と株主資本（自己資本）の合計で割ってパーセント表示する。

負債・資本比率＝長期負債÷（長期負債＋株主資本）

比率を計算するための数値は、企業の年次報告書を見れば分かるだろう。この負債比率が大体三三％以下なら、負債は適正水準にあるとされる。もっとも、負債が三三％を超えているからといって、不適正だというわけではない。なぜなら、負債額は、企業、業種、あるいは経営者の負債利用の方針によって異なるからだ。一九九九年の第2四半期におけるバリューラインのレポートを見てみよう。ジレットの負債比率は三四％で、適正水準と思われる。一方、コカ・コーラは八％で、非常に低い。負債を評価するときは、その目的、支払利息の金利、その企業の売上高と利益、その他に考慮すべき事柄を見なければいけない。例えば、金利が上昇しているときは、負債が少ないか処理できる範囲内である企業のほうが、多額の借り入れに依存している企業に比べ、ダメージが少なくて済むだろう。

株価収益率のバリエーション

ＰＥＲ（株価収益率）の高い大企業の株を買った投資家は、短期的にはやられるかもしれないが、長期で持てば、儲かるだろう。これはバフェットからの忠告である。しかし、だからといって、ＰＥ

Rの著しく高い銘柄を買え、という意味ではない。株価収益率とは、株価を過去一二カ月間のEPS（一株当たり利益＝一株益）で割ったもので、これを「実績PER」という。これは、投資家が企業の一株益に対して何倍のおカネを支払う気があるか、将来に対してどれほど楽観的であるかを見る指標である。バリューラインでは、この実績PERに加え、過去六カ月間の一株益と今後六カ月間の予想一株益を基に算出したPERのほか、個別銘柄のPERとバリューラインがフォローしている全銘柄の平均PERとの比を取った「相対PER」も掲載している。

バフェットが一九八八年にコカ・コーラの株を買ったとき、同社のPERはバリューラインの計算方式で約一三倍だった。当時、バリューラインがフォローしていた一七〇〇銘柄の平均PERは一一倍だったが、将来の成長性から見てコカ・コーラの株価を割安だと思ったのである。ちなみに、一九九八年の同社の一株益は一・四二ドル。株価は、最高値が約八九ドル（PERは六三倍）、最安値は五四ドル（PERは三八倍）だった。

相場環境が良いときは、一般に割高でも買いが入る。低インフレ・低金利で景気が拡大局面にあるときは市場に資金が流入するため、PERはさらに高くなる。一九九九年はインフレ率が極めて低く、S&P五〇〇のPERは三六倍を超えるまでになっていたが、一九四〇年代や一九七四年から八一年にかけてインフレ率が高かったときのS&P五〇〇のPERは低く、七倍しかなかった。

複利表（終価係数表）

利率	10%	13%	15%	16%	17%	18%	19%	20%	25%
5年	1.6	1.8	2.0	2.1	2.2	2.3	2.4	2.5	3.1
10年	2.5	3.4	4.0	4.4	4.8	5.2	5.6	6.2	9.3

投資利回りと企業の成長率

投資家がパフォーマンス（運用成績）を評価する尺度に年複利成長率があるが、これで企業の売上高、利益、キャッシュフロー、配当などの伸び率を見ることもできる。通常は五年とか一〇年間の数字を出して評価し、個別企業の成長率を同業他社の成長率や株価指数と比較してみる。

ここで例を見ながら実際に運用成績と株価指数を比べてみよう。例えば、一万ドルを投じて株を買い、一〇年後にその価値が三万三〇〇〇ドルになったとする。同じ期間のS&P五〇〇の上昇率は複利換算で年率一〇%。これと比較して、運用成績はどうなっているだろうか。

答えは、簡単な算数と複利表、あるいは複利計算のできる電卓かコンピューターがあれば計算できる。まず、複利係数を求めるために、終価（三万三〇〇〇ドル）を現価（一万ドル）で割る。答えは三・三。次に、**複利表**（六七ページ）にある運用年数（一〇年）の

複利表（終価係数表）

利率	10%	13%	15%	16%	17%	18%	19%	20%	25%
5年	1.6	1.8	2.0	2.1	2.2	2.3	2.4	2.5	3.1
10年	2.5	3.4	4.0	4.4	4.8	5.2	5.6	6.2	9.3

行の中から、この三・三に近い数字を探す（三・四）。次に、この三・四に対応する利率を一番上の行から探す（一三%）。つまり、この場合の投資利回りは年複利で約一三%となり、S&P五〇〇の一〇%を上回っていることになる（ちなみに、一万ドルを年率一〇%で一〇年間複利運用すると、端数切り捨てで二万五九三七ドルになる）。

企業の利益成長率も同じやり方で算出できる。仮にその企業の過去五年間の利益が次のとおりだとする。

- 一年目　三・二〇ドル
- 二年目　三・九〇ドル
- 三年目　四・一五ドル
- 四年目　五・二五ドル
- 五年目　六・五〇ドル

終価（六・五〇ドル）を現価（三・二〇ドル）で割ると、複利係数は二・〇。**複利表**（六八ページ）を見ると、五年間の年複利成長率は一五％ということが分かる。

個別企業の利益成長率を同業他社のものと見比べたり、過去数年分の成長率を過去五年間、あるいは一〇年間の成長率と比較してみるのもいいだろう。

ステップ三　決断を下す

バフェットは潜在利益とともにリスクを評価し、その企業が自分の投資基準を満たしているかどうかを分析してから、投資決定を下してきた。その基準に関してバフェットが自問することについては、四四ページを見てほしい。バフェットは自分が狙っている株と、その他の買い候補に挙がっている株とを比較するだけでなく、ほかの投資対象とも比べている。第四章では、ＧＥＩＣＯ社の沿革を簡単に振り返りながら、バフェットが同社の株を買い付けた基準を見ていく。彼の投資決定の過程がさらによく分かるだろう。

将来の収益および株価を占う

プロの運用担当者のなかには株価予想を立てるのに、五年、一〇年後までのキャッシュフローを予測して将来価値を算定し、一定の割引率で割り引いて現在価値を求める人もいる。こうして得られた答えを発行済み株式数で割ると、一株当たりの価値が分かるのである。だが、この方法は複雑なので、個人投資家にとって役に立つのかどうかは疑問である（もっとも、投資経験がかなり長い場合は別だが）。バフェットもこうしたやり方に賛成してはいるものの、将来のキャッシュフローをきちんと形に出して予測しているわけではないという。バフェットの超人的な数学力からして、おそらく暗算で済ませてしまうのかもしれない。

ほかの投資のプロたちは、企業の一株当たり当期利益、予想成長率、それなりに妥当と思われるPER（株価収益率）を使って将来の収益および株価の予測を行っている。ただし、気をつけてほしいことがある。占いが本当に当たる水晶玉があるならともかく、五年、一〇年先の売上高や利益成長率が見積もりどおりになるとは限らないし、将来の妥当なPERなど正確に分かるものではない。アマチュアの投資家同様、プロだって先行きを読み間違うこともある。海外市場あるいは国内市場で予想外の悪材料が出て下振れしたときや、特に経営問題が起こったときなどは企業予測も狂うだろう。それに株価の下落要因は、相場全体の地合いが悪いせいかもしれないし、その企業の価値を市場がそう判断したからかもしれない。

バフェットは、投資収益率の予測とともに、狙った株の一〇年後までの予想収益と予想株価を見積もることにしている。バフェットいわく、企業のこれまでのオーナー収益やROE（株主資本利益率）、売上高、利益の記録を時系列で追って細かくチェックするのだという。物色するのは、売り上げと利益が着実に伸びている企業である。こうした実績があれば、将来を占いやすいからだ。実際、これまで投資してきたのは、商品価値の高い定番品を扱っている超一流企業である。バフェットはまた、企業の内外での販売力を分析し、それが将来の売上高および利益にどうつながるかを見る。将来の収益や株価を正確に当てようとは思っていないが、大体の見当はちゃんとつけるようにしている。企業の収益および株価を手っ取り早く予測する方法については、第三一章の終わりのほうを見てほしい。

バフェットは念には念を入れ、ベン・グレアム考案の「安全余裕率」の原則を採用し、自分で見積もった一株当たりの企業価値よりもさらに株価の安い株を買うことにしている。買い候補の企業については、できるかぎり知識を詰め込んで保守的な予想を立てておけば、予想した利益が「当たらずといえども遠からず」となる確率はそれなりにあるものだ。

株を保有・売却する

バフェットは株を買った後も、その株が自分の投資基準を満たしているかどうか、チェックを怠らない。たとえ減益になっても、将来的には増益傾向が続くと信じていられるかぎり、気にせず持ち続ける。そしてその銘柄あるいは相場全体が乱高下しているときは絶好の買い場と見て、買い増しをすることもある。

バフェットは、最低一〇年は持つつもりで株を買う。本人の好みとしては一生、つまり永久に持ち続けるつもりだが、だからといって、すぐに売ることはない、というわけでもない。バフェットが株を売却するのは、もっと良い投資対象が見つかって資金を調達しなければいけなくなったとき、あるいは、その企業がもはや投資基準を満たさなくなったときだ。益の出ている株を売ると税金がかかるが、そうした経済的な問題を売買の判断材料にすべきではないとはいえ、考慮する必要はある。株を売るとき、バフェットなら、キャピタルゲイン税と売却コストを支払ってもなお余りあるほどの大きな利益をもたらしそうな株と入れ替えることを考えるだろう。

第四章　GEICO株を振り返る

バフェットは、ゼネラル・リー、GEICO、ナショナル・インデムニティ・カンパニー、カンザス・バンカーズ・シュアティ・カンパニーといった損害・障害保険や事業保険を扱っている保険会社に投資してきた。彼が保険会社を好む理由の一つは、資本コストがあまりかからない点にある。保険契約者から払い込まれた保険料のうち、支払い請求があるまで社内に留保される資金、すなわち剰余金を複利運用すれば、収益が得られるからだ。

例えば、保険契約者が保険料を支払うと、将来、保険証券に記載された請求権を行使すれば保険金が下りることが約束される。補償内容や補償額は保険期間や保険の契約条件によって異なる。保険会社は保険料収入や運用益で事業費を賄い、支払い請求に応じる。保険会社が成功するかどうかの決め手はいくつかある。一つは、保険料体系とその保険内容に対して消費者がどう価値をつけるか。もう一つは、保険業務の質。コスト管理、広告・マーケティング力、保険料の運用能力、準備金を適正水準に維持する能力である。

自動車保険の直接販売で有名なＧＥＩＣＯは、一九九五年までは株式を公開していたが、今は非公開で、バークシャー・ハサウェイが保有している。バフェットの信奉者の多くが知っていることだが、彼が初めてＧＥＩＣＯのことを知ったのは一九五〇年、コロンビア大学で学んでいるときだった。恩師のベンジャミン・グレアムが同社の取締役だったのである。興味をそそられたバフェットは、ワシントンＤＣにあったＧＥＩＣＯの本社を訪ね、最高運用責任者ロリマー・デービッドソンと会った。数時間にわたって同社に関する質問を続けたバフェットは、その後、同社の株を購入し、一年ほどして利食っている。再びバフェットが同社の株を買い始め、最終的に会社を丸ごと買い取ったのは、それから何十年も後のことで、ＧＥＩＣＯが危機に瀕しているときだった。

今日、ＧＥＩＣＯは強力なブランド力を有する有名企業だが、一九七六年当時は、赤字続きだった同社の株価が六〇ドルから二ドルに暴落。資金繰りが悪化し再建は無理ではないかと思われていた。しかしバフェットにとっては、理想的な復活株候補だったのである。深刻な問題を抱えている企業に投資するのは、財務体質の健全性を十分に取り戻すことができるとにらんだときだ。この手の株に挑むときの課題は、トラブルは一時的なことかどうか、永久に回復不能なダメージを受けているかどうかを見極めることである。

ＧＥＩＣＯにはちゃんとした得意先があり、名前が通っていた。ＣＥＯは極めて有能で、赤字になる前は増収増益が続いていた。こうしたことをバフェットは心得ていたのである。このように経営が悪化している場合は、そのときの営業状態だけでなく、その企業の沿革を知ることが重要である。というわけで、バフェットの投資基準とともに、ＧＥＩＣＯのこれまでの歴史を見ていくことにしよう（ウィリアム・Ｋ・クリングマン著『GEICO: The First 40 Years』〔GEICO, 1994〕を参考にした。一九九五年一二月、ＧＥＩＣＯのアシスタント・バイス・プレジデント兼ディレクター・オブ・コミュニケーションのウォルター・スミスより使用許可済み）。

投資基準――集中力があり細部にまで目が行き届くCEOと理解しやすく収益力のある企業

一九三四年、大恐慌の影響でまだアメリカ経済が病んでいたころ、レオ・グッドウィンがＧＥＩＣＯを創設した。グッドウィンはそれまでテキサスを拠点とする会社で陸軍将校相手に自動車保険を売る仕事をしていた。といっても、もともとは社員ではなく、その会社の会計士だったが、入社を勧められたのである。頭が良く向上心の旺盛な彼は、保険業務を勉強し、さまざまな部署で働くうちに、昇進してゼネラル・マネジャーとなり、ゆくゆくは社長になりたいと願うようになった。しかし社長には退役陸軍将校しかなれず、自分にはその資格がないことを知らされた彼は、失敗する確率が高いと言われながらも、自分で事業を立ち上げることを決意したのである。

ちょうどそのころ、フォートワースで金融会社の社長をしていたクリーブス・リーアは事業拡大のため、自動車保険会社を買い取りたいと考えていた。リーアと会ったグッドウィンは、彼に詳細な事業計画書を手渡した。それには、優良ドライバーと思われる連邦職員や一部の下士官らを対象にした自動車保険の通信販売計画が事細かく記されていた。

グッドウィンは、保険料を通常よりも大幅に引き下げ、最上のサービスを提供することを提案した。郵便で直接販売するため、代理店は不要。その分のコストが浮くというわけだ。諸経費が安く上がり、競争相手はほとんどいないか皆無で、利益率、投資収益率ともにかなり高率になることが予想された。単純だが、見事な事業計画である。リーアは会社設立に必要な資金の大部分を提供することに同意した。こうして一九三四年三月二〇日、テキサス州フォートワースにＧＥＩＣＯが誕生したのである。

事業を絶対に成功させようと固く心に決めていたグッドウィンと、以前簿記係をしていた妻は、朝早くから夜遅くまで、しゃかりきになって働いた。格安の保険料と最上のサービスは多くの保険契約者を引きつけ、会社は軌道に乗り始めた。全国の連邦職員向けの刊行物に広告を打ったところ、ワシントンＤＣからの反応があまりにも多かったため、グッドウィンとリーアはワシントンに会社を移すことを決断。これが当たった。なにしろ、政府の職員がワシントンにはたくさんいる。結果的に、彼らが保険を契約してくれることになったのである。

一九四七年、会社の株を売ることに決めたリーアは、買い手を探すため、証券会社で株の売買をしていたロリマー・デービッドソンのもとを訪れた。そして買い手候補の一人として、デービッドソンが会った相手がベンジャミン・グレアムだった。保険会社を投資先として選ぶことを一度は保留にしたグレアムだったが、ＧＥＩＣＯの底知れない価値と成長性を知り、財務指標と将来の潜在利益をチェックした結果、株価を妥当だと判断し、リーアの持ち株を買い取った。だが、投資パートナーシップとして設立されたグレアムの会社は証券規則により保険会社の株を一〇％を超えて取得することは禁じられていたのである。それを知らずに買ってしまったグレアムは、ＧＥＩＣＯの株をほかの投資家に振り分けざるを得なくなり、ＧＥＩＣＯは株式を公開することになった。配当政策が決まり、グレアムは取締役として、デービッドソンは最高運用責任者として迎えられることになった。

《適用基準》バフェットも恩師のベンジャミン・グレアムも、低コストで利益率が高く、長期的にかなりの収益力が期待できるＧＥＩＣＯの価値を認識していた。それにグッドウィンは、バフェットが求める企業のリーダー像にピッタリの人物だった。抜群の集中力があり、頭が切れ、エネルギッシュで、事業を絶対に成功させてやるという強い意志の持ち主だったのである。

投資基準――非凡なＣＥＯと良好な従業員関係と増収増益

一九五八年、グッドウィンが引退し、デービッドソンが後を継いで社長となり、やがて会長となった。仲間と群れることの好きな彼は、幹部連中だけでなく、普通の社員にとっても、付き合いやすい人間だった。年に一回スポーツ大会を開催し、慈善事業に参加するために社内にクラブを創設。チームスピリット（団体精神）を育みながら社員のやる気を促した。そしてサービスの向上や営業の効率化に関するアイデアや、その他に会社にとってためになるようなコンセプトを社員から募り、一番良かったものには特別賞与を与えた。ＧＥＩＣＯは自動車保険の対象者を民間企業の専門職やその他の労働者にも拡大。契約者増に伴い、業績も伸びた。

一九六五年、グレアムが取締役から退き、その五年後、ロリマー・デービッドソンも経営の第一線から身を引いたが、取締役として社内に残った。デービッドソンの指導下で保険契約者数は三倍に増え、契約保険料は四〇〇〇万ドルから二億五〇〇〇万ドルを超えるまでになった。ＧＥＩＣＯは自動車保険の契約高において全米第六位になったのである。

《適用基準》デービッドソンは売り上げや収益を伸ばしたばかりか、社内の人間関係を円滑にした。一意専心の心構え、率直さ、利益の大幅増をもたらしたことがバフェットの基準と合致したのである。

投資基準――率直で結果志向のスゴ腕ＣＥＯと超有望な復活株候補

デービッドソン引退後の一九七〇年第３四半期、ＧＥＩＣＯは減益となり、準備金も減少。ほかの二人のＣＥＯは極めて苦しい状況下で経営の舵取りをすることになった。内外の諸事情が合わさってＧＥＩＣＯを危機へと追いやったのである。その原因は第一に、保険契約対象者の条件を緩和したものの、あまりにも急激に顧客層を広げすぎたため、新規の契約量をさばき切れず、トラブルが発生した。第二に、多くの州で無過失損害賠償制度（**訳者注**　加害者が無過失でも被害者が補償を受けられる自動車保険制度）に関する法律が可決されたため、自動車保険の水増し請求が増えた。第三に、GEICOの剰余金の一部は普通株で運用されていたが、一九七三年から七四年にかけてダウ平均が四五％以上も急落した。そのうえ、インフレによって自動車の修理費や医療費が高くつくようになっていたのである。

GEICOは実質赤字を発表。資金繰りが悪化し、準備金も底を尽きそうになっていた。こうして無配に転落。三年前には六〇ドル前後だったGEICOの株価は、一九七六年には二ドルにまで落ち込んだ。

問題に立ち向かうため、GEICOの経営陣は保険契約者の基準を厳しくした。新規契約は減り、場合によっては契約がまったく取れないケースも出てきた。普通株のポートフォリオは売却。新しいCEOを選ぶための委員会が設けられた。

このころ、トラベラーズ・インシュアランス・カンパニーの執行副社長をしていたジョン・J・バーンは、同社初の変額年金の開発に携わっていた。彼はトラベラーズが大幅赤字を計上した後、一九七四年に同社の自動車・住宅所有者向け保険事業を見事に再建させていた。GEICOの経営陣はバーンにCEOを継いでくれるよう持ちかけた。何度か顔を会わせた後、バーンはGEICOの財務状態を健全化する難事業を引き受けることに同意した。

バーンは経営再建策を打ち出し、戦争中の将軍のごとき不屈の精神で後を引き継いだ。保険契約の対象者をさらに絞り込み、徹底的なコスト管理を推し進め、無能な経営幹部を交代させた。また、契約を解約させ更新不可とすることで顧客の大幅削減を断行。当座の救済措置として再保険計画を導入し、必要な資金は転換優先株の発行によって調達した。

一九七七年、バーンは株主にこう報告している。

「再建計画を実施した結果、目標は達成されました。契約者保護のための剰余金は一九七六年末には約一億三七〇〇万ドルとなり、第4四半期の純利益は約八〇〇万ドルに達しました」

GEICOは三年以内に二億二〇〇〇万ドルを超す利益を計上。株価は上がり始め、ほぼ一〇年後には六〇ドルを抜いた。

一九八〇年、ニューコメン協会に対してスピーチを行ったバーンは、こうコメントしている。「GEICOの歴史は、その創設期、成長期、一時的な財政困難期、驚異的な業績回復期を通して、自由企業制の良き伝統を伝える縮図のようなものである」と。

《適用基準》バーンは率直で有能。目標に向かって集中するタイプである。バフェットは、GEICOが資金難に陥っても、得意先がきちんと確保され、知名度がなお高いことを知っていた。そしてバーンがたぐいまれなCEOで、彼なら問題を解決できるだけの能力があることを見抜いていた。株価は、不安感から投げが投げを呼び、六〇ドルから二ドルまで急落したが、このときバフェットは絶

好の買い場と見て、買いを入れ始めている。その後も買い増していき、約二〇年後には、バフェットのバークシャー・ハサウェイが残りの株を七〇ドルで買い占めて買収している。バフェットのこの買い物は、驚異的に業績回復が見込める企業に投資した一つの例である。

ＧＥＩＣＯは今、ルー・シンプソンとトニー・ナイスリーの指導下にある。優秀なファンド・マネジャーであるシンプソンが運用管理を行い、ナイスリーが保険業務を監督している。ＧＥＩＣＯで長年にわたりキャリアを積んできたナイスリーは、これまでの修錬と経験を生かした保守的な保険業者だ。こうした傑出した人材が経営するＧＥＩＣＯは、着実に成長を遂げ、並外れたブランド力を誇っている。

第五章

バフェットの戦略を応用する――投資家別戦略応用法

保守派の投資家が格付けの高い債券や現金同等物（**訳者注**　容易に換金可能で価格変動リスクの少ない短期投資用の金融商品。Tビル、CD、CP、MMFなど）を保有する以外に個別株を購入するなら、バフェットの投資基準に従って、彼が保有しているような一流企業の株を買うのがいいだろう。もちろん、それは買うときの株価水準やその企業の経営状態次第であることを忘れてはならない。ほかに業界リーダーとして知名度の高い企業は、ゼネラル・エレクトリック（GE）、プロクター＆ギャンブル、ジョンソン＆ジョンソン、フェデックス（旧フェデラル・エクスプレス）、ホーム・デポ、オフィス・デポ、モルガン・スタンレー・ディーン・ウィッター、メリル・リンチ、ウォルマートなどがある。

中道派・積極派の投資家は、バフェットが買うような銘柄のほかに、自分の投資基準に見合う範囲でほかのタイプの株を買うとよいだろう。なかにはバフェットの基準を少し修正して、一流のテクノロジー企業に投資する人もいるが、一般にテクノロジー企業は移り変わりが激しく、製品がすぐに陳腐化してしまい、競争の垣根が低い。したがって、バフェットが買うような銘柄に比べ、長期的な収益予測を出すのは難しくなる。そこで、テクノロジー株と将来を予測しやすい企業の株とを組み合わせて分散投資すれば、損失回避に役立つだろう。積極派の投資家ならバフェットの基準を少し変更して中小型株に応用するとか、今はあまり知られていなくても将来的に有名になりそうな企業を発掘するのもいいかもしれない。

プロの運用に頼りたいという投資家なら、バークシャー・ハサウェイの株やミューチュアル・ファンド（**訳者注**　オープン・エンド型の会社型投信）を購入する。あるいは、投資基準がバフェットと似ている資金運用担当者に運用を頼むといいだろう。ただし、ファンド・マネジャーにしろ、個別口座の運用担当者にしろ、長期間にわたって好成績を上げてきた実績のある人にする。運用成績は年ごとに調べ、S&P五〇〇などの適当な指数や同等のファンド・グループの成績とも比較してみよう。また、過去の運用成績については、税金・手数料・諸経費控除後の実質収益がいくらになるのかを考慮に入れること。ミューチュアル・ファンドの場合は、目論見書や添付書類などの説明を読んで、ファンドの運用方針・手数料・諸経費・実績について知っておくことが大切である。また、ファンドの組み入れ銘柄については、年次報告書や四半期報告書（運用報告書）を読めば分かるだろう。

第六章　究極の年次総会

一九九八年、バークシャー・ハサウェイの年次総会後、オマハ・プレス・クラブで講演した私は、バフェットやチャーリー・マンガーのスピーチをかいつまんでもう一度述べさせていただいた。そこで、その私のスピーチを基に年次総会の様子を以下に記すことにする。バークシャー・ハサウェイの年次総会とはどのようなものか、これで大体の雰囲気がつかめるだろうし、バフェットとマンガーからのさらなるアドバイスをお伝えできると思う。

総会は正式には午前九時スタートだが、株主たちは良い席を取るために、午前六時半にはアクサーベン・スタジアムに集まっていた（総会は、最近ではオマハ市民会館で行われている）。

慣例に従い、株主は総会が行われるメーンルームに入る前に、バークシャー・ハサウェイが株を所有しているさまざまな会社の製品展示ブースが並んでいる会場に案内される。バフェットは偉大な投資家、偉大な実業家であるとともに、偉大な商人なのである。ディズニーの社員たちはミッキーマウスをはじめ、お気に入りのキャラクターに扮して、ディズニーのCEOマイケル・アイズナーを取り囲み（ただし、バフェットは一九九九年にディズニーの株を売却している）、GEICOは自動車保険証券からの引用文を掲示していた。バークシャー本体のブースは、総会が始まる前に一時、バフェットや娘のスージーが来ていたこともあり、にぎわいを見せていた。

午前八時半からは、数年前からの習わしでフィルムクリップが上映された。これはバフェットとマンガーを茶化したもので、映画『市民ケーン』（**訳者注**　オーソン・ウェルズ監督の処女作　一九四一年）をパロディー化して、バフェットを「市民バフェット」として描いた短い対話場面が見物。映画のなかで投資の極意を尋ねられたバフェットはこう答える。

「本質的には最安値で買って、永久に持ち続けることだ」

また、バフェットに関連して、ロリマー・デービッドソンがGEICOの沿革を簡単に紹介している。映画終了時にはバフェットとマンガーがステージに上がり、割れんばかりの拍手喝采を浴びていた。

総会の実務的な部分は三〇分もかからずに済んだが、その後、六時間かけてバフェットとマンガーが株主からの質問に答えた。年配者だけでなく、若者からも質問が飛び、その内容も株の選別法から将来の市場動向まで実にさまざまだった。バフェットは言う。

「株式市場は確かに空前のリターンをもたらし、企業も最高益を記録。金利も低い。しかし、今後の動向を占いたければ、こうした状態が本当に永久に続くのかどうか、自問してみるべきだろう」

銀とROE（株主資本利益率）とネット株

一九九六年にバフェットが銀を購入したことはメディアの注目を集めた。だが、マンガーによれば、「バークシャー・ハサウェイの資産のなかで銀が占める割合は二％にすぎない」とのこと。一方、バフェットは、ＲＯＥ（株主資本利益率）の重要性と、実際の価値から見て割安な、値ごろ感のある株を買うことの大切さを重ねて強調し、利益もないのに株価が高騰しているインターネット関連株について、こうコメントしている。

「もし私が証券分析の授業を受け持ったなら、こうしたネット株の価値を確定せよ、という問題を卒業試験に出すだろう。そして、これにきちんと答えられた学生がいたなら、そいつらは落第だね」

会場の後ろのほうに座っていた女性がバフェットの健康面について質問した。キャンディーやアイスクリームなど甘いものばかり食べておられるが、いかがなものか、というわけだ。これに対してバフェットは、晩年のジョージ・バーンズ（**訳者注**　米国のコメディアン）の言葉を引用しながら、こう応酬している。

「バーンズが九〇歳代のとき、彼の喫煙について掛かり付けの医者はどう思っているのかと、だれかが尋ねたそうだ。バーンズは答えた。医者なら、とっくに死んじまったよ、とね」

若い女性がバフェットに聞いた。

「夜、眠れなくなるのは、どんなときですか」

彼、答えていわく、

「問題が起きたときに取り組むことにしているので、夜は熟睡しています」

自社株買いとストックオプションについて

別の質問の答えとしてバフェットは、企業経営者の間で流行っている自社株買いについて、こう批評した。

「道理に合わないような高値で株を買い戻したからといって、株主価値が高まるわけではない」

バフェットはストックオプション（自社株購入権）についても言及している。経営者らに報酬を払うのなら、ストックオプションを与えるよりも、本人の業績を基にキャッシュでボーナスを支払い、そのカネを使って買い切りの形（アウトライト）で自社株を購入できるようにしたほうがいいとバフェットは考えている。

わずかながら高校生からも質問が出た。バフェットは、なるべく早いうちから貯蓄や投資関連の学習計画をスタートさせて良質な実務教育を受け、優良企業の経営手法を学ぶことを勧めている。

午後三時半、総会終了。大勢いた人々は三々五々と散り、人影はまばらになったものの、株主のなかには、終日ここにいたいと言う人、来年の総会に出席するための旅行計画をすでに立て始めている人もいた。

第七章
ウォーレン・バフェット——その生涯と経歴

バフェットが生まれたのは一九三〇年八月三〇日。厳しい時代だった。時は大恐慌のころで、株式ブローカーだった父は顧客開拓と生計を立てることで必死だった。

バフェットは子どものころから、企業とその株の仕組みを理解するのに役立ちそうな専門知識を身に着け始めていた。六歳のとき、祖父の食料品店からコカ・コーラの六本パックを二五セントで仕入れては三〇セントで転売していた。そんな幼いころでさえ、コークが消費者に受けることを見抜いていたのである。それから長い年月がたった一九八五年、バフェットはチェリー・コークをバークシャー・ハサウェイのオフィシャル・ドリンク（公式飲料）に指定し、一九八八年にはコカ・コーラの株を買い始め、筆頭株主にもなった。

一九四二年、父が下院議員に当選したため、一家はワシントンに引っ越すことになった。バフェットはここでも一稼ぎしようと、ワシントン・ポスト紙の配達をしている。だから、一九七三年に同社の株を購入し、第二位株主になったとき、言おうと思えばこう言えたわけである。「以前、御社の仕事をしていたんです」と。

高校在学中もまた別の「ビジネス」にいそしんでいた。なかでも大儲けした仕事は、ピンボールマシンを購入して床屋に置かせてもらうことだった。バフェットがこうして稼ぎ出したおカネは、高校を卒業するころには約一万ドル（現在の一〇万ドル以上）にもなっていた。その後、ペンシルベニア大学ウォートン校に入学したが、ネブラスカ大学に転学。卒業したのは一九五〇年だった（ジョン・トレイン著『The Midas Touch』〔HarperCollins, 1987〕四～五ページより）。

バフェットの駆け出し時代の投資

ベンジャミン・グレアムの著書『賢明なる投資家』（パンローリング刊）を読んだバフェットは、グレアムに教えを請うため、彼が教鞭をとっていたコロンビア大学への入学を決意した。バフェットにとって、グレアムは師どころか、ヒーローだったのである。一九五四年、バフェットはグレアムの会社で働くようになった。「スタンダード&プアーズのストック・ガイド（株式ガイド）のような冊子を見ては、割安株を探していた」と、やはりグレアムの下で働いていたウォルター・シュロスが当時のことを振り返っている。一九五六年、グレアムは会社を閉じてカリフォルニアに移り、教師を勤めるかたわら執筆活動を続けた。シュロスはファンド・マネジャーとして自分で事業を起こし、現在は息子のエドウィンと一緒に仕事をしている。一方、グレアムの教えを受けて自信をつけ、成功できると確信したバフェットはオマハに戻り、資産運用の仕事を始めた。有限パートナーとして彼に投資してくれた家族やその他の人々とともに投資パートナーシップを設立し、自分はゼネラル・パートナーとなった。

オマハ生まれのチャーリー・マンガーはハーバード大学ロースクール卒業後、カリフォルニアに移ったが、まだオマハに住んでいた家族を何度か訪ねるうちにバフェットと出会い、友人となり、パートナーとなった。一を聞いて十を知るような才気あふれるマンガーは、バークシャー・ハサウェイの年次総会ではバフェットとともにステージに上がり、その洞察を時折垣間見せてくれる。

駆け出し時代のバフェットの投資手法はグレアムの手法とよく似ている。例えば、バフェットが一株四五ドルで買ったユニオン・ストリート・レールウエー・オブ・ニュー・ベッドフォード社（マサチューセッツ）には一株当たりキャッシュ（現預金および現金同等物）が一二〇ドルもあったというが、これはグレアムなら買いそうな割安株である。一九六三年にはアメリカン・エキスプレス（アメックス）にも投資している。その年、アメックスの子会社（今はもうない）が零細な精油会社から植物油入りの（はずの）タンクを受け取り、領収書を渡したが、ここに問題があった。タンクには海水が入っていたのである。精油会社は倒産。アメックス側に巨額の借金が残り、純資産額はマイナスとなってしまった。

アメックスの株価は急落。六五ドルから三五ドルまで下げたとき、バフェットはチャンスとばかりに買いを入れた。固定客が健在で引き続きクレジットカードやトラベラーズチェックからの入金があることをバフェットは承知していたのである。この場合、財務データを見て買ったわけではない。アメックスには一流企業としての知名度、忠誠心あふれる顧客、難局を切り抜ける底力があると見たのである。

こうしたトラブルが起こる以前から、アメックスは組織改革を実施しており、経営効率が一段とアップしていた。そのうえ、幹部役員らが全米の銀行を訪れ、今後も断固、支払い能力を維持し成長を続けていく構えであることを説いて回っていた。実際、トラベラーズチェックやクレジットカードは、その翌年も売り上げ増を記録している（『Promise to Pay』〔American Express Company, 1977〕二〇八～二〇九ページより）。アメックスの株価は回復し、バフェットは多大な利益を手にしたのである。

一九六五年、バフェットは、掛け布などの家庭用繊維製品メーカー、バークシャー・ハサウェイの経営権を取得した。買収額は同社の運転資本（流動資産－流動負債）にも満たなかった。バフェットはバークシャーから利益を得てはいたものの、後に同社の設備を簿価のはるか下で売却。バークシャーは持ち株会社、すなわち株式を買い付けたり非公開企業を買収したりする会社へと生まれ変わり、大成功を収めることになった。

一九六〇年代末にかけては、市場に過熱感が増し、投機が横行していた。もはや自分の基準に見合う株がないことを悟ったバフェットは、大きな調整局面が訪れることを懸念し、パートナーたちへの手紙のなかでパートナーシップの解散報告をしている。パートナーたちに対しては、キャッシュで受け取るか、バークシャー・ハサウェイをはじめとするいくつかの株を引き続き保有するか、二つの選択肢が設けられていた。実に絶妙なタイミングだった。一九七三年から七四年にかけて市場は急落。バークシャー・ハサウェイの会長となっていたバフェットは途方もない買い物に出た（第一部の初めのほうを参照のこと）。こうして彼は投資の世界の頂点に上り詰める道を歩み続けることになったのである。

バフェットのスピーチ

今日、バフェットは年次総会でのスピーチや年次報告書の執筆、高校生や大学生を対象とした講義などを通じて、その知恵を披露している。学生たちは若く、まだ成長段階にあるため、ビジネスや投資に対する考え方を形成していくうえで、彼のアドバイスが役立つのである。良質の実務教育を受け、優良企業の経営手法を学び、若いうちから貯蓄の習慣をつけて金融に関する基礎固めをしておくことがいかに大事かをバフェットは力説し、自らの体験を引き合いに出しながら、子どものころに貯めたおカネが株式投資へと向かったことを指摘している。

彼の話を聞いた人たちのなかから第二のウォーレン・バフェットがいずれ生まれるかもしれない。

とはいえ、バフェットはバフェット。超長期にわたる運用でこれほどの好成績を上げているのは彼一人である！

第二部

ベンジャミン・グレアム――数値重視のバリュー投資

市場に勝つことは可能だし、ウォール街で勝ち組になる方法も一つだけではない。それを証明したのがベンジャミン・グレアムとその弟子たちである。投資のアインシュタインと称されるグレアムは、自ら投資の公式と原理を発明し発展させた。もっとも、アインシュタインのように持論を物質やエネルギーに当てはめたわけではない。企業とその株価の価値を判定する投資基準を設けたのである。

大学時代、グレアムはコロンビア大学で英語、数学、哲学を教えてみないかと言われていたが、学生部長の勧めに従い、自分の生活維持と家計を助けるためにウォール街で働くようになった。こうして大富豪への可能性を秘めた道を歩むことになったのである。その後、有能な資産運用者として、その名声を確立してからは、コロンビア大学に戻り、証券分析の授業を担当。ウォール街きっての名教授となった（アービング・カーン、ロバート・D・ミルン共著『Benjamin Graham: The Father of Financial Analysis』〔Association for Investment Management and Research, Charlottesville, Virginia, 1977〕より。一九九九年、サリー・カラハンより使用許可済み）。

「証券分析の父」「バリュー投資の創始者」として知られるグレアムには著作も何冊かあるが、こうした著作や講義がほかの投資家たちの基礎づくりに役立ったのである。グレアムから学んだジョン・テンプルトンは、彼のことを「証券分析の偉大なパイオニア」と呼んでいるが、バフェットにとっては、グレアムは良き師、良きお手本であった。ＮＡＩＣ（全米投資家協会）の創始者ジョージ・ニコルソンもグレアムの著作に感化され、ＮＡＩＣの指針の中にグレアム考案の原理をいくつか取り入れている。ファンド・マネジャーのマーティン・ツバイクは、ファンダメンタル分析とテクニカル分析を融合させ、グレアムの投資基準を修正して利用している。一九九〇年にアセット・アロケーション（資産配分）に関する論文でノーベル経済学賞を受賞したハリー・マーコビッツもグレアムの著作を読んで彼に会いに行き、今ではバリュー投資をさらに発展させた形で実践している（一九九九年、ハリー・マーコビッツとの会話より）。

グレアムが一九一四年にウォール街で働き始めてから時が過ぎ、やがて市場は投機色を強め、日常的に株価操作が行われるようになった。仕手筋が株を大量に買い集めては、収益拡大といった根拠のないうわさを流して買いを誘い、株価が十分につり上がったところで売り抜け、逆に売りそびれた投資家が損失を被る、という仕組みである。こうしたことは、一九三四年にＳＥＣ（証券取引委員会）が創設されるまでは合法的に認められていたのである（ナンシー・ミルチャップ著『The Stock Market Crash of 1929』〔New Discovery Books, N.Y. 1994〕三三～三四ページより）。

その投資の世界に論理や道理ばかりでなく、倫理観をもたらしたのがグレアムである。今なら彼はきっとこうアドバイスするだろう。

「インターネットで株のリサーチをするときは、信頼できるデータサービス機関のサイトだけを利用すること。そして投資対象となる企業のことをよく理解することだ」

グレアムがウォール街で「買い物」をするときは、良質な「売り物」すなわち、主として収益や資産内容から見て過小評価されている株を物色する。このグレアムの哲学を信奉するプロのファンド・マネジャーや個人投資家たちは、その投資基準を拡大解釈したり微調整したりして使っているが、時代を超えた投資原理の真髄に今もこだわりを見せている。

第八章　グレアムの成功戦略――投資のイロハ

グレアムは最初、証券会社の債券部に籍を置いていた。仕事は債券の安全性を評価し、その発行体である企業が信用できるところかどうかを判定することだった。収益は着実に伸びているか、純資産（資産－負債）や借り入れはどのくらいあるか、といった基準を基に企業の元利払い能力を調査することは、株を分析するうえでとても役立つ背景知識となった。その経験と並外れた数学力によって、グレアムは企業の数量的な側面すなわち財務指標に重点を置くようになったが、その一方でマネジメントの重要性とともに、企業内や業界内の変化、あるいは経済情勢全般の変化が企業の将来に影響を及ぼすことにも気づいていた。

バリュー投資か、グロース投資か、ブレンド投資か

グレアムの投資手法はバリュー投資として知られている。一般にバリュー投資を実践する人たちは、一株当たりの利益・売上高・純資産額から見て割安な株を買うが、ほかの尺度も利用している。購入する株は市場平均よりも配当利回りが高いことが多い。

逆にグロース投資の場合は、一株当たりの利益・売上高・純資産額の割に株価が高い、配当利回りの低い株を好み、市場平均よりも長期的な収益力が見込まれ、かつ急成長を遂げている企業を物色する傾向がある。

もっとも、ウォーレン・バフェットのように、バリュー投資とグロース投資を分けて考えることを嫌う投資家もいる。バリューとグロースを表裏一体と考え、割安な成長株を買い求めるのである。最終的にグレアムはGEICO株で最大の成功を収めたが、この超成長株は、現在はバフェットのバークシャー・ハサウェイ社が保有し、非公開となっている。

バリュー投資へのさまざまな解釈

グレアムの手法に従い、その中心的原理を採用している投資家たちでさえ、その基準はそれぞれ異

なり、実にさまざまな株を保有している。空に同じ星が一つもないのと同じである。グレアムはテクノロジー関連株には手を出さなかった。収益が安定せず、評価しにくいことが多いからだ。しかし、デービス・セレクテッド・アドバイザーズ社のファンド・マネジャー、クリス・デービスは、自分ではバリュー投資のつもりでいるが、他業種の株とともに、モトローラ、テキサス・インスツルメンツ、インテルなどの株を購入している。チューリッヒ・ケンパー・マネジメント社のデービッド・ドレマンもやはりバリュー投資の手法に従っているが、他業種の株に加え、ファニーメイ（FNMA・連邦住宅抵当金庫）やバンカメリカ（**訳者注**　現バンク・オブ・アメリカ）、ファースト・ユニオンなどの金融株を買っている。

グレアムの弟子でトウィーディ・ブラウン社のマネージング・ディレクター、ジョン・スピアーズとクリス・ブラウン、ウィル・ブラウンらの保有株式のなかには、Kマートやアメリカン・エキスプレスが含まれているし、サウスイースタン・アセット・マネジメント社のメーソン・ホーキンズはマリオット・インターナショナルなどの不動産がらみの株や、その他の業種の株も買い付けている。なお、スピアーズとホーキンズがグレアムの戦略をどう応用しているかについては、後ほど詳しく触れることにする。

過小評価されている株のいろいろな買い方

グレアムが買っていたのは、人気がなく調査もあまりされていない見放された株、無名の中小企業の株、財務体質は健全なのに見切り売りされている知名度の高い大企業の株である。株価が安い原因としては、相場全体が調整局面入りしている、市場がその企業価値を認めていない、その企業か、その業界がビジネス上のトラブルを現に抱えているか、抱えていると思われている、といったことが挙げられるだろう。

損失をできるだけ回避するために、グレアムは一〇〇銘柄もの株を保有していた。プロのファンド・マネジャーの中には、広く分散されたポートフォリオを構築している人もあれば、銘柄数を絞って大量に買い付ける集中投資型の人もいる。例えば、メーソン・ホーキンズがミューチュアル・ファンドのポートフォリオに組み入れるのは二五か三〇銘柄だが、ジョン・スピアーズのポートフォリオには一〇〇銘柄以上が組み入れられている。個人投資家の場合は二またをかけることも可能だ。一〇銘柄から二〇銘柄の集中型ポートフォリオを組んだうえに、よく分散されたミューチュアル・ファンドを一本以上購入しておくといいだろう。

グレアム式投資原理の真髄

一九九四年、ニューヨーク証券アナリスト協会がグレアムをたたえるために主催した昼食会でスピーチを行ったバフェットは、「グレアムの投資原理の真髄は健全な投資のイロハに当たるものであり、その重要性は一〇〇年たっても今と変わらないだろう」と述べている。そのイロハとは――

●投資にはビジネスライクな姿勢で臨む
●安全余裕率を見て株を買う
●根拠なく乱高下する相場に対応できるように備えておく

投資にはビジネスライクな姿勢で臨む

（こうした投資原理はベンジャミン・グレアム著『The Intelligent Investor』〔HarperCollins 1973, 4th revised edition〕二八六ページにも記されている／邦訳『賢明なる投資家』パンローリング　二〇〇〇年）

相場の動きを追っているうちに、株式とは何か、つい忘れてしまいがちになるが、これは単に「価格が頻繁に変動する株券」という意味ではない。「一企業の部分的所有権」を表わしているのである。

50%の損失	100%取り戻す
$15,000	$7,500
−7,500	+7,500
$7,500	$15,000

損失	損失を埋めるのに必要な株価上昇率
-40%	+67%
-30%	+43%
-20%	+25%
-15%	+18%

グレアムは投資家に対して、ビジネスライクなアプローチをするように勧めている。つまり、「企業の一部を買うつもりで投資しろ」というわけである。大事なのは、企業の財務報告書を調べ、道理にあった健全な買い方をすることだとグレアムは説いている。

安全余裕率を見て株を買う

「ともかく損を出さないこと」とグレアムは強調する。損失の額にもよるが、トントンのところまで持っていくだけでも大変なことだからだ。例えば、一万ドル投じて株を買ったのに、市場価格が五〇〇〇ドルに下がってしまったとする（五〇%の損失）。この穴を埋めるには、株価が一〇〇%上昇、つまり倍にならなくてはいけない。上の表を見てほしい。各損失を取り戻すために株価が何%上がらなくてはいけないかを示してみた。

損失の可能性をできるだけ取り除くために、グレアムは「安全余裕率」（Margin of Safety）なるものを採用した。これは単純だが、投資には重要な概念で、自分で見積もった価値よりもさらに安い株なら購入してもよいという、その余裕率を示すものだ。例えば、二〇ドルの価値があると見積もったある株を一四ドルで購入できたなら、その「安全余裕率」は三〇％ということになる。この率が高ければ高いほど、下値余地が限られ、安心していられるというわけだ。ただし、グレアムはさらに用心深く、債券に加え、多種多様な企業・業種の株を取りそろえて保有していた。

変動の大きい強気相場・弱気相場で合理的な判断を下す

株式市場とは投資家の感情に左右されるものであることを心得ていたグレアムは、理性的な考え方の必要性を説いていた。株価が高騰し、市場が強気一色で、だれもが楽観的になっているとき、あるいは株価が急落し、市場心理が冷え込んで、だれもが弱気になっているときは、自分の感情を抑制することがとりわけ重要となる。

相場が下げ基調のとき、さらに深押しすると、ろうばい売りが出ることもある。しかしバリュー投資家にとっては、弱気相場は絶好の買い場だ。とはいえ、市場が急落しているときに、買い向かうのは生易しいことではない。先の見通しが暗く、特に下げ相場が長く続いているときなどは、勇気と自制が必要である。

投資のプロの間では、弱気相場（ベア・マーケット）とは一般に「主要株価指数が二〇％以上下落すること」と定義されている。次ページの**表**は、二〇世紀における弱気相場の下落期間と下落率を、

ダウ平均

開始	終了	下落率(%)
01/06/18	03/11/09	−46.1
06/01/20	07/11/15	−48.6
06/11/20	11/09/25	−27.4
12/10/01	14/07/30	−24.1
16/11/22	17/12/19	−40.1
19/11/05	21/08/24	−46.6
29/09/04	32/07/08	−89.2
34/02/06	34/07/26	−22.8
37/03/11	38/03/31	−49.1
38/11/14	42/04/28	−41.3
46/05/31	49/06/13	−24.0
56/04/09	57/10/22	−19.4
61/12/14	62/06/26	−27.1
66/02/10	66/10/07	−26.2
68/12/05	70/05/26	−35.9
73/01/12	74/12/06	−45.1
76/09/22	78/02/28	−26.9
81/04/28	82/08/12	−24.1
87/08/26	87/10/19	−36.1
90/07/18	90/10/11	−21.2

S&P500

開始	終了	下落率(%)
29/09/09	32/06/01	−86.2
33/07/19	35/03/14	−33.9
37/03/08	38/03/31	−54.5
38/11/10	42/04/28	−45.8
46/05/31	47/05/17	−28.8
48/06/16	49/06/13	−20.6
56/08/03	57/10/22	−21.6
61/12/13	62/06/26	−28.0
66/02/10	66/10/07	−22.2
68/12/02	70/05/26	−36.1
73/01/12	74/10/03	−48.2
76/09/22	78/03/06	−19.4
80/12/01	82/08/12	−27.1
87/08/26	87/12/04	−33.5
90/07/17	90/10/11	−19.9

ナスダック

開始	終了	下落率(%)
68/12/31	70/05/26	−35.3
73/01/12	74/10/03	−59.9
80/02/11	80/03/27	−24.9
81/06/01	82/08/13	−28.8
83/06/27	84/07/25	−31.5
87/08/27	87/10/28	−35.9
89/10/10	90/10/16	−33.0

それぞれの年の弱気相場の始まりと終わりが株価指数によって異なるのは、採用されている銘柄が違うため、動きにズレが見られるものと思われる。

テクニカル的には、調整が20%以上入ると、弱気相場における下落とみなされるが、一般にはこの表にもあるように、20%弱の下げでも、弱気相場とされることもある。ブリッジ/CRB(イリノイ州シカゴ)によれば、ダウ平均とS&P500は1997年に16%弱の下げ、ナスダックは19.6%の下げを記録している。

出所＝インベステック・リサーチ

ダウ平均、S&P五〇〇、ナスダック総合指数ごとに示したものである。

一九九九年六月、強気相場が続き、市場全体が楽観的になっているとき、メーソン・ホーキンズは半期報告書の中でミューチュアル・ファンドの株主（受益者）に対して次のような懸念を表明している。

「投資環境が引き続き良好なため、弱気筋の警戒感も薄れてきている。株価は一九九〇年の安値から約四六五％上昇。配当を再投資すると、年平均リターンは二一・八％になる。S&P五〇〇の平均PER（株価収益率）は三六倍となり、配当利回りは投資家にとって取るに足らないものとなった。ウォール街では熱狂的なデイ・トレーディング（日計り商い）が増え、日々の出来高に占める割合が意味を持つようになった。インターネット企業のIPO（新規株式公開）が相次ぎ、新規参入の学生起業家たちのほとんどは、MBA（経営学修士）を取った人間がそれなりにドット・コム（インターネット関連の新興企業）を立ち上げるアイデアを持っていれば、必ず大富豪になれると信じ込んでいる」

投資家にとって損失を抱える危険性が高まっていると見たホーキンズは、言葉を選んでこう問いかけている。

「このような前例のない市場環境に対して、われわれはどのように対応していくべきだろうか」

ホーキンズの答えは本質的にグレアムに似ている。

「投資家は自制心と忍耐力をもって真の買い場がくるのを待ち、バリュー投資の原則に従って、投

月	投資金額	株価	購入株数		
1月	$100	$10.00	10		
2月	100	12.00	8.33		
3月	100	8.25	12.12	**合計投資金額**	**$600.00**
4月	100	6.00	16.66	**平均コスト**	**$8.96**
5月	100	7.50	13.33	**合計購入株数**	**70.44**
6月	100	10.00	10	**時価評価額**	**$704.40**

資対象には安全余裕率を見込んでおくべきだろう」

ドル・コスト平均法で規則正しく投資する

グレアムの個人投資家向け戦略の一つに、一定額を一定期間ごとに投資していく「ドル・コスト平均法」というのがある。この戦略では、株価が安いと、それだけ多くの株数あるいはミューチュアル・ファンドの口数が購入でき、株価が高くなれば、それだけ購入できる株数（口数）が減る。**つまり、一時的に株価が値下がりしたときは、得することになる。もっとも、最終売却時には、株価が平均コストを上回っていなければならない。なお、通常の方法では、配当は再投資されることになっている。**

上にドル・コスト平均法の仮の例を挙げてみた。投資開始時および終了時の株価はいずれも一〇ドルで、最終的な保有株式数は七〇・四四株、投資金額は六〇〇ドル、時価評価額は七〇四・四〇ドルである。

第九章　グレアムとその弟子たちが実践する三つの投資ステップ――割安株を狙え

ステップ一　情報を集める

投資の手掛かりをつかみ、企業情報を集めるために、グレアムは業界や企業の報告書を調べ、スタンダード&プアーズ（S&P）やバリューラインなどのリサーチサービスを利用していた。これに対してジョン・スピアーズは言う。

「バリュー投資は昔に比べると、気楽に楽しみながらできるようになった。テクノロジーのおかげで企業分析が簡単にできるようになったからだ。なにしろ、マウスでポイントしてクリックしてネットサーフィンすれば情報が得られるし、今では投資のアイデアを世界中から見つけてくることができる。アメリカをはじめ、多くの国々で取引されている公開株は一万銘柄を超えるが、コンピューターでふるいにかければ、株の項目のなかから自分の基準に満たない株を除外していくこともできる」（本書ではトウィーディ・ブラウン社のマネージング・ディレクター、クリス・ブラウン、ウィル・ブラウン、ジョン・スピアーズの三人を代表して、スピアーズの名前を使用している。引用や事実関係については、年次報告書やファックスのほか、スピアーズや同社のボブ・ウィコフ・ジュニアとの会話を基にしている。一九九九年に使用許可済み）

コンピューター・ソフトのおかげで、ＰＥＲ（株価収益率）、利益成長率、売上高利益率、ＲＯＥ（株主資本利益率）といった特定の尺度を基に銘柄の選定・絞り込み（スクリーニング）ができるようになった。なかには、アナリストによる収益予測や買い推奨、売り推奨に加え、損益計算書や貸借対照表（バランスシート）の数値まで提供してくれる株関連ソフトもある。

スタンダード&プアーズ（www.standardandpoor.com）、バリューライン（valueline.com）、モーニングスター（morningstar.com）などでは、スクリーニング機能のついた銘柄選別ソフトの販売も行っている。アメリカ個人投資家協会（aaii.com）や全米投資家協会（better-investing.org）でも同種のソフトを販売しているが、会員向けにその他の教材も提供している。『コンピュータライズド・インベスティング』（アメリカ個人投資家協会刊）の編集者ジョン・バイコフスキーによれば、「銘柄選別ソフトを選ぶときは、初期費用と継続利用料、ソフトの使いやすさ、データの種類、取り扱い銘柄数、採用基準、特色、更新間隔などを考慮するといいだろう」とのこと。

ステップ二　情報を評価する

グレアムが今も健在であるなら、買うにふさわしい株を決めるのに、次の点を問題とするだろう。

●その企業の利益成長率は同業他社に比べて高いか
●長期間継続して増収増益となっているか
●売上高利益率、ＲＯＥ（株主資本利益率）は高いか
●負債は少ないか、妥当な水準か
●長期間継続して配当実績があるか
●ＥＰＳ（一株当たり利益）や一株当たり純資産から見て、株価は割安か、妥当か

グレアムの投資基準を修正し発展させた弟子たちなら、こう問うだろう。

●最高経営幹部は自社株を少なからず保有しているか
●その企業の株をインサイダー（内部者）が少なからず買い付けているか
●その企業は自社株買いを行っているか

●その企業は豊富なフリー・キャッシュフロー（FCF）を生み出しているか
●新製品、新手法、新市場など、より高い収益を生み出し、投資家の興味を誘発するような材料はあるか
●一株当たり売上高から見て、株価は割安か
●将来の潜在利益から見て、株価は適正か

運用方針と運用の例外

幅広い分散投資。これがグレアムの主な戦略である。そして配当を出している会社の株（有配株）を好んで買っていた。保有期間は平均して約二年。とはいえ、例外もいくつかある。その最たる例は、GEICO株の取得である。グレアムは自社の資産の二五%をGEICOに注ぎ込んでいるが、これは分散投資という彼の方針からして見ると、高い数字である。しかも、当初は無配だったGEICOを二〇年以上も持ち続けていた。これも通常の保有期間からすると、かなり長い。

GEICOを購入したのは、割安株の特徴を備えていたからだ。すなわち、利益と純資産額から見て投資妙味があったのである。しかし、買い付け後はPERが高くなり、GEICOは成長株と見なされるようになった。

グレアムはGEICOの発行済み株式数の五〇%を七二万ドルで取得していたが、その評価額は最

終的に一〇億ドルを超えるまでに膨らんでいたという（九六ページ参照。カーンおよびミルンの共著、三三ページより）。

企業および業界の報告書を調べる

グレアムはまるで宝捜しの地図でも見るかのように企業や業界の報告書を見ては、資産価値のあるものを物色していた。一九二六年、ノーザン・パイプライン社の年次報告書と州際通商委員会（ＩＣＣ）の報告書を読んでいたグレアムは、同社が一株当たりにして約九五ドル相当の債券を保有していることに気づいた。グレアムに言わせれば、同社がこのような債券を保有しなければならない理由は事業上、何もなかった。しかも競争相手に仕事を食われ、減益となっていたため、興味の対象外だった。しかし、株価六五ドルが目を引いた。配当は六ドル。買うことに決めた。その後、ノーザン・パイプラインの経営陣のもとを訪れたグレアムは、こうした債券を持っている理由などないこと、そして、その分のカネは本来株主に帰属するものであることを指摘した。結局、彼の執拗な求めに応じ、同社は債券を売却。一株につき七〇ドルを株主に分配した。グレアムはその後この株を売り、多大な利益を手にしている。

財務諸表を評価する

年次報告書の財務諸表を調べるとき、グレアムはこう自問していた。

「財務体質はしっかりしているか。収益力はあるか」

財務の健全性を判定するのに、グレアムは貸借対照表（バランスシート）上の資産（会社が所有しているもの）や負債（会社にとって返済義務のあるもの）、資産から負債を差し引いた株主資本（＝自己資本、純資産）を分析して評価を行っていた。また、会社の収益力を見るために、損益計算書の売上高、営業費用、そして最終行にある純利益（収益）をチェックし、検討していた。

最近の投資家たちは、企業のキャッシュフロー計算書も分析する。これは一九八七年から必要とされるようになったもので（グレアムは一九七六年に死去）、一定期間のカネの出入りを表わしている。キャッシュフローは、①営業キャッシュフロー、②投資キャッシュフロー、③財務キャッシュフロー――の三つのカテゴリーに分けられる。投資家にとっては、利益とキャッシュフローがともにプラスであることが理想である。

財務諸表の注記は複雑で分かりにくいかもしれないが、時間をかけて調査するだけの価値はあるものだ。グレアムは自著『賢明なる投資家』（第四版／パンローリング刊）の中で、PERが一〇倍の、一見魅力的だと思われる企業について述べている。一九七〇年の第4四半期、この企業のEPS（一株当たり利益＝一株益）は一・五八ドルだった。が、その財務諸表の注記には魅力が帳消しとなるような、見慣れない怪しげなことが記されていた。それを考慮に入れると、一株益は〇・七〇ドルで、PERは一〇倍ではなく、実際は二二倍ということになったのである（本書一〇三ページ参照。グレアムの著書一六六～一六七ページより）。

注記には会計方針の変更、訴訟あるいは係争中の訴訟からの損害賠償請求、環境問題、リース契約の満了日、債務の返済期限、支払利息の金利、特別控除、臨時収入、所得税率の変更などの情報が盛り込まれている。

比率によって何が分かるのか

グレアムは企業の価値を判定するのに財務比率を参考にしていた。財務比率とは、財務諸表にあるそれぞれの数値同士の関係を表わしたものである。例えば、第三章でも触れたように、売上高利益率は売上高と利益の比率を示し、売上高のうちどれだけの額が利益につながったのか、その割合を表わしている。この比率により、経営陣がどのくらい効率的な経営を行っているかが分かる。また、ROEは、株主資本に対する利益の割合を示している。これにより、経営陣が株主から投資された資金をどのくらい上手に管理しているかが分かるのである。長期トレンドを見るときは、何年か分の財務比率を比較する。また、競合他社の比率とも比べてみよう。

さまざまな比率の評価が可能だが、業種によって重要性が増す比率もある。例えば、棚卸資産回転率（在庫回転率）は、その年に棚卸資産（在庫）が何回入れ代わったのかを示すもので、銀行とは違って、小売業を評価するときは重要な指標となる。なお、この比率については本章の最後でまた解説するが、グレアムが利用していたと思われる多くの財務比率についても説明を入れたので、一二四ページを見てほしい。

その株が「バーゲン価格」で売られているかどうかを判断したいときは、どうするか。グレアムはＰＥＲとＰＢＲ（株価純資産倍率）を見ていた。

ＰＥＲ（株価収益率）とＰＳＲ（株価売上倍率）

ＰＥＲ（株価÷過去一年間の一株当たり利益）の高い株は敬遠していたグレアムだが、ＰＥＲについて厳密なルールを設けていたわけではない。まだ駆け出しのころ、彼は超割安の低ＰＥＲ銘柄をいくつかまとめ買いしたことがある。その割安株の一つが、かの有名な、デビッド・ドッドとの共著『証券分析』（パンローリング刊）の初版に登場している。その名もライト・エアロノーティカル。株価八ドル、ＥＰＳ（一株益）は二ドル、ＰＥＲは四倍。一株当たりキャッシュ（現預金および現金同等物）は八ドルで、配当は一ドルだった（ベンジャミン・グレアム、デビッド・ドッド共著『Security Analysis』〔McGraw-Hill, 1934〕一六ページより）。

後にグレアムは、保守派の投資家に対して、割安株を買うなら、PERは二〇倍までを限度とするように勧めているが、その一方で、成長株を狙うのなら、PERはもっと高くてもかまわないと語り、あとの判断は読者あるいは学生に委ねている。今日、高PER企業の収益が市場予想を下回ると、失望売りが出て株価は下落する傾向にある。**グレアムなら投資家に対して、こうアドバイスするだろう。「高PER銘柄の評価は慎重にすること。将来にわたって利益の高い伸びが持続すると期待するには、それなりに十分な根拠が必要である」**と。収益予測が難しいことを知っているグレアムは、企業の収益力を分析するときは、過去一〇年間の利益が着実に伸びているかどうかを判断基準にしていた。

PERに関して気をつけることは、利益がほとんど出ていないか、非常に少ないためにPERが著しく高い企業もある、ということだ。ただし、こうした企業でも、将来的には高い収益が見込めるという確かな根拠があれば、買ってもかまわないだろう。このような場合は、株価売上倍率（PSR）などのほかの尺度も使ってみるといい。これはつい最近、バリュー投資家たちが使うようになった指標で、一株当たり売上高に対する株価の比を表わしている。PSRの計算方法は、株価を一株当たり売上高で割って求める。PSRは業種によって異なるが、一般にPSRが一倍を下回っている株は、魅力的とされている。

PER（株価収益率）＝株価÷一株当たり利益

PSR（株価売上倍率）＝株価÷一株当たり売上高

株を益回りで比較する

益回りはPERの逆数で、これもグレアムが参考にしていた指標である。算出法は、EPSを株価で割り、その答えをパーセントで表示する。仮に株価が一〇ドルでEPSが一ドルなら、PERは一〇倍、益回りは一〇％（一ドル÷一〇ドル）となる。その企業の益回りを他企業のものと比べたり、債券や銀行の金利と比較してみるとよいだろう。

益回り＝EPS（一株当たり利益）÷株価

純資産を考慮に入れる

グレアムが現役で運用を行っていた時代には、株価が一株当たり純資産を下回る株は山ほどあった。しかし、一九九九年のS&P五〇〇種採用銘柄のPBR（株価純資産倍率）は平均で約五倍。一株当たり純資産額を下回るような株を拾うのは至難のわざとなった。とはいえ、調整局面で下げがきついときなどは、低迷中の循環株や内外の中小型株のなかに純資産額を下回る株が見つかるかもしれない。

一九九一年にジョン・スピアーズが購入したチャンピオン・インターナショナルは、自ら森林を保有する製紙会社で、株価は一株当たり純資産額の六〇％ぐらいしかなかった。スピアーズは根本的な買い付け理由をこう説明している。

「九一年当時、紙事業は沈滞しており、紙価は安く、業界は不況に陥っていた」

スピアーズはチャンピオンを素晴らしい企業だとは思っていなかったが（業績が循環的に変動していたため）、株価が目標水準に達したら売るつもりで、この超割安株を買ってみることにしたのである。その後、紙価が堅調に推移するようになると、同社の業績も回復し、株価も上昇。彼は大きく利が乗ったところで株を売却した（一一〇ページ参照）。

ＰＢＲの計算法は、まず一株当たりの純資産額を算出する。これは資産から負債を差し引き、さらに優先株の持ち分を差し引いたものを、発行済み普通株式数で割る。次に、株価を一株当たり純資産で割って求める。

一株当たり純資産＝（資産－負債－優先株）÷発行済み普通株式数

ＰＢＲ（株価純資産倍率）＝株価÷一株当たり純資産

例えば、株価が一〇ドルで、一株当たり純資産が一〇ドルなら、ＰＢＲは一倍となる。ＰＢＲ一倍割れ銘柄は「安い買い物」とされるが、PBRが低いからといって、「割安」とは限らない。というのも、その企業が根深い問題を抱えている可能性もあるからだ。したがってPBRを基準にして株を買うときは、広く分散されたポートフォリオのなかの一つとすべきだろう。グレアムは折を見ては一株当たり純資産どころか、NCAV（一株当たり正味流動資産）をも下回る株を買い付けていた。NCAVの公式は、流動資産（一年以内に現金化できる資産――現金同等物、市場性のある有価証券、棚卸資産など）から負債総額（長期負債やその他の負債を含む）と優先株を引いたものを発行済み普通株式数で割る。

NCAV（一株当たり正味流動資産）＝（流動資産－負債総額－優先株）÷発行済み普通株式数

NCAVには工場・設備などの固定資産は含めないので、これより安い破格値の株などなかなか見つかるものではない。にもかかわらず、スピアーズは一九九七年にフランコ・トシというイタリアを本拠とする会社の株価が一株当たりネットキャッシュ（現預金および現金同等物の純額）の二分の一を下回っているときに買いを入れている。グレアムがこれを聞いたら、きっと感動したに違いない。

株価比率を比べる

個別企業のPER、PSR、PBRをその業界平均や市場平均と比較してみよう。上に、ある消費

株価比率の比較例（1999年12月）

株価比率	某消費者金融会社	業界	S&P500
当期PER	14.3	20.3	31.4
5年間の最高PER	52.1	28.0	38.8
5年間の最低PER	8.1	8.0	14.7
PSR	2.14	2.45	2.16
PBR	3.09	4.22	5.11

出所＝MSNマネーセントラル（moneycentral.msn.com/investor）

者金融会社のＰＥＲ、ＰＳＲ、ＰＢＲの例を挙げてみた。この会社の株価比率は、その業界やＳ＆Ｐ五〇〇の数値と比べ、なかなか好感が持てる。当期のＰＥＲは一四・三倍、過去五年間の最高ＰＥＲは五二・一倍で、最低ＰＥＲは八・一倍。平均すると三〇・一倍となる。

ブランド力のある企業を安く買う

バリュー投資家が投資対象とするのは、例えば、ジョンソン＆ジョンソン、ゼネラル・エレクトリック（ＧＥ）、メルクといった、ブランド力を有する超一流企業だ。こうした企業の場合、ＰＥＲあるいはＰＢＲが低いということはそうないかもしれないが、ここ一、二年の高値から大きく下げたところが狙い目である。市場全体が調整局面に入っているとき、あるいはビジネス上の問題を一時的に抱えているときなどがチャンスだ。

大抵の投資家は取得価格とその後の値動きによってリターンが決まることぐらいは、なんとなく分かっていても、数値的に把握して

取得価格と利回りの関係

1992年	取得価格	売却価格(1998年)	年平均複利リターン
安値	$9.50	$30	22%
高値	15.00	30	12
平均	12.25	30	16

いるわけではないようなので、一つ例を挙げてみることにしよう。ウォルト・ディズニーの一九九二年の安値は九・五〇ドル、高値は一五ドル（株式分割調整済み）。それから六年後の九八年末の終値は三〇ドルだった。この終値で売却したとして、一年複利で年平均リターンを計算すると、九二年に九・五〇ドルで買い付けた場合は年率約二二％。一五ドルで買い付けた場合は約一二％。一二・二五ドル（高値と安値の平均）で買い付けた場合は約一六％となる。

配当の重要性

グレアムの時代に比べると、今日では配当の高さはあまり重要視されない。企業が配当に回していた資金を再投資すれば、将来の成長につながると思われているのである。しかし、グレアムが買いを勧めているのは、長期にわたり継続して増配している企業だ。

配当利回りは、一株当たりの配当額を株価で割って求める。これをほかの銘柄の配当利回りや、債券やマネー・マーケット・アカウント（**訳者注**　アメリカで一九八二年に導入された変動金利・高利回りの貯蓄性預金。略称ＭＭＡ）の利回りと比較してみよう。もっとも、株の場合は、配当収入に値上がり益などを加えた総合利回り（トータル・リターン）を考慮に入れる必要がある。

配当利回り＝一株当たり配当額÷株価

企業の配当支払いの安全性を診断するには、利益のうち、どのくらいが配当に当てられているのか、その割合（配当性向）を見る。これまでの実績では、製造業はＥＰＳ（一株当たり利益）の五〇％以下、公益企業は五〇％以上を配当支払いに当てている。配当額があまりにも高すぎるときは、将来、減配になる恐れがあるかもしれない。もっとも、配当政策は企業ごとに違うし、収益の安定性、経営戦略、企業の資金調達ニーズによっても異なる。

ステップ三　決断を下す

グレアムは、賢明な決断を下すのに十分な情報が得られなかったときや、自分の投資基準に見合う企業が見つからないときは、決して株を買おうとはしなかった（この投資基準については、一一一ページを参照のこと）。

その株をなぜ買うのか、なぜ売るのか、その理由をよくよく考えておかなければならないと、グレアムは言う。そして、どのくらい保有するつもりなのか、どのくらいもうかればいいのか、双方の目安を含め、明確な方針を固めておくように勧めている（『ファイナンシャル・アナリスツ・ジャーナル』〔一九七六年九月〜一〇月〕二二ページ、チャールズ・D・エリスの記事より。一九九九年に使用許可済み）。グレアムの戦略を信奉する投資家の中には、前もって決めた買値・売値の目標を記した銘柄リストを作成している人もいる。

グレアムの平均保有期間は二年だが、弟子たちはそれぞれ異なり、売却方針もさまざまである。例えば、メーソン・ホーキンズの保有期間は平均して五年だが、ウォーレン・バフェットは、最低一〇年は持つつもりで買っている。

以下は、『コンピュータライズド・インベスティング』の編集者ジョン・バイコフスキーが『AAIIジャーナル』（アメリカ個人投資家協会刊）のために書いた財務比率分析に関する論文の引用である。バイコフスキーはグレアムについて研究し、著作も執筆している。論文では、グレアムが参考にしていたと思われる財務指標や、本書の一一五ページにも挙げた「比率によって何が分かるのか」について論じられている。

財務比率分析——数値を有効に使う

（『AAIIジャーナル』〔一九九九年八月、XXI巻七号〕三〜七ページ、ジョン・バイコフスキーの論文「財務比率分析」より。一九九九年、マリア・

（クローフォード・スコットより使用許可済み）

財務比率分析では、過去から現在に至るまでの財務諸表を使ってデータを数量化し、企業の競争力、財務体質、収益性といった要素を基に企業の魅力を把握できるようにする。

財務諸表分析では、分析手段と分析技術を財務諸表に応用し、企業の営業状態、財務状態の数量化を試みる。

比率分析

財務分析の手段として最もよく使われるのが比率である。比率とは、二者の関係を数学的に表わしたものだが、比較を実用化するには、二者の価値を何らかの形で関連づけなければならない。ここでは一般によく使われる比率で、投資家にとって重要なものをいくつか取り上げてみた。いずれの比率も、同業他社の比率と比較するのが有効である。また、トレンドや変化を正確に把握するには、当該企業の比率を時系列で見ていくことが重要となる。こうした比率は相互に関係があるため、個別に見ていくのではなく、必ずほかの比率と並行して検討することが肝要である。

業績

業績に関する比率は通常、資産管理（資産効率）に関する比率と収益性に関する比率に分類される。資産管理に関する比率は、企業の資産がどのくらい効率的に活用・管理されているかを考察するもので、収益性に関する比率は、売上高や投資額に対する利益実績を要約したものだが、いずれも経営陣の能力と企業業績を測定するための指標となる（**注**　以下に、財務比率の説明をし、その後で計算方法の例を挙げるが、貸借対照表〔バランスシート〕と損益計算書の例も掲載したので参考にしてほしい）。

資産管理

《総資産回転率》企業の資産がどれだけ効率よく売り上げを生んだかを見る指標。資産回転率は業種間格差が大きいため、同業他社と比較することが重要。他社に比べ、比率が著しく高いときは、将来の成長および売り上げに必要な資産が不足している可能性がある。逆に著しく低いときは、無駄な資産があるか、資産の生産性が低いことを示している。

分析中に資産の部に大きな変更があった場合は、期中平均をとるといいだろう。算出法は、期首お

貸借対照表(バランスシート)の一例

資産の部		
流動資産		
現金・預金		$320
売掛金	1,070	
控除－貸倒引当金	90	
売掛金(純額)		980
棚卸資産		1,400
前払費用		100
流動資産合計		2,800
投資等		350
有形固定資産		
土地・建物・機械・装置・備品	930	
控除－減価償却累計額	230	
有形固定資産(純額)		700
その他の資産		
営業権		300
資産合計		**4,150**
負債および資本の部		
流動負債		
買掛金		$540
未払費用		230
未払法人税		60
支払手形		170
１年以内に返済期限の到来する長期借入債務		100
流動負債合計		1,100
固定負債		
繰延法人税		150
長期借入債務		1,000
負債合計		2,250
資本		
優先株式		200
普通株式		600
資本準備金		800
利益剰余金		300
資本合計		1,900
負債・資本合計		**4,150**

よび期末の総資産を足して二で割って求めるか、年間の数値を出すのであれば四半期末の平均をとる。

《棚卸資産回転率・在庫回転率》総資産回転率と考え方や解釈の仕方は似ているが、今度は棚卸資産すなわち在庫（**訳者注**　製品・半製品・原材料・仕掛品・貯蔵品など）について検討する。ここでは売上高ではなく、売上原価を使うが、それは売上原価も在庫もコストとして計上されるからだ。なお、公表されている同業他社の比率を利用して当該企業と比較するときは、同じ方法で算出されたものかどうかを確認すること。というのも、売上原価ではなく、売上高を使っているところもあるからだ。在庫回転率は、その年の間に在庫を使い切って補充された回数とほぼ同じになるため、この回転率が大きいほど、棚卸資産が倉庫や棚で眠っていることがない、ということになる。総資産回転率と同様、在庫回転率も業種によって、まったく異なる。例えば、スーパーマーケット・チェーンのほうが宝石チェーンよりも回転率が大きい。

《売上債権回転率》企業の債権管理政策の効率性を見る指標で、これにより、企業の売り上げ水準を維持するのに必要な売上債権（**訳者注**　売掛金・受取手形・割引手形）の水準が分かる。売上債権回転率は各期間中に何回、売上債権を回収（現金化）したかを示すもので、回転率が大きいほど、売り上げてから代金回収までの期間が短いということになる。逆に、この回転率がだんだん小さくなっていくようなら、危険信号である。

売上債権が通常増える時期にちょうど期末が当たってしまうと、季節要因によって比率が影響を受けることもある。そこで、専門家が言うには、月末の数値を平均して使ったほうが、年間を通じた水準が測定でき、他社との比較もやりやすくなるとのことだが、大抵の投資家は四半期末の数字を使って、売上債権の平均を出すことになるだろう。

《売上債権回転日数》売上債権回転率をもっと直観的に分かる単位すなわち日数に置き換えたもので、売上債権が回収されるまでの平均日数を示している。回収までの期間があまりにも長いのは感心できないが、短すぎるのは、掛け売りが少なすぎる可能性もあり、これでは商機を失うことになりかねない。こうした数値を検討するときは、十分に同業他社と比較し、その企業の債権管理政策を理解することが重要である。

収益性

長期投資の場合、キャッシュフローあるいは収益が着実に増大していく見込みのある企業の株を買う。これは、インターネット関連などの新興企業に投資するときでさえ、例外ではない。利益はその企業の長期にわたる成長力と持久力を見る指標となる。相互に関連する指標がいくつもあるので、企業の収益性を見るのに役立つだろう。

《売上高総利益率》企業の基本的な価格決定と原材料費を反映したもので、利幅が大きければ大きいほど長期的に安定し、収益性も高いと見られる。この比率は一般に市場競争の変化を示すシグナルとなるため、トレンドをしっかりとフォローしていく必要がある。

《売上高営業利益率》売上総利益から販売費および一般管理費などの営業費用を差し引いて求められる営業利益と売上高との関係を検討するもので、売上高総利益率と同様、利幅が大きく安定しているのが望ましい。

《売上高純利益率》これは企業でよく使われる「最終的な利益率」で、経営陣が売り上げをどのくらいうまく株主に帰属する利益につなげたかを見る指標である。ここに挙げた例では、売上高一ドルにつき約四・五セントが株主に帰属する利益となっている。

収益性を見る比率はいずれも業種間格差があるため、同業他社と比較することが肝要である。業界平均に比べ、利益率が高いなら、競合他社よりも競争優位にある企業と考えられる。特許を有している、稼働率・営業効率が高いといったことが強みとなるだろう。

《総資産利益率・ＲＯＡ》企業の資産から生み出される利益を検討するもので、利益率が高いということは、資産の生産性が高く、管理が良いことを意味する。

損益計算書

売上高	$8,500	税引き後利益	430
控除－売上原価	5,600	特別利益(損失)	15
売上総利益	2,900	非継続事業利益(損失)	(60)
営業費用		会計原則変更による累積影響額	(5)
販売費および一般管理費	1,600	純利益	380
研究開発費	450	控除－優先株式配当金	10
減価償却費	80	普通株式保有株主に対する純利益	370
無形資産の償却費	20	普通株式配当金	100
営業費用合計	2,150	基本的EPS	3.70
営業利益(支払利息・税金控除前)	750	希薄化後EPS	3.66
その他の収益(費用)		1株当たり配当金	1.00
受取利息(支払利息)	(120)		
営業外利益(費用)	50	連結剰余金計算書	
資産売却利益(損失)	(10)	期首残高	30
その他の収益(費用)合計	(80)	純利益	370
税引き前利益	670	普通株保有株主に対する現金配当金	(100)
法人税等	240	期末残高	300

※ EPS＝1株当たり利益

《**株主資本利益率・ROE**》企業の財務構成とその利益に対する影響をさらに踏み込んで検討する。ROEは、株主が企業に投資した資金からどのくらい利益が得られたかを示すもので、貸借対照表（バランスシート）上の負債の水準（財務レバレッジ）に大きく左右される。負債は業績の良しあしとは無関係に利益率に響くからだ。ROAとROEの差が大きいときは、流動性および財務リスクに関する指標を丹念にチェックしたほうがいいだろう。

流動性

流動性に関する比率は、企業がどのくらい楽に短期債務を返済できるかを見るものだが、財務リスクに関する比率では、負債を全額返済する能力と貸借対照表（バランスシート）上の負債の影響力を見る。

《**流動比率**》流動負債（一年以内に返済期限がくる負債）に対する流動資産（一年以内に資金化できる資産）の比率を表わしたもので、流動比率が高いということは、それだけ流動性が高く、財務上のトラブルを起こすリスクが低いということになる。ただし、流動比率が高すぎる場合は、流動資産への不必要な投資が行われているか、売上債権が回収されていない、あるいは過剰在庫を抱えている可能性もあり、いずれも収益の足を引っ張る要因となる。逆に流動比率が低すぎる場合は、現金が不足している、短期の支払い能力がない可能性がある、たまたまストライキなどがあって一時的に現金の流入が減少している、といったことが考えられる。

《当座比率》酸性試験比率（acid test ratio）ともいう（**訳者注**「acid test」は本来「厳密な検査」という意味だが、日本では直訳したものが定着している）。これは流動比率と似ているが、さらに慎重を期した指標で、流動比率の流動資産から棚卸資産（在庫）を差し引いて計算する。というのも、棚卸資産は必ずしも即座に換金できるとは限らず、換金前に大きく値崩れする可能性があるからだ。

財務リスク

《インタレスト・カバレッジ・レシオ》企業の金利負担能力を見るのによく使われる指標で、利息を払うのに必要な利益をどのくらい生み出す能力があるかを示している。インタレスト・カバレッジが高く安定しているほど、デフォルト（債務不履行）の危険性が減ることになる。利息は、企業のキャッシュフローがどうなっていようが、債務契約に従って支払わなければいけない。したがって、貸し手が契約を変更しないかぎり、利息を支払わない場合は債務不履行ということになる。

財務比率一覧

《業績》

資産管理

$$\text{総資産回転率} = \frac{\text{売上高}}{\text{総資産}} = \frac{\$8,500}{\$4,150} = 2.0\text{回}$$

$$\text{棚卸資産回転率} = \frac{\text{売上原価}}{\text{棚卸資産}} = \frac{\$5,600}{\$1,400} = 4.0\text{回}$$

$$\text{売上債権回転率} = \frac{\text{売上高}}{\text{売上債権(売掛金等)}} = \frac{\$8,500}{\$980} = 8.7\text{回}$$

$$\text{売上債権回転日数} = \frac{365\text{日}}{\text{売上債権回転率}} = \frac{365}{8.7} = 42.0\text{日}$$

収益性

$$\text{売上高総利益率} = \frac{\text{売上総利益}}{\text{売上高}} = \frac{\$2,900}{\$8,500} = 34.1\%$$

$$\text{売上高営業利益率} = \frac{\text{営業利益(EBIT)}*}{\text{売上高}} = \frac{\$750}{\$8,500} = 8.8\%$$

$$\text{売上高純利益率} = \frac{\text{純利益}}{\text{売上高}} = \frac{\$380}{\$8,500} = 4.5\%$$

$$\text{総資産利益率} = \frac{\text{純利益}}{\text{総資産}} = \frac{\$380}{\$4,150} = 9.2\%$$

$$\text{株主資本利益率} = \frac{\text{純利益}-\text{優先株式配当金}}{\text{普通株主資本}**} = \frac{\$380-\$10}{\$1,700} = 21.8\%$$

《流動性および財務リスク》

流動性

$$\text{流動比率} = \frac{\text{流動資産}}{\text{流動負債}} = \frac{\$2,800}{\$1,100} = 254.5\%$$

$$\text{当座比率} = \frac{\text{流動資産}-\text{棚卸資産}}{\text{流動負債}} = \frac{\$2,800-\$1,400}{\$1,100} = 127.3\%$$

財務リスク

$$\text{インタレスト・カバレッジ・レシオ} = \frac{\text{営業利益(EBIT)}*}{\text{支払利息}} = \frac{\$750}{\$120} = 6.3\text{倍}$$

$$\text{負債・総資産比率} = \frac{\text{負債総額}}{\text{総資産}} = \frac{\$2,250}{\$4,150} = 54.2\%$$

＊　EBIT(支払利息および税金控除前営業利益)

＊＊　普通株主資本＝資本合計－優先株式

《負債・総資産比率》あらゆる形の債務によって資金供給を受けている資産の比率を測定するもので、比率が高く、収益の変動が大きいほど、デフォルトを起こす危険性が高くなる。とはいえ、借り入れを賢く使えば、ROEを押し上げることも可能である。

結論

財務比率分析とは、財務諸表を時系列で追って過去を調べ、競争の優位性、財務体質、収益性といった尺度から企業の魅力を見いだしていくことである。

財務比率に関する知識があれば、その企業が業界や金融・経済環境の変化のなかでどう対応していくか、手掛かりがつかめるだろう。

第一〇章 ジョン・スピアーズとメーソン・ホーキンズ――二一世紀のバリュー投資

グレアムの戦略を応用する――ジョン・スピアーズの場合（二一〇ページ参照）

クリスとウィルの父ハワード・ブラウンは、かつてグレアムの証券会社に勤めていた。そのクリスとウィル、そしてジョン・スピアーズは現在、トウィーディ・ブラウン社のマネージング・ディレクターとしてともにチームを組んで仕事をしている。彼らはミューチュアル・ファンド二本と個別口座の運用を行っているが、グレアムの原理を応用し、その投資基準をさらに発展させて使っている（なお、この三人は一丸となって働いているため、本書ではスピアーズの名前を代表して使わせていただくことにする）。

スピアーズは、ネット上のデータやコンピューター・ソフトを駆使しながら、過去の株価推移や一株当たりの利益、売上高、純資産、フリー・キャッシュフローから見て割安な株を世界中の公開株のなかから検索していく。また、インサイダーによる自社株取得（取締役や役員、その他の従業員による自社株の買い付け）や自社株買い（企業による自社株の買い戻し）が行われている企業を物色するようにしている。

その保有株式には、無名の中小企業から有名大企業までが名を連ねている。アメリカ株としては、Kマート、アメリカン・エキスプレス、コカ・コーラ・ボトリング、マクドナルド、ウェルズ・ファーゴ。外国株としては、オランダのユニリーバ、日本の富士写真フイルム、フランスのクリスチャン・ディオールなどが挙げられる。

広く分散投資しているため、持ち株は一〇〇銘柄を超えていると思われる。原価ベースで見て、一企業が全ポートフォリオの約四％を超えないよう、また一業種が全体の一五％以上を占めないようにしてある。

経営陣への質問

買い付ける銘柄を絞り込んだ後、スピアーズは一番投資妙味のありそうな企業に注意を集中させる。財務諸表を時系列でチェックし、当該企業の最高経営幹部のもとに電話を入れ、次のような質問をする。

●アナリストらによる御社の収益予測に満足しているか
●販売増や販売価格の引き上げについて、どのような見通しを持っているか
●販売増や値上げが損益計算書の純利益にどう響くと思うか
●今後五年間の利益成長の見通しはどうか。また、それをどう達成するつもりか
●収益から生み出されたキャッシュを配当以外にどう使うつもりか
●最近インサイダーが自社株の売買を行っているか。行っているとすれば、その理由は何か
●ＲＯＥ（株主資本利益率）をどう予想しているか
●競争は御社にどのような影響をもたらしているか
●統合あるいは合併の計画はあるか

アナリストの収益予測やその他の株式データについては、ブルームバーグ・ファイナンシャル（www.bloomberg.com）、ザックス・インベストメント・リサーチ（zacks.com）が提供している。また、この手の質問については、企業のＩＲ（投資家向け広報）部門やＣＦＯ（最高財務責任者）、その他の役員が答えてくれるだろう。インサイダーによる自社株取得状況については、トムソン・インベスター・ネットワーク（www.thomsoninvest.com）、マネーセントラル（moneycentral.msn.

com/investor)、インサイダー・トレーダー（www.insidertrader.com）などのサービスを利用すれば分かるだろう。

インサイダーによる自社株取得

スピアーズが投資している企業には、自社株買いを実施しているところが多く、役員が相当量の自社株を保有し、一人あるいは複数のインサイダー（内部者）が大量買い付けを行っている。株価が大きく値下がりしているとき、時としてインサイダーが自社株を購入していることがある。これは将来的に企業価値を押し上げるような「何か」に関する情報を握っているからだ。例えば、新規のマーケティング計画、製品の注文増、プラス要因となる業界動向、新製品開発を一時的に打ち切っていた企業の潜在的な収益力に関する情報などを得ているのかもしれない。

一九九七年、ユナイテッド・デンタルの株価は、直近の高値三一ドルから一〇ドル前後にまで下落していた。スピアーズによれば、「売られたのは、コンピューターシステムの突発的な故障による収益悪化が原因」とのこと。「しかし九八年の予想一株益は一・二三ドルで、一〇ドル近辺では社内のインサイダーらが精力的に買いを入れていた。それに当時、デンタル・ヘルス産業は細分化されていたため、業界内では統廃合が進められていた」という。スピアーズが同社の株を一〇ドルから一一ドルの間で買い付けた六カ月後、プロテクティブ・ライフがユナイテッド・デンタルの買収を発表した。

買収代金は一株当たり約一九・四四ドル相当で、キャッシュと株で支払われた。「こうした超割安株の場合、買収話が持ち上がるケースは珍しくない」とスピアーズは言う。

つまずいても立ち直るブランド力のある企業を買う

「安いところで拾っていまだに持っている優良企業の一つにアメリカン・エキスプレス（アメックス）がある」とスピアーズは語る。

「一九九〇年から同社の株を保有している。最初に買い付けたとき、株価は一九ドルから二六ドルあたりだった（ちなみに、九九年末の株価は一六六ドル）。一見したところ、アメックスはビザやマスターカードの攻勢によってかなりの苦戦を強いられていた。収益は落ち込み、クレジットカードのフランチャイズから金融スーパーマーケット構築へと焦点をシフトさせていた。株価は売り圧力に押され、だれも買おうとする者はいなかった。もう一度クレジットカード事業に特化してくれれば、一株当たりの収益力は、ざっと二ドルから二・五〇ドルぐらいに回復するのにと、どれだけ思ったかしれない。当時の株価は、われわれが将来的に稼げるはずだと見込んだ一株益の八倍から九倍で取引されていた。しかし一九九三年、ハーベイ・ゴラブがCEO（最高経営責任者）となり、コングロマリットを解体。多くの事業部門を売却し、本業に立ち返ることになった。以来、アメックスは増益基調に転じ、われわれだけでなく、顧客にとっても、その価値は増大し続けている」

簿価の上をいく

企業の資産を調査し、評価した結果、含み資産が見つかることがある。スピアーズが評価した土地や施設などの資産のなかにも、貸借対照表（バランスシート）上の評価額を超えているものがときどきある。例えば、工場や設備はバランスシート上では取得原価から減価償却累計額が差し引かれているため（土地は減価償却の対象とならないので、取得原価のまま記載される）、実際の価値は簿価とは異なるものと考えられる。

スピアーズが不動産の価値を評価するときは、不動産仲介業者か、不動産に詳しい鑑定士に電話をする。以前、スピアーズはフロリダ州マイアミに本社のある某企業の株を買って大儲けしたことがあるが、それは近所の不動産屋から、その企業がビスケー湾近くに二二エーカーの土地を持っていて、その評価額が簿価の四倍もあると聞かされていたからだ。スピアーズはまた、商標や特許といった無形資産の価値も考慮に入れるようにしている。おそらく企業のＣＦＯ（最高財務責任者）に電話し、重要資産のおおよその価値をはじき出していたのではないだろうか。

賢く投資する

スピアーズは財務指標を見て理解できる範囲の株を買う。外国株を買い付けるときは、十分な情報が得られ、政治的にも経済的にも投資妙味のある国に限っている。一時的に大ヒットを飛ばすような製品・サービスに頼っている企業や評価の難しい企業は一切ポートフォリオに入れないようにしている。

インフレと株

一九九九年のトゥィーディ・ブラウン社の年次報告書に、スピアーズはこう記している。

「長期的に見て純資産への極めて大きなリスクの一つは、株を保有することではない。債券が値上がりしないことである。なぜなら、債券は額面価格でしか償還しないからだ。現在、インフレ率が歴史的にいくら低水準だとはいえ、ゼロというわけではない。インフレは純資産を静かにむしばんでいく狡猾な税金である。かつては一生涯に一〇〇万ドル手にできれば一財産と見なされた。しかし生きている間はコストがかかる。大学に行けば年間二五〇〇ドル、高級車一台で八〇〇〇ドル、ぜいたくな家でも買ったら一〇万ドルが飛ぶ。祖父の時代には五セントあれば映画を見ることができた。長い人生を生きていくうえで問題となるのは、コスト感覚が甘くなっている点である。幸い、インフレと歩調を合わせていく簡単な方法がある。これならインフレに勝つことさえできる。それは株式投資である」

バリュー投資で富を築くことについては、次のようにコメントしている。

「度を越した株式市場では、内在価値に比して過小評価される株、過大評価される株がなくなることはあるまい」

グレアムの戦略を応用する――メーソン・ホーキンズの場合

（年次報告書の写し、株主レポート、ファックスのほか、サウスイースタン・アセット・マネジメントのリー・ハーパーとの電話による会話を参考にした。一九九九年、使用許可済み）

メーソン・ホーキンズは高校時代にグレアムの著書『賢明なる投資家』（パンローリング刊）をプレゼントされた。この本を読んで啓発された彼は、そのときの印象がいまだに焼き付いているという。ホーキンズはグレアムに対する尊敬のあかしとして母校のフロリダ大学に寄付金を送っている。これはグレアムの投資原理の実践的応用法を教える講座への資金援助である。

ホーキンズの会社、サウスイースタン・アセット・マネジメントでは個別口座のほかにミューチュアル・ファンドを四本運用している。そのうちの二本は既存顧客だけを対象としたもので、一本は大型株と中型株、もう一本は小型株に的を絞って投資している。ほかにはインターナショナル・ファンドに加え、不動産や天然資源関連の企業を組み入れたリアル・エステート・ミューチュアル・ファンドの運用も行っている。これらのファンドのなかで特に組み入れ比率の高い銘柄には、フェデックス（旧フェデラル・エクスプレス）、マリオット・インターナショナル、ユナイテッド・ヘルスケア、レイヨニア、ガルフ・カナダ・リソーシズ、日本の安田火災海上保険などがある。

各ポートフォリオの組み入れ銘柄数は二〇から三〇ぐらいで、「割安な優良企業を買うこと」を第一の鉄則としている。ホーキンズにとっての優良企業とは、競争の優位性、強力なブランド名、低コスト生産体制、業界での支配力を有する企業である。自分で見積もった企業価値よりも株価が四〇％下回っていたら買いを入れ、目標水準に達したら売却するのが理想。平均保有期間は五年である。

彼もまた企業の報告書を調べ、経営陣と面会し、二次的なリサーチ手段として『バリューライン・インベストメント・サーベイ』と『スタンダード＆プアーズ・ストック・レポート』を読んでいるが、そのほかに被買収企業とその買収額をデータベースに収めている。ちょうど不動産を購入するときに物件を比較して見るように、その情報を駆使して、狙っている企業の株価と類似企業の買収額とを比べてみるのである。

フリー・キャッシュフロー

ホーキンズが重視している財務指標はフリー・キャッシュフロー（FCF）である。これは、経営陣が自らの裁量で、研究開発（R&D）、マーケティング、広告活動、負債処理、営業拡大、自社株買い、買収、配当支払いなど、さまざまな用途に自由に使える資金のことだ。このフリー・キャッシュフローを賢く投資に回していけば、さらに高い収益が望め、最終的には株価の上昇につながるはずである。

フリー・キャッシュフローの算出法は、一株当たりグロス・キャッシュフローから事業維持に必要な設備投資額と運転資金を差し引いて求める。一株当たりグロス・キャッシュフローとは、純利益に減価償却費や営業権（のれん）の償却費、その他に現金支出を伴わない控除額を足し合わせたものである。

経営陣と組んでパートナーになる

株を買うのは、経営陣と組んでパートナーになるのと同じことだとホーキンズは考えている。だから大抵の場合、最高経営幹部と顔を会わせていない企業の株は買わないことにしている。投資対象とするのは、自社株を相当量保有している役員らによって経営されている企業だ。というのも、自社株を持てば、オーナーのように思考し行動するようになり、さらに効率経営を行うようになるからだ。役員の保有自社株数は、議決権行使についての参考書類（**訳者注**　定時株主総会招集通知に同封されている書類）に記載されている。

一九九九年、ホーキンズはミューチュアル・ファンドの株主（受益者）への半期報告書（運用報告書）のなかで、なぜシーグラム社（**訳者注**　現ビベンディ・ユニバーサル）に投資したのか、その理由を説明している。ホーキンズが買いを決めたとき、同社の株価は二八ドル。人気のない株だった。しかしCEOのエドガー・ブロンフマン・ジュニアの過去の業績を見て、その手腕を信じたホーキンズは、同社の株が過小評価されていることに気づいた。しかもブロンフマン一族が自社株の三〇％を保有していた。ホーキンズがシーグラムを買い付けた後、ブロンフマンはユニバーサル・エンターテインメント・グループを買収し、トロピカーナ社を売却しているが、ホーキンズによれば、こうしたことが企業価値を高めることにつながったという。その後、株価は上昇し、五〇ドルから六五ドルのあたりでホーキンズは売却している。

ミューチュアル・ファンドを買うときのアドバイス

ミューチュアル・ファンドの株主（受益者）向けに開いた年次総会でのスピーチのなかで、ホーキンズは、ファンドを買うときの一般的なアドバイスをしている。

●長期にわたる運用成績を調べる
●その運用実績を残したファンド・マネジャーやサポートチームが今も運用に携わっているかどうかを確認する
●ポートフォリオの回転率と税引き後の利回りを分析する
●ファンド・マネジャーの投資手法および投資哲学を理解する
●そのファンドにファンド・マネジャーが自己資金を投入しているかどうかを見る

ミューチュアル・ファンドを購入するときは、当該ファンドの目論見書や添付書類の説明、年次報告書や半期・四半期報告書（運用報告書）などを読み、運用方針、組み入れられている株式や債券などの種類、長期の運用実績をチェックすること。ミューチュアル・ファンドについての情報は、モーニングスターやバリューラインが提供している。

第一一章　グレアムの戦略を応用する——投資家別戦略応用法

グレアムの投資哲学を基に、保守派の投資家が個別株を購入するなら、分散投資にし、ポートフォリオには最低でも一〇銘柄、大手の優良企業を組み入れる。例えば、S&P五〇〇採用銘柄で財務状態が良く、収益と配当が長期にわたって着実に伸びている企業を選ぶといいだろう。当然のことながら、買い付けるときは個別銘柄の調査をきちんとし、PER（株価収益率）などの投資尺度から見て買うのにふさわしいかどうかを判断すること。保守派の投資家の場合、さらに格付けの高い債券も購入しておくといいかもしれない。各人の所得税の税率区分に従って、国債、社債、地方債のどれかを選ぶといいだろう。ムーディーズやスタンダード&プアーズ（S&P）の社債（長期債）格付けのうち、上から四番目までが投資適格債となるので、次ページの**表**を参考にしてほしい。これより格付けの低い債券は、「ジャンクボンド」あるいは「ジャンク債」（**訳者注**　「ジャンク」は「くず」の意味）

ムーディーズとS&Pの格付け記号

ム社	S&P	意味
Aaa	AAA	極めて優れている。発行体は極めて安全で信頼できる
Aa	AA	優れている。長期投資の場合リスクがAAA債より若干高い
A	A	投資対象としてふさわしい要素がたくさんある
Baa	BBB	中級。現在は投資適格でも長期的な安定性には疑問がある
Ba	BB	投機的な要素がある。元利払いの安全性が不十分
B	B	
Caa	CCC	非常に投機的。債務不履行となる危険性が高い
Ca	CC	
C	C	
－	D	債務不履行

出所＝T・ロウ・プライス・アソシエーツ
注＝２社の格付け体系は似てはいるが、同じではない。上の表を、格付けを見るための手掛かりとしてほしい（訳者注　上は実際に２社が発表しているものと表現が異なるが、原文のまま訳出）

と呼ばれ、高利回りで、利金をたくさん受け取ることができるが、投機色が強くなる。保守派の投資家が仮にジャンクボンドを買うとしたら、ごくわずかにするか、ミューチュアル・ファンドを通して買うのがいいだろう。

債券投資において、よく使われるテクニックに、「ラダーポートフォリオ」あるいは「マチュリティー・ラダー方式」という手法がある（**訳者注**　「ラダー」は「はしご」、「マチュリティー」は「満期日」の意味）。これは満期日（償還期限）がそれぞれ異なる債券に分散投資するものだ。償還期限の一つの目安は、短期債が五年未満、中期債は五年から一〇年以内、長期債は一〇年超となっている（**訳者注**　財務省証券［米国債］の場合は、短期債［Ｔビル］が一年未満、中期債［Ｔノート］が二年から一〇年、長期債［Ｔボンド］が一〇年超で、通常「ロングボンド」というと三〇年債を指す）。

ポートフォリオの少なくとも二五％は、償還までの年数が平均して七、八年になるような債券を組み入れるとよいとグレアムは言う。どのくらい債券と株に資金を振り分けるかは、市場動向に加え、各人のインカム・ニーズ（配当・利息収入の必要性）やリスク許容度、そのときの金利次第である（なお、債券投資についてさらに詳しいことは、第二一章を参照のこと）。また、保守派の投資家の選択肢としては、自分のポートフォリオの管理を個別口座の運用担当者に託してもいいし、以下のようなミューチュアル・ファンドを購入してもよいかもしれない。

●国内株式型ミューチュアル・ファンド
●内外の株式に投資するグローバル・ミューチュアル・ファンド、あるいは外国株式型ミューチュアル・ファンド
●財務省証券（国債）、社債、地方債に投資する公社債投信
●インデックス・ファンド（例えば、S&P五〇〇などの株価指数と連動するように運用されるファンド）

中道派、積極派の投資家なら、さらに投資対象を広げることができる。保守派の投資家と同じようなものを購入してもかまわないが、さらに外国株や国内の中小型株を追加するとか、優良成長株や高利回りの投資適格債を買ってもいいだろう。

第一二章　ベンジャミン・グレアム――その生涯と経歴

グレアムは一八九四年にロンドンで生まれたが、その一年後、一家はニューヨークに移った。九歳のときに父が他界。母ドラと育ち盛りの息子三人があとに残された。ドラはおカネを稼ぐためにいろいろな商売を手がけたが、いずれもうまくはいかなかった。家計を助けるため、グレアムは高校・大学時代から働きに出ていた。一九〇七年、彼は一三歳にして株式市場の危険性を学んだ。母が証券会社から資金を借りてUSスチール株を信用で買ったのである。連邦準備制度が創設されたのは一九一三年なので、当時はまだ銀行家が中心となってマネーサプライ（通貨供給量）を安定させる役目を担っていた。なかでも特に傑出していたのが巨大金融帝国を築き上げたジョン・ピアポント・モルガンだった。ドラが株を買い付けた後、複数の銀行で取り付け騒ぎが起こり、市場は暴落。モルガンがほかの銀行家たちとともに資金を注入し、銀行システムおよびウォール街の信用回復に努めたが、ドラのような大勢の小口投資家を救うにはもう手遅れだった。

高校卒業後、グレアムは奨学金を得てコロンビア大学に進んだ。数学、英語、哲学においてとりわけ優秀な成績を収めた彼は、卒業後はコロンビア大学でこれらの科目の授業を担当しないかと持ちかけられたが、ウォール街で働く道を選んだ。その性格と学才からしてコロンビア大学に残ったほうが幸せだったかもしれないが、現実問題として家族と自分の生活を支えるために、おカネが必要だったのである。もっとも、より大きな富をもたらす金融界への道を選んだ彼も、後には母校に戻り教鞭をとっている。グレアム教授の証券分析講座はコロンビア大学ビジネススクール史上最も人気が高く、大盛況だったという（九六ページ参照。カーンおよびミルンの共著、九ページより）。

第一次世界大戦の少し前から、グレアムは証券会社の債券部で仕事をするようになっていた。戦争勃発後の一九一四年七月、株式市場はろうばい売りに押され、恐慌を防ぎ止めるために外国為替取引が停止された。ウィーン、ベルリン、ローマ、パリ、ロンドンなどの取引所は閉鎖となり、同年七月三一日、NYSE（ニューヨーク証券取引所）の管理委員会は暴落を回避するため取引停止を決議した。NYSEが立ち会いを再開したのは一二月半ばになってからだったが、株価規制が敷かれ、一部銘柄に取引制限があった。一九一五年には規制解除となったが、NYSEがこれほど長く閉鎖されたのはこのときだけである（『A Brief History of the New York Stock Exchange』〔NYSE〕の項目「一九〇三年～一九三二年」より）。

取引が再開されたとき、グレアムの会社は人員不足に陥っていたため、彼はさまざまな仕事をこなした。そのおかげでウォール街の会社が果たしている機能を体得。このときの知識が後に自分の会社を立ち上げるときに役立つことになった。一方、知識の乏しい投資家が多いことにもグレアムは気づき始めていた。

グレアムの会社設立と一九二九年～一九三二年の株価大暴落

当時は、内報、風説の流布、公然と行われていた株価操作によって株が買われていた。多額の資金を集めた仕手筋が大量に株を仕込み、決算前に増益・増配といった根も葉もないうわさを流していた（九七ページ参照）。こうして株価が十分につり上がったところで売り逃げるのである。こうしたことは、一九三四年にＳＥＣ（証券取引委員会）が創設されるまでは合法として認められていたのである。

一九二六年、グレアムは自ら投資会社を設立。会計士をしていたジェローム・ニューマンが彼のパートナーとなった。一九二八年からは、母校コロンビア大学のビジネススクールで証券分析の夜間コースを担当。グレアム・ニューマン社は一九二九年に株価が暴落し、弱気相場が訪れるまでは順風満帆だった（九六ページ参照。カーンおよびミルンの共著、一九ページより）。

ダウ平均は、一九二九年の高値から三二年の安値まで、実に八九％もの下げを演じた。これに先立つ一九二五年から二九年までは投機が横行。投資家たちは株を買うのに、約定代金の一〇％から二五

％を差し入れて（**訳者注**　証券会社に担保として委託保証金を差し出す）、あとの資金は証券会社から借りていた。つまり信用買いを行っていたのである。

NY上場株式の時価総額は一九二五年には二五〇億ドルだったが、これが一九二九年には、その三倍を超える九〇〇億ドルに膨れ上がっていた。「いつ調整が入ってもおかしくはない」「景気が減速してきている」といった警告も一部には出ていたが、根拠なき楽観主義は続いた。多くの投資家が株を買っては幸福感に浸り、このままずっと右肩上がりが続くものと信じて疑わなかった。ところが、一〇月二四日に暴落が始まり（暗黒の木曜日）、一〇月二九日には最大の下げ幅を記録した（暗黒の火曜日）。信用で株を買っていた投資家たちは、証券会社から追い証（株価が値下がりして計算上損失が出たときに担保不足を補うために信用取引口座に差し入れる追加保証金）を求められ、その穴埋めに株を売却せざるを得なくなった。こうした要因がいくつも重なって投げが投げを呼ぶ展開となったのである。一九三二年のNYSEの時価総額は、二九年のピーク時の九〇〇億ドルから一気に一六〇億ドルを割るまでに下がっていた。

グレアム・ニューマン社も損失を被り、顧客を失ってはいたが、ほかの証券会社が廃業していく中で何とか生き残っていた。グレアムは一九三二年六月、フォーブス誌にこう記している。

「市場には割安株が放置されたままになっている」

彼は多くの同僚たちに先駆けて、いち早く強気の構えを見せていた。ここで、株価の下げがどれほどきつかったのか、例を挙げてみよう。ゼネラル・エレクトリック（GE）は二九年の四〇〇ドルから三二年には一三ドルに、USスチール（**訳者注**　現USX-USスチール）は同二六二ドルから二一ドルに下落していた（株価は、ニュートン・プラマー著『The Great American Swindle』〔self-published, 1932〕三六～四四ページより）。しかし三二年末にかけて株価は回復し始め、翌年以降はグレアム・ニューマン社も新規顧客を増やし、再び活況を呈するようになった。

グレアムはコロンビア大学の授業で教えたことを基にデビッド・ドッド教授との共著『証券分析』（パンローリング刊）を一九三四年に著わし、また一九四九年には『賢明なる投資家』（パンローリング刊）を執筆している。

いずれも改訂版が次々に出され、投資の古典的名著とされている。

永久不滅の遺産

一九五六年に引退したグレアムは、カリフォルニアに移り、UCLA（カリフォルニア大学ロサンゼルス校）の経営大学院の教授となった。亡くなったのは、一九七六年九月二一日、八二歳だった。

グレアムは証券アナリストのプロ意識を高め、CFA（公認証券アナリスト）という専門職の確立に貢献した。一九九四年にはニューヨーク証券アナリスト協会の主催でグレアム生誕一〇〇周年を記念した特別昼食会が催された。グレアムは同協会の創設者の一人であり、在りし日は金融業界の名士として名を連ねていたのである。グレアムについて複数の著作のある作家ジャネット・ロウがこう指摘している。

「グレアムが投資に与えた影響は、ベーブ・ルースが野球に与えた影響と同じである。両者とも人々が見習い、望みをかけることのできるお手本となった」

かつてグレアムの教え子だったウォーレン・バフェットやウォルター・シュロス、アービング・カーンら、ファンド・マネジャーたちは、「自分がこの業界で仕事を始めるに当たり、どれほどグレアムが支えになったか」といったことを口々に話していた。

グレアムに対する自らの心情をバフェットがとりわけ雄弁に語り、オスカー・ハマースタインの言葉を引用している。

「ベルは鳴らすまではベルではない。歌は歌うまでは歌ではない。そして心のなかの愛は、そこにとどめておくためにあるのではない。愛は与えてこそ、愛となるのだ」

物の考え方に関して言えば、グレアムはこんな人だったとバフェットは言う。それは、自分が競争上不利な立場に立たされると分かっていても、その投資哲学を他人に教えるような人であった、と。また、その私生活については、慈悲深く、思いやりのある人だったと教え子たちは言う。グレアムが投資の世界に永久不滅の遺産を残したのは確かである（引用や事実関係については、一九九四年にニューヨーク証券アナリスト協会が作成したビデオおよびオーディオテープを参考にした。一九九九年、ウェイン・ホイップルより使用許可済み）。

第三部

フィル・フィッシャー——調査重視のグロース投資

フィル・フィッシャーは、探偵まがいの手法で大化け株を探り当て、顧客や自分のために巨万の富を築いた。投資のシャーロック・ホームズこと、フィッシャーは、かの有名な小説上の名探偵のごとき観察力と巧みな質問、理詰めの推理力により、その株が買うに値するものかどうか、謎解きをしていく。

飾り気のないオフィスで「初動捜査」を済ませると、本格的な「取り調べ」に入る。「捜査対象」となるのは、優秀な経営陣と一流の製品、圧倒的な競争優位性と底知れない収益力を有する成長企業だ。フィッシャーいわく、「私が探しているのは、長期に保有できる正真正銘の超成長株、つまり、唯一買うに値する株です」。

グロース投資（成長株投資）のパイオニアと称されるフィッシャーにも、プロ・アマ問わず信奉者がいる。全米中にその名が知られるようになったのは、自著『フィッシャーの「超」成長株投資――普通株で普通でない利益を得るために』（フォレスト出版）を書いてからのことだ。初版は一九五八年に刊行され、九七年には以前に執筆されたほかの著作とともに再版されている。バフェットもその初版を読み、いたく感動してカリフォルニアまでフィッシャーに会いに行き、その戦略をじかに学んでいる。

フィッシャーが株式市場を知ったのは一二歳か一三歳のころで、市場とは、成功しそうな人や企業を選ぶ機会と同時に大金を稼ぐ機会を与えてくれる一種のエキサイティングなゲームだと思っていたそうだ。今やそのゲームの勝者となったフィッシャーは、企業の経営幹部およびその企業の潜在利益を審査する上で、持ち前の鑑識眼を生かしてきた。こうした能力は、ある程度は先天的なものとはいえ、投資歴を重ねるうちに磨いていくことは可能である。

フィッシャーはスタンフォード大学の大学院在学中に、実践教育を信条とする経営コンサルタントに師事した。毎週水曜日、その教授はクラスの学生を引き連れて地元企業を訪問し、最高経営幹部と面談。その経営手法について質問をした。フィッシャーは経営幹部への質問の仕方と企業の各部署が協調して努力していくことの重要性を学んだ。

一九三一年、証券アナリストの仕事を経て、自分で投資顧問業を始め、総合的な企業評価の手法を開発。初めて儲けた株の一つが今日FMCとして知られるフード・マシーナリー社の株だった。そのほんの数年前、フィッシャーは合併してFMCの一部となった二社の幹部と例の教授が面談しているのをその目で見ていたのである。フィッシャーによれば、当初の取得価格の五〇倍で売却したとのこと。以来、この手の成功企業の株を買い付けてきたが、そのなかには、モトローラ、テキサス・インスツルメンツ、ダウ・ケミカル、レイケム（レイケムは一九九九年にタイコ・インターナショナルによって買収された）などがある（一九九五年から一九九七年にかけてフィッシャーから送られたファックスや手紙に加え、電話での会話を参考にした。ここに挙げた一部の内容については、フィリップ・フィッシャー著『Common Stocks and Uncommon Profits and Other Writings』〔John Wiley & Sons 1996〕の二〇四～二〇五ページおよび二一六ページでも語られている。邦訳『フィッシャーの「超」成長株投資――普通株で普通でない利益を得るために』フォレスト出版）。

第一三章　フィッシャーの成功戦略――企業の人材・製品・政策を評価する

駆け出しのころのフィッシャーは、長期保有と短期売買の両方の戦略をとっていた。しかし、短期売買のほうが実質的な儲けが少ない上、短期の値ザヤ稼ぎは生活上多大なストレスがたまることが分かった。そこで、長期的に並外れた成長が見込める企業の株だけ買うことにした。ただし、フィッシャーはこう注意を促している。

「当然のことながら、本物の超成長株を買ったつもりでも、見込み違いに気づくことがあるかもしれない。後になって、その企業のことがだんだん分かるにつれ、買わなければよかったと思うこともあるだろう。このようなときは、利が乗っていようがいまいが、その株は手放したほうがいい。大事なのは、たとえそのとき損をしても、正真正銘の超成長株を長期保有したときの値上がり益に比べれば、大した損ではないということだ」（一九九六年にフィッシャーと交わした会話およびファックスより引用)。

フィッシャーは、財務諸表にある過去の数値よりも、企業の人材・製品・政策の「質」に注目した。だから財務報告書を読んだ後は、狙った企業の背景情報を集めることにしている。その企業の顧客、サプライヤー(供給業者)、競合他社、その他にその企業に関する知識を持っている人に電話で問い合わせるか、直接顔を合わせて話を聞くのである。その結果、さらに考慮を要する価値ある企業であれば、最高経営幹部に会いに行き、会社に関する質問をぶつけてみる。

フィッシャーの息子ケンも有名なファンド・マネジャーで、フォーブス誌のコラムニストでもある。ウォーレン・バフェットをはじめ、ほかの投資家たちは自分の投資ニーズに合わせてフィッシャーの手法に手を加え、自分の基準とフィッシャーの基準とを融合させて利用している。

今日では、インターネットやコンピューターのデータベースのおかげで膨大な投資情報が手に入るようになった。一般に企業の幹部らは以前に比べ、株主あるいは将来の株主に対してきちんと応対してくれるようになり、近づきやすい存在となってきている。

第一四章　フィッシャーが実践する三つの投資ステップ――聞き込み捜査

ステップ一　情報を集める

フィッシャーの場合、フォーブス、フォーチュン、バロンズ、ウォール・ストリート・ジャーナルなどの新聞・雑誌類も読むが、主としてプロの投資家や実業家たちとの会話から投資の手掛かりをつかむ。企業の報告書や株式調査レポートのチェックも怠らない。

企業の報告書を入手するには、企業のＩＲ（投資家向け広報）部門に電話をするか、企業のウェブサイトを訪問してみる。企業の主要顧客、競合他社、供給業者などの名前は調べれば分かるが、ＩＲ部門でも教えてもらえるだろう。

業界の刊行物については、『スタンダード＆プアーズ・インダストリー・サーベイ』にリストが載っている。ゲイル・グループ（www.galegroup.com）では、多くの図書館や大学で利用されているインフォトラックなどのデータベースの販売を行っているが、これを使えば、企業や経営陣のリサーチができる。こうしたデータベースには、ビジネス誌・新聞・業界誌・投資情報に掲載された、過去から現在に至るまでの記事の要約が収められている。同じくゲイル・グループが刊行しているものには、『ザ・エンサイクロペディア・オブ・エマージング・インダストリーズ』がある。フーバーズでも企業のプロフィールを提供しており、印刷刊行物やCD-ROM版以外に、オンライン上(hoovers.com)でも閲覧できるようになっている。

ステップ二　情報を評価する

その企業が自分の投資基準に見合うかどうかを決めるに当たり、フィッシャーが問うのは次のようなことだ。

- その企業には傑出したCEO（最高経営責任者）および強力な経営陣がいるか
- 経営陣は株主に対して自社の良いニュースだけでなく、問題点も率直に報告しているか
- その経営陣には革新的な政策や新製品製造に関する実績はあるか

●その企業は顧客にとって価値の高い高品質の製品を長期にわたり責任をもって製造しているか
●顧客と従業員の関係は良好に保たれているか
●その企業には競争の優位性や変化への対応能力はあるか
●その企業は効率経営を行い、高い利益率を維持し、増収増益となっているか
●長期的な潜在利益と株価予想に比して、現在の株価は適正か

「重要尺度」を使う

一九九七年、アーンスト&ヤング社の出資により、「重要尺度」(Measures That Matter)と題する研究がサラ・マブリナック教授とトニー・ジースフェルトによって行われた。この研究には、企業価値を決める上でアナリストたちが考慮に入れる、金融・財務関係以外の業績評価尺度が含まれている。その多くをフィッシャーも採用しているが、以下にその尺度を挙げてみよう。

●企業戦略の実行(成功)
●経営陣の信用と経験
●経営陣への近づきやすさ
●イノベーション(革新性)

- 優秀な人材を引きつけ、逃さない能力
- 顧客から見た製品の品質
- CS（顧客満足）
- ブランドイメージ
- 製品の耐久性
- 新製品開発までのサイクルタイムと効率性
- マーケティング力と宣伝力

革新的な経営陣の重要性

フィッシャーが探し求めるのは、過去に成功実績のある革新的な経営陣により運営されている企業だ。フィッシャーお気に入りの業種、すなわちテクノロジー業界においては、こうしたことが特に重要となる。なぜなら、製品の陳腐化が早く、熾烈な競争が繰り広げられているからだ。テクノロジー企業のビジネスリスク（事業リスク）については、企業の報告書の中で注意事項として論じられるが、これにはほかに特許権の失効や、製品の開発、製造、テスト、マーケティング、販売に関する問題点なども含まれる。また、テクノロジー企業の場合、技術畑の経験者は引く手あまたであるため、主要技術のマーケティングおよびマネジメント・スタッフの確保が難しいといった問題を抱えている可能性もある。

イノベーションというと、差別化を図るための独創的かつ質の高い製品・サービスの開発を連想しがちだが、それだけではない。例えば、組織構造、生産性を向上させるための新技術の利用、顧客サービス関連の政策、従業員の福利厚生と研修、ジョイント・ベンチャーなど、ビジネスのあらゆる分野にイノベーションを導入することができる。有能かつ革新的な企業経営者は節度をもって財務管理および目標設定に当たるが、必要が生じれば、方向転換・方針変更といった別の道を選ぶ柔軟性を備えているものだ。

フィッシャーの持ち株の一つ、テキサス・インスツルメンツ（ＴＩ）社の例を挙げてみよう。同社は一九三〇年、ジオフィジカル・サービス社として創業。反射地震法による探査を専門としていた。しかし一九三八年、聡明な技師エリック・ジョンソンが社長となり、社を新たな方向へと導いた。ジョンソンの指導下でＴＩは新技術を導入し、第二次世界大戦中に米海軍向けに初の潜水艦探査装置を開発した。

一九五二年、ＴＩはトランジスタの製造を開始し、半導体ビジネスに参入。商業用として初めてのトランジスタラジオ「リージェンシー」を考案。このラジオが大当たりし、ＴＩはＩＢＭのコンピューターをはじめ、その他の企業にとっても重要なサプライヤー（供給業者）となった。

一九五六年、フィッシャーは互いの知人を介してジョンソンに紹介された。ＴＩの調査を行い、好印象を持ったフィッシャーは、顧客と自分のために同社の株を購入。これが持ち株のなかで大きな割合を占めるようになった。一九六七年、ジョンソンが引退し、マーク・シェパードが社長になると、ＴＩは電卓を発明。一九七八年にシェパードが会長になると、音声合成機能付きのスペリング学習機「スピーク＆スペル」を世に送り出した。シェパードは従業員が会社に貢献することを奨励し、従業員関係の大切さを訴えてきたが、この方針は今もＴＩに受け継がれている。今日、従業員への利益配分は会社の業績に基づき、売上高営業利益率と直結している。これにより、一人ひとりの従業員が株主価値の創造に直接つながりを持つことになるのである。

一九九六年、ＴＩの経営陣は再び軸足を移し、デジタル・シグナル・プロセッサー（ＤＳＰ）に専念することを決めた。九九年の年次総会では、現会長のトム・エンジバスがＤＳＰのさまざまな応用法について話をしている。それによると、ＴＩのＤＳＰは、携帯電話や医療機器（ＭＲＩ、デジタル補聴器）、エンターテインメント製品（デジタル・スピーカー）、カメラ、テレビなどに使われており、九八年にクリスマスプレゼントとして大流行した、しゃべるぬいぐるみ「ファービー」（**訳者注**　タイガーエレクトロニクス社製で日本語版は九九年五月からトミーが販売）にも、ＴＩのデジタル技術が生かされている。エンジバスの夢は、「いつの日か、自社のＤＳＰが触感をシミュレートした義手・義足をつくるかなめとなり、目の不自由な人たちの目が見えるようになるツールを提供していくこと」だ。

エンジバスはまたＤＳＰで業界トップになるためにどれだけ苦労したかも語っている。一九九六年から九九年にかけて一四の事業を売却、一〇社を買収し、大掛かりなリストラ策を実施。その姿勢が市場で好感され、株価は三〇〇％を超える上昇を見せた。

フィッシャーがＴＩ株を買ったときの株価は一四ドル（フィリップ・フィッシャー著『Common Stocks and Uncommon Profits and Other Writings』〔John Wiley & Sons 1996〕一二三ページより。邦訳『フィッシャーの「超」成長株投資――普通株で普通でない利益を得るために』フォレスト出版）。その後、九九年の第3四半期までに何回もの株式分割を経た結果、ＴＩ側の計算では一株が一七四九・六株となり、株価は約九三ドルに上昇。つまり、一九五六年にフィッシャーが一株一四ドルで購入したＴＩ株は、一株につき一六万二七一二ドルの価値を生んだことになる（テキサス・インスツルメンツに関する情報は、同社の報告書およびウェブサイトから得た。一九九九年、テリー・ウエストより使用許可済み）。

財務指標――フィッシャーの見方

フィッシャーはまず企業の報告書の調査から始める。年次報告書にあるＣＥＯ（最高経営責任者）からのあいさつと経営陣による論考を読み、業績値、Ｒ＆Ｄ（研究開発）活動、目標、ビジネスリスクの分析をする。そして貸借対照表（バランスシート）上の資産および負債の評価を行い、負債の少ない財務体質の健全な企業を探していく。また、損益計算書を調べ、当期の売上高や利益とともにコストや費用も前年の数値と比較する。財務諸表の注記にも気をつけ、特別損益、会計方針の変更、その他の開示情報の評価を行う。

議決権行使についての参考書類（**訳者注**　定時株主総会招集通知に同封されている書類）にも目を通す。これには最高経営幹部や取締役らの給与、持ち株、ストックオプション（自社株購入権）の取得状況が記されているが、最高経営幹部らが相当量の自社株を保有していたなら、利害関係がそれだけ株主寄りになるということだ。書類には自社株の推移を示す図表も掲載されており、S&P五〇〇などの株価指数やセクター別あるいは業種別指数との比較ができるようになっている。なお、「セクター」とは、似たような事業を営んでいる企業群のことである。株価のパフォーマンスは金額ベースで表示されていることもある。

フィッシャーも研究開発費や売上高利益率など、いくつかの財務データの評価を行うが、どうしてそのような数値になったのか、それまでの過程を重視し、その企業が今後着実に収益を上げていくために何をしているのかを探っていく。

利益率を維持するためにその企業は何を行っているか

企業の利益率がたとえ満足のいくものであっても、フィッシャーはそれだけでは納得しない。フィッシャーにとって問題となるのは、経営陣がその利益率をどう維持していくつもりなのか、ということだ。売上高利益率は経営効率を見る一つの指標で、売り上げのうち、どのくらいが利益につながったかを示している。売上高利益率を高めるには、売り上げを伸ばす一方で、コストや費用を低く抑え、利益を増大させなければならない。

フィッシャーが評価していたのは、売上高営業利益率である。算出法は、第三章でも述べたように、支払利息・税金・減価償却控除前営業利益を売上高で割ったものをパーセント表示する。なお、営業利益とは本業から得た利益で、投資収益など、ほかの収益源から得たものは含めない。売上高営業利益率のトレンドを見るには過去の数値と比較してみる。また、競合他社の数値とも比べてみよう。

利益率の増減にはさまざまな理由がある。フィッシャーの持ち株の一つ、モトローラは半導体および携帯電話・通信事業を営んでいるが、一九九八年にはグローバル経済の影響もあって利益率が低下。しかしその後は、社内のリストラ、その他の内部改革に加え、モトローラが製品を販売している諸外国の景気が回復したおかげで、利益率は増加に転じた。九八年には一〇・三%だった売上高営業利益率も、九九年には一四・五%になった。

八〇年代後半、モトローラはサイクルタイムを短縮させる方法を開発し、これが売上高利益率の向上に寄与した。サイクルタイムとは、注文を受けてから配送するまでの時間や製品を開発してから出荷するまでの時間のことだ。より迅速かつ能率的な工程を確立することでサイクルタイムを短縮すれば、棚卸資産（在庫）の回転もそれだけ早くなり、コストも低下し、利益率のアップにつながる。九〇年代には、コンピューター・ソフトを有効活用することで、日程計画、請求書の作成・発送、在庫管理がさらに効率化した。リストラ、ジョイント・ベンチャーの成功、インターネットの効果的な利用によって、売上高利益率も上昇した。利益率を高めるために導入されている政策や技術については、

売上高営業利益率（テクノロジー部門・時系列比較）

	1995年	1996年	1997年	1998年
エレクトロニクス	11.1	10.3	10.4	9.5
半導体	25.9	25.7	28.0	24.1
コンピューター&周辺装置	16.2	13.7	14.6	12.7
コンピューター・ソフト&サービス	27.3	27.2	29.3	31.5

出所＝バリューライン・インベストメント・サーベイ

企業の報告書を読めば分かるだろう。利益率の向上あるいは維持のために企業が行っていることについては、経営幹部かＩＲ（投資家向け広報）部門の代表者に尋ねてみるのもいいだろう。

売上高利益率は年々変わるだけでなく、同業種・同セクター内でも差があるものだ。

配当を出すか、収益を再投資するか

成長企業は一般に配当率が低いか、無配であることが多い。例えば、一九九八年までの五年間を平均してみると、テキサス・インスツルメンツやモトローラは、だいたい収益の二〇％を配当に当てているが、マイクロソフトは無配、インテルの場合は約四％にすぎない。

しかしフィッシャーにとっては配当は重要ではない。主として関心があるのは、留保利益が将来の利益成長を生み出すために賢く再投資されているかどうかということだ。成長企業の場合は、配当するよりもむしろ研究開発、新技術、広告、マーケティングにおカネを効果的に使って増益を目指す必要があろう。

ＰＥＲ（株価収益率）とＰＳＲ（株価売上倍率）を評価する

フィッシャーもＰＥＲ（株価収益率）を見ることは見る。が、彼に言わせれば、投資家たちはＰＥＲを重視しすぎるとのこと。フィッシャーが株を買うときは、「この企業は長期的にかなりの利益成長を遂げるはずだから、株価も相当上がるだろう」と、それなりに確信できるときだ。

フィッシャーにとって大事なのは、その企業の長期的な潜在利益から見て、現在の株価はどうなっているか、ということなのである。

彼はまたＰＳＲ（株価売上倍率）にも気をつけるが、ＰＥＲと同様、それほど重要だとは思っていない。にもかかわらず、投資家の多くはＰＳＲを使っているし、その使い方を心得ておくと、結構ためになる。実はフィッシャーの息子ケンこそが、ＰＳＲをいち早く投資の世界に持ち込んだパイオニアなのである。

安定した大手企業でさえ、時として問題を抱えることがある。とりわけテクノロジー業界ではそうだ。企業によっては、利益が極端に少ないか、赤字の場合もある。このようなときは、ＰＥＲが高いか、発表されないため、ＰＥＲの代わりにＰＳＲを基に株の評価を下すことになる（ＰＳＲはほかの場合にも補助的な尺度として使える）。ＰＳＲの計算法は、株価を一株当たり売上高で割って求める。

例えば、モトローラの場合、一九九八年には、九七年の高値九〇ドル、そして九八年の高値六六ドルからさらに値下がりし、約三八ドルの安値をつけていた。同社の製品は世界中で販売されているため、アジアをはじめとする世界各国の経済危機が収益悪化を招いたのである。そのうえ、競合他社ではすでに完了していた、アナログからデジタルの携帯通信機器への移行も遅れていた。当時、モトローラの一株当たり利益は〇・五八ドル（PERは六六倍）、一株当たり売上高は四八ドル（PSRは一倍割れ）だった。PSR三倍は値ごろ感があるとみられ、一倍以下では超魅力的とされているが、こうしたことは業種によって異なるため、ほかの指標と同様、同業他社と比較してみるべきだろう。その後、モトローラは方針を変更し、リストラ、コスト削減、新製品の製造により、九九年末には株価も一四七ドルに値上がりした（なお、二〇〇〇年六月一日には一株を三株にする株式分割を行っている）。

「聞き込み捜査」

投資とはサイエンスではなく、アートだと気づいたフィッシャーは、狙った企業の「肖像」をできるだけ完璧に仕上げることを試みた。企業の報告書にも勝る、企業関係者からのナマ情報を探し求めたのである。これを称して「聞き込み捜査」という。投資のプロたちの間では、このプロセスは「モザイク・コンセプト」として知られている。なぜなら、さまざまな背景情報を一つ一つ寄せ集めながら、企業の全体像を浮かび上がらせていくからだ。彼らはフィッシャーと同じようなやり方で背景情報を収集しようと、このモザイク・コンセプトに従って、その企業の関係者あるいは、その企業に関する知識のある人たちに電話をかけたり、直接会ったりして接触に努めている。参考資料を集めるのと少し似ているが、この手の情報を得るには、次のような人たちと話をするのがいいだろう。

●顧客
●その企業と取引のあるサプライヤー（供給業者）やベンダー（販売納入業者）
●ライバル企業の経営幹部
●その企業の製品を扱っている販売店のバイヤー（仕入担当者）や販売員
●その企業を担当している証券アナリスト
●競合他社
●その企業と組んで仕事をしているか、その企業に関して詳しいコンサルタント
●その企業の債権者
●技術者や業界の専門家
●その他の企業関係者

フィッシャーはその企業の経営状態や経営陣の手腕について、こうした人々がどう見ているのか、話を聞くことで企業の実体を見抜いていたようだ。彼が求めるのは、次のような問いの答えだ。

●製品・サービスの質について顧客はどう思っているか

- ●ライバル会社の経営幹部はその企業のことをどう思っているか
- ●業界内でその企業は他社とどう比べられているか

サプライヤーと話をすれば、その企業と業界の現状が分かる情報をもらえるかもしれない。サプライヤーあるいはその他のベンダーやその分野の専門家なら、その業界にかかわるテクノロジー関連の知識を披露してくれるだろう。

モザイク・コンセプトを信奉するプロの投資家のなかには、従業員に話を聞き、従業員関係や企業の別の一面を発見する人もいる。ただし、社内のことを他言するのを禁じている会社もあるため、こうしたことは微妙な領域となるが、表に出ていないデータを集めているうちに、社内の人間関係に関する情報を見いだすことは多いものだ。

こうした人間関係に加え、経営幹部らがどのような協力体制を敷いているかも大事なことだ。それに重要幹部の異動は何らかの問題が起きていることの現れかもしれない。重要幹部に関する情報は新聞・雑誌の企業欄を見れば分かるし、氏名は企業の報告書に一覧が出ている。

こうして収集した背景情報から、フィッシャーは経営陣の力を評価する。「もし、各部門のトップ同士が仲違いしている、〈われわれvsあいつら〉的な態度をとっている、あるいはＣＥＯ（最高経営責任者）とほかの経営幹部のエゴがぶつかり合っている、といったことがあると、本来なら成功したであろう企業もダメになる」とフィッシャーは言う。部下を育て支援していくことを怠り、手柄をみな自分のものにしたがるような不健全なエゴを抱えているCEOはトラブルメーカーとなる。こうした問題は貴重な人材の流出につながり、最終的には減益という形で表に現れることになるだろう。

フィッシャーは、いろいろな人たちから話が聞けないとき、十分な情報が得られないときには、その企業のリサーチをやめ、買いたくなるような別の企業を探すことにしている。

最高経営幹部と会う

背景調査を終え、情報武装したら、企業の最高経営幹部と会う計画を立てる。それまでに企業に関する知識をしっかりと頭に詰め込み、的を射た質問ができるようにしておく。

フィッシャーが尋ねるのは、企業の財務諸表、新技術、R&D（研究開発）活動、広告・マーケティング、コスト管理、競争上の問題に関することだ。もっとも、企業はそれぞれ異なるため、調査によって知り得た情報やその業種によって質問内容も変わるという。ここに一般的な質問をいくつか挙げてみよう。

- 長期的なビジネス上の問題を何か抱えているか。そうした問題をどう処理していくつもりか
- R&Dに関する将来的な計画はどのようなものか
- 現在の、あるいは特定のビジネス上の問題を克服するのに、どのような措置を講じているか

●消費動向の変化は御社にどう影響するか
●御社が操業している国々の景気動向や経済状況が御社の国際業務にどう影響するか

経営陣を理解するには時間がかかるため、株を購入した後や、しばらく保有してから新事実を発見し、見方ががらりと変わってしまうこともある。したがって、経営陣を評価する作業は、株を買ったからといって完了するわけではなく、その後も続行しなくてはいけない。

ステップ三　決断を下す

株を買い付ける前に、フィッシャーには確認することがある。それは、①情報は十分にそろっているか、②質問したことに対して満足できる回答を得たか、③その企業は自分の投資基準を満たしているか――といったことだ。その投資基準に関連して、彼が問いかけることについては、本章の初めのほう（一六三ページ）を見てほしい。なお、第一五章では、モトローラの沿革を振り返りながら、フィッシャーが自分の投資基準をどう当てはめているか、さらに掘り下げて見ていくことにする。

フィッシャーは、その企業に関する全体評価を基に長期的に並外れた成長力があると見込んだ株だけを買うことにしている。将来の潜在利益と予想株価との対比で、現在の株価を評価するのである。

フィッシャーは、ほかの投資家がその企業価値に気づく前に、あるいは多くの投資家がその企業について悲観的な見方をしているときでさえ、その株を買い付けてきた。フィッシャーにとっては、他人が自分と同意見であるかどうかは問題ではない。重要なのは、徹底的に調査した結果、自信をもって投資決定を下すということなのである。彼は相場全体が下げているときや、一時的と思える低迷やトラブルのために個別企業の株が売られているときに、好んで買い向かっている。

フィッシャーが持ち株のチェックをするときは、企業の報告書や株式の調査レポートを読み、適宜、会社を再訪したり、再度、電話で問い合わせたりする。その企業がビジネス上の問題を抱えているというニュースが伝われば、追跡調査を行い、その状況を克服するために経営陣は何をしているのか、電話で確かめる。その企業がもはや投資基準を満たさなくなったとき、あるいは当初の自分の評価に誤りがあったことに気づいたときは、株を売却することにしている。

第一五章　モトローラ株を振り返る

フィッシャーにとって、モトローラは傑出した企業であり、多大な利益をもたらしてくれる株でもある。モトローラに初めて投資したのは一九五六年だが、この企業のことを実際に知ったのは、第二次世界大戦中、米陸軍航空隊（AAF）を経て（空軍が独立したのは一九四七年）、余剰物資局にいたときのことだ。軍がモトローラの製品を非常に高く評価しているのを知ったのである。当時の社名は、ガルビン・マニュファクチャリングだった。

それから一〇年以上がたち、モトローラについてアナリストと話をしたフィッシャーは、その後、同社について調査し、わざわざ予定を組んでイリノイ州の本社にまで出向いた。そこでモトローラの幹部役員、すなわち創設者でありCEO（最高経営責任者）のポール・ガルビンとその息子で社長のボブ（＝ロバート）、財務担当副社長のマット・ヒッキーらと数時間を過ごした。

当時のことをフィッシャーはこう回想している。

「この目で見たものにとても感動しました。特に、初めて会ったときから、ボブ・ガルビンには将来性があると見込んだものです。例えば、自分の考えを述べるとき、ガルビンは自分の言わんとすることをそれはそれは正確に言葉を選んで表現していました。私のこれまでの経験から言うと、お互いの関係がまだきちんと築かれていないときでも自分の意見を正確に言える人は、明瞭な考え方の持ち主である傾向があります。逆に、いいかげんな言葉で概括的な話し方をする人は、その行動も多少いいかげんだったりするものです」

顧客と自分のためにモトローラの株を買い付けてまもなく、フィッシャーはウォール街のアナリストの一部が同社について否定的なコメントを出しているのを知った。それも、ボブ・ガルビンが社長であることについて、「これは極端な縁者びいきの一例である」と酷評までしていた。しかし、こうしたアナリストたちの見方は誤りだった。彼らは調査を怠っていたため、絶好の買い場を逃すことになったのである（一六〇ページ参照）。

モトローラに入社して以来、ボブ・ガルビンはいろいろな部署でさまざまな仕事を経験してきた。検査部、梱包ライン、研究所などでエレクトロニクスに関する徹底研修を受けていたのである。ポール・ガルビンは、ボブが仕事についてどのような意思決定をするのかを見ながら息子を試していたのだ。ボブは従業員からも尊敬され、やがて現代の偉大な企業リーダーの一人として世界中で認められるようになった。

アナリストの否定的なコメントに反して、フィッシャーはモトローラ株を長期にわたって保有し続けた。買値は四二ドルから四三ドルあたりで、大抵の顧客は一〇〇〇株か二〇〇〇株を購入。一〇〇〇株当たりの約定代金は四万三〇〇〇ドルに満たなかったが、一九九七年末には、その初期投資額四万三〇〇〇ドル分の評価額は一〇〇〇万ドルを超えるまでになった（株式分割調整済み）。以下、モトローラの沿革を簡単に振り返りながら、フィッシャーがその投資基準をどう当てはめていったのか、詳しく見ていくことにしよう。なお、この投資基準はほかの企業にも応用可能である（ハリー・マーク・ペトラキス著『The Founder's Touch: The Life of Paul Galvin of Motorola』〔Motorola University Press, 1965〕を基にした。一九九六年、マーゴ・ブラウンより使用許可済み。この項についてはフィッシャーからも助言をもらった）。

投資基準――革新的で有能なCEO

ポール・ガルビン（一八九五年～一九五九年）がガルビン・マニュファクチャリング社を創業したのは一九二八年。モトローラに社名変更したのは一九四七年である。知人たちによれば、ポールは勤勉で率直な物言いをする真っ正直な人間だったという。事業を立ち上げたときに持っていたのは、現金五六五ドルと七五〇ドル相当の工具類、そしてバッテリー・エリミネーターと称する装置の設計図だった。エリミネーターは、もっぱらラジオ（無線機）に使われていたが、同社が創業してまもなく時代遅れになってしまった。というのも、交流（AC）に直接つなぐ新型ラジオが市場に出回るようになったからだ。では、どうしたら生き残っていけるのか。この問題を解決するために、ガルビンはまた別の製品を開発した。それが最初の商業用カーラジオである。「モトローラ」という商品名で売り出され、全米一のカーラジオとして知られるようになった。

《適用基準》ポール・ガルビンはフィッシャーが求めていたタイプのCEOだった。すなわち、率直で有能かつ革新的だったのである。ポールの開発したカーラジオのおかげでモトローラは倒産を免れ、そのリーダーシップの下でほかにも優れた製品を造り出している。

投資基準――良好な従業員関係

モトローラが誕生したばかりのころは、今日あるような従業員への福利厚生制度や政府の規制はなかった。しかし従業員には敬意を込めて厳然たる態度で接すべきだと考えていたポール・ガルビンは、日々の仕事以外でも、従業員への心配りを見せていた。例えば、病気になった従業員やその家族に医療面での援助を行ったり、従業員とその配偶者に対して出産費用を支給したり、大学の授業料を払う余裕のない従業員の子弟向けに資金を提供したりと、さまざまな形で従業員の支援に努めた。業績が好調になると、ボーナスも支給した。モトローラは全米でいち早く利益分配制度を設けた企業の一つなのである。また、会社にとってためになるようなアイデアを提案した従業員には金銭的に報いるような制度をとっている。モトローラは社内の良好な従業員関係が認められ、『アメリカン・ベスト・カンパニー一〇〇』（ロバート・レヴリングとミルトン・モスコヴィッツの共著で、フォーチュン誌の連載記事としても購読可。邦訳は光文社より刊行）のほか、フォーチュン誌の「アメリカで最も称賛される会社」のなかにもランクインしている。しかし残念ながら、一九九七年に起こった世界的な経済危機を一因とした景気悪化により、モトローラはリストラや工場閉鎖、人員削減を余儀なくされ、主として退職や事業の売却といった措置が講じられた。

《適用基準》従業員関係に問題がある場合、生産性の低下、減益、株価の下落という形で表に現れる可能性がある。フィッシャーにとって、社内の人間関係は企業の全体評価をするうえで重要な位置を占めているが、モトローラではその人間関係が非常に良かったのである。

投資基準――その企業は顧客から見て一貫して価値の高い製品を製造しているか

モトローラは研究開発（R&D）に昔から取り組んできた。自社製品には、半導体、携帯電話、その他に世界無線通信システム、ポケットベル、双方向無線システムなどがあり、同社には新製品や新手法をつくり上げた歴史がある。ポール・ガルビンは第二次世界大戦中、アメリカやその同盟国のために有効な通信手段を創造し、多大な貢献をした。モトローラが開発した「ハンディートーキー」という携帯用無線電話送受信機（トランシーバー）は米陸軍の全部隊で使用され、歩兵連隊ではライフルに次いで重要とされていた。後にガルビンが雇い入れた技術者の一人、ダン・ノーブルが開発した長距離通信装置は陸海軍から賞を授与されている。戦後、ノーブルは研究開発施設を創設。そのおかげで、モトローラは世界有数の半導体メーカーになれたのである。

《適用基準》フィッシャーが物色するのは、一流製品を有する企業だが、モトローラを調査した結果、その製品の質の高さが分かったのである。

投資基準——傑出したビジネスリーダーシップ

ボブ・ガルビンは、企業幹部らが社員研修の重要性にまだ気づいていない時代にモトローラの研修・教育センター「モトローラ大学」を創設している。その一つのプログラム「マネジャー・オブ・マネジャーズ」では、企業の最高経営幹部が教える側に立ち、企業の過去の成功例・失敗例を学ぶことで、社員が自分の長所・短所を見いだすのに役立つようになっている。こうしたことが最終的に金銭上の利益につながっていくのである。モトローラ大学では、将来の指導者を社内で発掘・育成する機会を提供している。ボブ・ガルビンはまた、父の方針を受け継ぎ、経営の分権化を図っている。つまり、現場レベルで意思決定が行えるようになっているのである。

一九八八年、ボブ・ガルビンのリーダーシップの下、モトローラは初のマルコム・ボルドリッジ国家品質賞を受賞。これはアメリカ企業の品質向上を促進するためにアメリカ議会から与えられるものだが、ガルビンはほかにも数多くの賞を受賞している。

《適用基準》フィッシャーがボブ・ガルビンについて最初に評価した点は、その革新的な政策とアイデアだが、その後、ガルビンが認められるようになったのは、その傑出したリーダーシップによるものだ。モトローラ大学は将来のビジネスリーダーの育成に貢献しているのである。

投資基準――競争と変化にうまく対応できる企業

日本株および日本経済は一九九〇年代に入ってから深刻な問題に直面しているが、八〇年代半ばの日本企業は破竹の勢いで、モトローラをはじめとする米国企業を脅かす存在となっていた。アメリカ企業は廃業の危機にひんし、日本企業との競争に負けて倒産する企業もいくつかあった。日本企業は優れた製品を扱っているだけでなく、一方的に競争優位な立場にあった。というのも、日本企業はほぼ何の制約もなくアメリカで自社製品を販売することができたが、日本ではアメリカ製品の販売は制限されていたからだ。さらに日本政府は日本企業と緊密な関係にあった。日本の指導者は有望な有力企業に的を絞って製品の研究費用を提供し、自国企業を支援していた。また、自国企業が値下げ競争で勝てるような援助も行っていた。

モトローラの半導体事業も脅威にさらされていた。なぜなら、コンピューターや科学機器のように半導体を必要とする製品を製造しているアメリカのメーカーは、半導体の注文を日本に出していたからだ。日本製の半導体には欠陥品が極めて少ないため、アメリカ製よりもはるかに高い評価を受けていたのである。ちょうどこのころ、モトローラは日本企業とテレビの生産でしのぎを削っていた。

ボブ・ガルビンはアメリカの企業が競争に立ち向かえるよう先頭を切って大胆な行動に出た。日本製のテレビには太刀打ちできないと悟ったガルビンは、モトローラのテレビ事業を松下電器産業に売却して、日本の経営手法を徹底的に学び、日本製品をベンチマークとして利用することにしたのである。その結果、ほかの製品とともに半導体の欠陥率も低下し、モトローラは目覚ましい進歩を遂げた。こうして質の高い製品を生産することで、中国や日本でマーケットシェアを伸ばすことができたのである。

《適用基準》フィッシャーが投資するのは、競争の優位性を有するだけでなく、モトローラのように、競争や変化に何がなんでも追いつこうとする決意ある企業である。

投資基準――経営効率の高さと収益の伸び

生産性と収益性を持続的に向上させること。これがボブ・ガルビンの目標である。モトローラの一九八六年の年次報告書において、ガルビンはこう語っている。

「当社では品質および生産性を高めるために固定資産への支出を設備投資に集中させてきました」

ガルビンと経営陣は革新的な手法を開発した。その一つがサイクルタイムの短縮である。これは諸経費や管理費を抑える上で重要なことだ。というのも、製造サイクルが短くなるほど、在庫が減り、資産効率がアップするからだ。

モトローラの一九八七年の年次報告書では、株主に対してこのコンセプトの説明がなされている。

「サイクルタイムとは、お客様が既存製品を発注した瞬間から製品が配送されるまでの時間をいいます。ただし、新製品の場合は、その製品のアイデアが生まれたときから出荷されるまでの時間を指します。このサイクルタイムを短縮するために、当社では、どうしたら工程を改善できるのか、設計、マーケティング、管理体制をはじめ、システム全体を検討し、効率化を図っています」

モトローラはシステム全体を大幅に見直し、サイクルタイムを短縮化した。このコンセプトを社内の隅々にまで広め、効率化と経費削減に努めてきたのである。

経営陣が長期的な成長にかかわってきたモトローラは、着実に増収増益を達成してきた。売上高は一九八〇年の三二億八四〇〇万ドルから、九七年には二九七億九四〇〇万ドルに、純利益は同一億九二〇〇万ドルから一一億八〇〇〇万ドルに伸びている。これを株主利益の観点から見ると、モトローラの株価は、八〇年の安値六ドルから上昇し、九七年には九〇ドルを超す高値をつけている。

《適用基準》フィッシャーは徹底的な企業分析を基に、どのくらいの利益成長が見込めるのか見積もりを出すことにしている。モトローラの株価の値動きや過去の売上高と利益からまず評価を下し、超長期投資の対象として監視を続けていくのである。

長年会社のために働いてきたボブ・ガルビンは、一九九七年、息子のクリスにモトローラのCEOを引き継いだ。クリス・ガルビンもまた、父や祖父と同様、会社が深刻な問題に直面したときに指揮をとることになった。九八年、減収減益を記録。中国でポケットベルの需要が落ち込み、在庫量が増加。そのうえ、世界的に半導体事業が低迷したため、ライバル企業が携帯電話やハンドセットの販売に参入してくるようになったのである。

ガルビンら経営陣は措置を講じ、工場売却、部署の再編、その他の改革を実施した。テクノロジー業界でのリーダーシップを強化し、長期的な利益成長を目標に掲げ、新製品を発表、研究開発費を増額した。九九年、業績は回復し始め、株価は九八年の安値三八ドルから九九年末には一四七ドルに上昇した。フィッシャーは健全な判断力をもってモトローラの調査を行い、モトローラを選んだのである。だから市場がどんなに否定的な見方をしていようとも、勇気と信念をもってモトローラ株を保有し、他者が不安あるいは欲によって売っているときも、そのまま持ち続けた。こうして彼も彼の顧客も利益を手にすることができたのである。

第一六章　フィッシャーの戦略を応用する――投資家別戦略応用法

フィッシャーの投資基準は大抵どの業種にも、どのタイプの投資家にも応用できるが、「聞き込み捜査」は進取の気性に富んだ中道派・積極派の投資家にはもってこいのアプローチである。フィッシャーの場合と同様、調査対象が地方の地場企業で規模が小さいほど、顧客やサプライヤー、競合他社、その他の企業関係者と接触できる可能性が大きくなる。それに地場企業の取材を行っている地元メディアも結構あるものだ。また、その企業の製品が展示されている見本市や産業会議に顔を出してみると、競争相手だけでなく、その企業の従業員と話をする機会に恵まれるかもしれない。

「聞き込み捜査」がうまくいくかどうかは、その企業について知識のある人や企業の最高経営幹部から話が聞けるかどうかにかかっている。また、こうした調査で得た情報を慎重に咀嚼して適切に応用できるかどうかが成否を決めるのである。

経営幹部にその企業に関する質問をする

フィッシャーのようなプロの投資家たちは、個人投資家がほとんど近づけないような最高経営幹部らに会うことができる。しかし意欲的な投資家なら、電話で、あるいは直接会って経営陣と話すことも不可能ではない。例えば、バージニア州から来た学生アンドリュー・ウォーカーは企業の報告書を調べ、買い候補の銘柄について記述のあった投資情報誌の編集者らと話をし、背景調査を終えてから企業に電話をかけ、債務負担や現在の事業内容など特定の項目について的を射た質問をした。彼が話をした相手はCFO（最高財務責任者）とCEO（最高経営責任者）である。フロリダ州の老婦人メアリー・ベックは、自分が加入している投資クラブのメンバーとともに、企業訪問の約束をあらかじめ取り付け、最高経営幹部と面会した。企業幹部のなかには全米投資家協会（投資クラブ）の地方会議や全国会議で講演し、投資家の質問に答えてくれる人もいる。投資クラブのメンバーは、その企業の株を相当量保有している団体あるいは投資家として行けば、上層部と話ができる可能性がそれだけ開けるかもしれない。

経営陣と話ができない場合は、知識のあるIR（投資家向け広報）部門の代表者に質問すれば答えてもらえるだろう。IR部門の代表者にどのくらい専門知識があるかは、企業によってまちまちだが、その部門のトップと話をするのが一番である。企業の幹部と話をする、あるいはIR部門に問い合わせをする際には、前もってその企業のことを十分に理解し、よく考えた上で質問リストを作っておくようにしよう。

背景知識を入れるためのその他の情報源

フィッシャーのまねをするだけの時間や能力のない投資家や、それほど積極的ではない保守派の投資家の場合は、代わりに以下のような情報源から背景知識を仕入れるといいかもしれない。

企業の電話会議

企業の最高経営幹部らが開いている電話会議には、アナリストや投資家、報道陣などが参加している。全米ＩＲ協会（ＮＩＲＩ）会長兼ＣＥＯのルイス・Ｍ・トンプソン・ジュニアはこの電話会議についてこう述べている。

「電話会議では、企業の幹部が事前に報道関係者に伝えておいた四半期の収益報告やその他自社関連の重要な発表を行う。担当アナリストからの質問に対しては、ＣＦＯか社長が答えるのが一般的だ。電話会議を開くときは特別な電話番号が使われるが、投資家が電話で話を聞いたり、参加したりできるかどうかは、その企業の方針によって異なる。電話会議の内容は録音され、特定の電話番号にかければ、繰り返し聞けるようになっている場合もある。また、企業のウェブサイトで議事録を視聴できるようにしてあるところや、会議の模様をリアルタイムで放送しているところもある（一九九九年、ルイス・M・トンプソン・ジュニアとの会話より）。ベスト・コールズ（bestcalls.com）では今後の電話会議の予定が閲覧でき、忘れないように予定をEメールで連絡してくれるサービスも行っている。こうした会議に参加したり、会議内容を聞いたりすることは、ほかの情報とともに、企業の経営陣を評価する上で役に立つだろう。

企業のウェブサイト

企業のウェブサイトはセルフサービスだが、アナリストらはこれを情報源として活用している。これはアマチュア投資家も同様に利用できる。こうしたサイトでは、財務報告、ニュース、最高経営幹部のスピーチ、製品情報、企業の沿革、その他の情報を提供している。また、投資家向けに四半期の決算報告をEメールで送付している企業もあれば、年次総会などの行事予定をEメールで連絡したり、サイト上で年次総会の議事録、録音テープ、録画ビデオを視聴できるようにしたり、総会を生中継したりしている企業もある。

その製品を知り、その企業に関する競合他社の意見を聞く

ウォーレン・バフェットをはじめ、多くの投資家たちは、その企業の製品について顧客がどう思っているのか、自分が顧客となって確かめてみる。そして使ってみて気に入った製品を扱っている企業に投資するのである。もちろん、こうしたことが実際にできるかどうかは、その製品の種類にもよるが、製品を購入するときは、価格、質、デザイン、パッケージ、性能、その他の特色などを他社製品と比較し、販売員からも意見を聞く。コンシューマー・レポート誌やその他の製品リサーチ・サービスも良い情報源となるだろう。

競争相手の意見を知る一つの方法としては、ライバル企業数社の幹部やＩＲ部門に問い合わせ、株を買おうと思っている企業と競合他社との競争状況を聞いてみる。

企業の従業員関係のことは、業界誌や業界の刊行物の記事を見れば分かるだろう。また、インターネットやインフォトラック（データベース）を利用して調べることもできる。フォーチュン誌の「就職したい人気企業一〇〇社」には、従業員関係が良好な企業がランクインしている。さらに福利厚生や研修など、人材を獲得・維持するための政策については、企業の報告書だけでなく、ＩＲ部門でも情報が得られる。

最高経営幹部を調べる

経営陣の能力を評価するには、企業の過去の報告書やスピーチ、インタビュー記事を読み、幹部がその目標や財務計画についてどのような発言をしているかを調べ、その結果と比較してみる。こうした情報はIR部門やその他のリサーチ・サービスを通して入手するのがいいだろう。

経営幹部に関する背景情報は、業界の刊行物や業界誌、投資情報などの現在および過去の記事を見れば分かる。記事の検索には、インフォトラックやインターネットを利用するといいだろう。ウォールストリート・ジャーナル・インタラクティブ・エディション（wsj.com）、マイクロソフト（msn.com）、ウォールストリート・シティ（wallstreetcity.com）なら、ほかのサイトとリンクされているため、ニュース記事のデータが保存されているサイトへジャンプすることもできる（ただし、有料か、購読申し込みが必要かもしれない）。

プロに運用してもらう

資金運用担当者に個別口座の運用を頼みたい、あるいはミューチュアル・ファンドの選別をしたいときは、過去五年か一〇年分の運用成績をチェックするとともに、その運用担当者が投資プロセスにおいて財務指標を見るだけでなく、それ以上のこともしているかどうかを確かめる。フィッシャーの投資戦略に従っている運用担当者なら、ポートフォリオの回転率は低く、一般に長期保有派で短期売買はしない。ミューチュアル・ファンドを選ぶときは、目論見書や年次報告書、四半期報告書（運用報告書）をよく調べること。

第一七章　とげとバラ――投資の失敗から学ぶ

フィッシャーいわく、「投資の失敗は学ぶ経験としてとらえよ。投資家は『バラ』すなわち勝者のことばかり考えたり話したりしていないで、『とげ』すなわち自らの失敗について反省すべきである。しかし、失敗したという事実にばかりとらわれてはいけない。失敗には避けがたいものもあるからだ。大切なのは、その失敗から何かを学び取ることができるかどうかである」

フィッシャーは、ある三銘柄を買って失敗したことがある。いずれも買い付け時期はまったく異なるが、普段するような綿密な調査を怠っていたそうだ。この失敗を振り返るたびにフィッシャーは思う。もっと徹底的に調べていれば、このような投資を思いとどまらせるような情報が見つかっていただろうに、と。

失敗の原因はもう一つある。それは経営陣の質について判断ミスを犯したことだ。フィッシャーはそれについてこう説明している。

「うまくいっていたときは、その企業の経営陣に並外れた発明の才や素晴らしい政策、基本的な商才があったからだ。しかし時には、そうした才があるように見える経営陣にも、それを実行に移すだけの能力がないことがある。こうしたことは時間をかけないと分からない」

最終的な損失はごくわずかとはいえ、こうしたことからいくつかのミスが発生したのである。しかし見込み違いだったにもかかわらず、フィッシャーはこう語っている。

「私が株を買う前や株を保有しているとき、私のために時間を割いてくれた経営者たちには感謝している」

失敗に関してフィッシャーが最後に挙げた原因は、めったにあることではないが、経営陣によるごまかしや隠ぺい工作によるものだ。もっとも、フィッシャーによれば、長年保有してきた株から得られる莫大な利益に比べれば、損失の合計額は微々たるものだ、とのこと（一六〇ページ参照）。

第一八章　フィル・フィッシャー――その生涯と経歴

フィッシャーが生まれたのは一九〇七年九月八日。彼によれば、父は富を得ることよりも人間性を大事にする献身的な外科医だったという。治療費を大幅にまけたりすることが多く、一家は中流の部類に属していた。「株式市場というものを知ったのは、一二歳か一三歳のころだった」とフィッシャーは回想する。市場とは、大成功しそうな人や企業を選ぶ機会と同時に大金を稼ぐ機会を与えてくれる一種のゲームだと思っていたそうだ。

頭の良かったフィッシャーは、一五歳にして大学に入学。その数年後にはスタンフォード大学の大学院に通うようになっていた。その教授陣の一人、エメット博士は経営コンサルタントで、彼の経営管理の授業はとてもユニークだった。フィッシャーによれば、「いつもの講義室での雰囲気とは打って変わって、毎週水曜日にはベイエリアのさまざまな主要工場を訪問した。工場見学を終えると、学生たちが耳を傾けるなか、エメット博士がその企業の経営者に企業方針や経営手法について質問をした」という。フィッシャーはこうした授業を通してインタビューの仕方や成功企業の基本要素（良き経営陣、一流の製品、マーケティングなど）を学んだ。その実地見学のなかで、フィッシャーの心をとらえたものがあった。近接した二企業の経営陣、製品、潜在利益である。この特別な課外授業が、後に彼が資産運用を手がけるようになったときに価値を生むことになるのである。

一九三一年、フィッシャーは証券アナリストを経て投資顧問業を自分で始めた。時は大恐慌のころで、一九三三年になっても彼はまだ四苦八苦しながら生計を立てていた。株式市場は低迷し、二九年の大暴落以来、三二年までのダウ平均の下落率は八九％に達していた。投資家たちはアメリカ史上最悪の弱気相場を経験したのである。しかし急落していく株のなかで、ある一つの銘柄がフィッシャーの目を引いた。フィッシャーがエメット博士の授業で好印象を抱いていた二社と別の会社が合併して株式を公開していたのである。新会社の名前はフード・マシーナリー。今ではＦＭＣとして知られているが、当時の株価は五〇ドル近辺から値を下げ、四ドルになっていた。フィッシャーはＦＭＣの経営状態が良好で超一流の製品を扱っていることを知っていた。そこでこの絶好の買い場を利用して顧客と自分のためにこの株を購入したのである。

不況を脱すると、株価も回復。ＦＭＣはフィッシャーにとってカネのなる木となった。「同社のこれまでの成長過程から見て、これ以上は上がらないと思えるところまで株を持ち続けてから売った。記録によれば、売却益は初期投資額の五〇倍を超えていたとある」とフィッシャーは語っている。Ｆ

MC株を購入して以来、仕事が軌道に乗り出し、彼の運用担当者としての「株」も急激に上がることになった（一五九ページ参照）。

フィッシャー家の三世代

フィッシャーは家族のことを非常に誇りに思っている。そのうち二人は彼に続いて投資の世界に入り、息子のケンはファンド・マネジャー、孫のクレーは一六歳にして若い投資家向けに株式市場に関する本を著わしている。著作が三冊あるケンもフォーブス誌の「ポートフォリオ戦略」というコラムを執筆していることで知られている。これはフォーブス誌創刊以来八〇有余年の歴史のなかで七番目に長く続いている長寿コラムである。

ケン・フィッシャーはフィッシャー・インベストメンツ社の創始者であり、会長兼CEOでもある。同社は、フォーチュン五〇〇社をはじめ、財団、養老保険、個人投資家らの資産運用を行っている。ケンは父から投資について学び、その戦略や投資基準をいくつか採用してはいるものの、彼なりに独自の投資手法を確立している。株の銘柄抽出にコンピューターを導入した先駆者でもあるケンは、財務指標をさらに重視し、経済統計や技術統計、景気観測、金利動向、総合株価指数を評価するようにしている（一九九九年、ケン・フィッシャー、シェリー・フィッシャーとの会話より）。

九二歳となったフィル・フィッシャーは、年を取っても絶えず「現役」でいることが大事だと考えている。長生きなのは、毎日、健康に良いものを食べ、適度な運動を欠かさないようにしているからだという（一六〇ページ参照）。グロース投資の分野に多大な貢献をしたフィッシャーは現代のヒーローである（**訳者注**　二〇〇四年三月一一日、フィッシャー九六歳にて永眠）。

第四部

トーマス・ロウ・プライス――将来を見据えたグロース投資

ミューチュアル・ファンドおよび資金の運用会社T・ロウ・プライス・アソシエーツの創設者トーマス・ロウ・プライスは、顧客と自分のために値ごろ感のある超成長株に投資し、一財産を築いた。常識と先見の明を働かせ、企業に影響を与える政治・経済・社会の動きを読んで投資決定を下していた（プライスに関する情報および引用は、T・ロウ・プライス執筆「成長株投資理論による成功哲学」〔著作権T・ロウ・プライス・アソシエーツ、一九七三年〕および未公開社史から得た。使用許可済み）。

投資の世界では、プライスはジュール・ヴェルヌ（将来のトレンドやテレビ・宇宙衛星などの発明を予測した一九世紀の作家）のような未来派と見られていた。フォーブス誌からは「ボルティモアの賢人」と呼ばれ、バロンズ誌からは「未来派の勝利」と評された。

T・ロウ・プライス・アソシエーツの会長兼社長のジョージ・A・ローチは言う。

「プライスはわれわれに投資の基本原理を教えてくれた。当社では今でもその教えを守っている（一九九九年、ジョージ・A・ローチとの会話より）。

時代を超越したプライスのアドバイスは、未来の株式・債券市場だけでなく、今日の市場にも当てはめることができるのである。

一九三〇年代、投資家の多くが鉄道や自動車会社などの循環株を買っているとき、プライスは成長株を購入していた。買い付けた株のなかには、コカ・コーラ、ダウ・ケミカル、ミネソタ・マイニング（通称3M＝スリーエム）など、今も投資家たちによく知られている銘柄がいくつかある。一九三七年、プライスは証券会社勤務を経て、機関投資家や富裕層を対象とした資産運用会社を設立した。

一九五〇年には自ら初のグロース・ミューチュアル・ファンドを設定すると同時に大手企業の年金運用も始めた。年金基金の運用はそれまでは主に銀行が行っていたが、今日ではこうした年金プランに加え、IRA（個人退職積立年金勘定）やキオプラン（自営業者退職金積立プラン）、401kプラン（給与天引き退職金積立制度・確定拠出型年金）、その他の退職金勘定がT・ロウ・プライス・アソシエーツの資産の大半を占めている。ベビーブーマー世代（団塊の世代）の高齢化、失業不安、社会保障制度の潜在的な問題により、こうした退職制度がらみの資金が株式市場やミューチュアル・ファンドの発展に大きく寄与するようになったのである。

一九六〇年当時、プロの投資家の間では新興の中小企業の株を買うことは危険極まりないことだと思われていた。先行きが見えないというのがその理由だが、こうした従来の知恵に反し、プライスは成長の初期段階にある企業に投資するファンドを設定した。「将来的にビジネス・リーダーになる可能性あり」と見込んだ小さな会社に投資すれば、大きく儲けられると考えた彼は、ゼロックスやテキサス・インスツルメンツなどのまだ若い企業の株を買い付けていった。

一九六〇年代半ばにアメリカがベトナム戦争に参戦すると、プライスはインフレ（株にとっては悪材料）によって、いずれ相場が大きく崩れると予測。なぜなら、当時のアメリカは膨大な財政赤字を抱えていたが、戦争を理由に増税することはできないため、その代償としてインフレが加速するというわけである。インフレによって紙幣価値が下がれば、有価資産の価値が増大すると見たプライスは、インフレ・ヘッジを目的としたファンドの運用を始めた。インフレに強い成長株に加え、金属・鉱物・林産品・石油・土地などの天然資源を保有・開発している企業の株を購入したのである。そのなかにはアトランティック・リッチフィールド（石油）（**訳者注**　通称ARCO、現BPアモコ）、アルキャン・アルミニウム（アルミニウム）、ホームステイク・マイニング（金）、インターナショナル・ペーパー（林産品）などがある。株式市場およびインフレに関する彼の予測は的中し、ダウ平均は一九七三年から七四年にかけて四五％下落。インフレ率は八％を上回り、七四年には一二％を超えた。

プライスいわく、「投資家は時代の変化を先取りしなければいけない。一つの時代の終わりや長期間保有していたお気に入りの株が下げ基調に入ったとき、あるいは新たな投資機会をもたらす新時代の訪れなどを悟るに当たっては、遅すぎるよりも、早すぎるほうがいい」。

T・ロウ・プライス・アソシエーツの最高運用責任者で、プライスと一緒に仕事をしていたデビッド・テスタは次のように語っている。

「もしプライスが今の時代に運用を行っていたら、きっとインターネットに魅せられ、インターネットが消費者・企業・投資家にとって新時代の先導役になると考えていただろう。そして彼の投資基準を基に、インターネットから恩恵を受ける既存企業に投資していたに違いない。また、将来の潜在利益から見て株価が適正であれば、ネット企業のなかから将来の勝ち組企業をいくつか発掘しようと試みていたかもしれない」（一九九九年、デビッド・テスタとの会話より）

プライスがフォーブス誌やバロンズ誌に投資関連の記事を載せていたことは知られているが、そのほかに教育的な意味合いの社内報も書いていた。T・ロウ・プライス・アソシエーツではこの伝統を受け継ぎ、運用担当者向けにレポートや投資ガイド、『インサイト・ブレティン』、その他の貴重な教材を提供している（『インサイト・ブレティン』については第二一章を参照のこと）。

第一九章

プライスの成功戦略――企業のオーナーと同じ考え方をする一方で、「投資家にとって唯一確実に訪れるものは変化」であることを悟る

プライスは独自の投資哲学を展開するなかで次のような所見を述べている。

「巨万の富を築いたのは長期間、成功企業のオーナーを務めてきた人々である。ブラック&デッカー、ウォルト・ディズニー、デュポン、イーストマン・コダック、シアーズ、その他数え切れないほどの企業のオーナーは長期派の投資家である。彼らは企業の浮き沈みや相場サイクルによって企業のオーナーシップを手放したり、買い戻したりしようとは思わないのである」

プライスは、この考え方を株式のオーナーシップにも当てはめ、長期の「バイ・アンド・ホールド戦略」を構築した。

「儲かる株を見分けるには、祖母の言う世才、父の言う俗識、一般に言われる常識さえあれば十分だ」とプライスは語り、次のようなアドバイスをしている。

長期保有銘柄の株価上昇率（1972年）

企業名	保有期間	上昇率	年間上昇率	配当利回り＊
ブラック＆デッカー	35年	＋8,540％	＋13.6％	80.0％
スリーエム（3M）	33年	＋17,025％	＋16.9％	192.4％
メルク	31年	＋23,666％	＋16.9％	293.3％
エイボン・プロダクツ	17年	＋15,528％	＋35.6％	154.3％
ゼロックス	12年	＋6,184％	＋41.2％	34.9％

＊取得原価ベースの配当利回り

「重要な社会・経済のトレンドを読み、賢明な研究開発（R＆D）活動を通じて将来に備えている、そんな先見の明ある人々が経営している成長企業の株を買いなさい。そして、その企業がもはや自分の投資基準に見合わなくなったら売りなさい」

時には企業の収益が落ち込み、株価が値下がりすることもある。しかしプライスは、たとえ減益になっても、良き経営陣がいて将来的には収益が伸びるはずだと確信できる間は、じっと我慢し自制心をもって、その企業の株を保有し続けた。一九七二年、プライスは長期的にパフォーマンスの良かった上位五銘柄を上のような表に表わしている。

若いころの経験がプライスの投資哲学および投資戦略に与えた影響

大学で化学を学び、数年後デュポンの化学者として働き始めたプライスは、デュポンの従業員関係や福利厚生制度だけでなく、R＆Dに感動し、デュポンの事業報告書と他社の報告書を調べているうちに、企業のビジネス的な側面に興味を持つようになった。化学者として仕事をするよりも、経済動向、財務報告書、製品・技術について調査するほうがはるかに刺激的であることに気づいた彼は、証券業務こそ自分の天職だと思い立ち、証券会社に職を求めた。というわけで、投資家としてのプライスが物色の対象としたのは、一流の人材を獲得・維持するための良好な従業員関係と福利厚生制度に加え、「賢明な研究開発」を行っている、高品質製品の製造実績を有する企業だった。

投資業界に入る前にほかに転職を二回経験したことも投資哲学の確立に役立つことになった。一つはエナメル装飾の会社だったが、無能な経営陣のせいで倒産。もう一つは、無能なばかりか、不誠実な経営幹部のいる会社だった。こうした経験から、「買う銘柄を決めるときは、その企業の経営陣についてできるだけ調べる」という方針をとるようになったのである。

後年になって、プライスは社内向けの備忘録にこう記している。

「どの企業も人の手によってつくられる。企業とは一人ひとりの努力の結晶であり、企業には創設者や指導者らの個性や経営理念が反映されているものだ。だから、企業のことを理解したければ、創設者やこれまでの指導者らのバックグラウンドとともに、企業の未来図をつくっていく人々の抱負や志を知ることが大切である」

投資家にとって唯一確実に訪れるものは変化である

プライスいわく、「勝つための投資哲学には、変化にうまく対処し先手を打つだけの柔軟性がなければいけない。投資家にとって唯一確実に訪れるものは変化である。産業や企業の動向だけでなく、社会・政治・経済のトレンドに変化があれば、それに応じて選択する銘柄を変えていく必要がある」。

一九三〇年代後半にプライスが初めて購入した株には、ダウ・ケミカル、コカ・コーラ、スリーエム（3M）、JCペニーなどがある。一九四〇年代末にはコンピューターの将来性を信じ、IBMを購入。これが大化け株の一つとなった。一九六〇年代には、モトローラやテキサス・インスツルメンツなど、宇宙技術を含むエレクトロニクス関連企業に投資。一九七〇年代には、前述のとおり、高インフレ・高金利のなか、資源株を買い付ける一方で、エイボン・プロダクツ、ブラック&デッカー、ゼネラル・エレクトリック（GE）、ファイザーなどの成長株を引き続き保有した。

プライスが初めて設定したグロース・ファンド（成長株ファンド）を現在担当している、T・ロウ・プライス・アソシエーツのボブ・スミスは、プライスが保有していたのと同じ銘柄を今もいくつか買い付けている。ただし、グローバル投資を行わなかったプライスとは違い、スミスは世界中の株式に投資している。ここで、一九九九年のスミスの保有株式を見てみよう。

●グローバル投資――MCIワールドコム（訳者注　現ワールドコム）、ノキア

●ハイテク・ネット関連――シスコ・システムズ、デル・コンピュータ、インテル、アメリカ・オンライン（訳者注　現AOLタイム・ワーナー）

●金融関連――ウェルズ・ファーゴ、エトナ、シティグループ、

●消費関連――ワーナー・ランバート（訳者注　現ファイザー）、ブリストル・マイヤーズ・スクイブ、ファイザー、ジレット、プロクター＆ギャンブル

第二〇章　プライスが実践する三つの投資ステップ――企業の成長とライフサイクルを検討する

ステップ一　情報を集める

プライスは、ウォール・ストリート・ジャーナル、ニューヨーク・タイムズ、バロンズ、フォーブス、その他のビジネス関連の刊行物を読み、投資の手掛かりをつかんでいた。そして消費者動向および企業動向に変化を与える新製品や新技術、企業に影響を及ぼす施政方針や経済政策に関するニュースに気をつけ、興味のある記事があれば、スクラップしておき、後で見返したりしていた。

企業に関連した経済統計や政府の政策も絶えずチェックしていた。プライスが分析していたのは、企業利潤、貿易収支、政府債務残高、国内総生産（GDP）の推移である（国民総生産＝GNP＝に代わって発表されるようになったＧＤＰは、一国の領土内における生産活動によって一年間に生み出された財貨・サービスの付加価値の総額で、これによりその国の経済成長率が分かる）。また、最近の投資家たちはコンファレンス・ボード（www.conference-board.org）の経済調査もチェックしている。コンファレンス・ボードが発表しているものには、新期失業保険申請件数や株価などのさまざまな統計値からなる景気先行指数や消費者信頼感指数がある。なお、プライスがインフレ率や金利に注目していたことは言うまでもない。彼はＦＲＢ（連邦準備制度理事会）の動きを注視し、金融政策や金利に関するＦＲＢの決定が投資にどう影響するかを検討していた。ＦＲＢの重要な政策変更については、ブルームバーグ・ファイナンシャル（www.bloomberg.com）やその他の調査機関でもレポートやコメントを出しているが、ＦＯＭＣ（連邦公開市場委員会）の決定は新聞などでも大きく報道されることになっている。

インフレ率や金利の低下は一般に株にとっては好材料となる。しかしインフレ圧力が高まると、ＦＲＢが利上げに踏み切るため、その上げ幅と回数しだいでは、株も債券も売られることになる。インフレ率は、ＣＰＩ（消費者物価指数）やＰＰＩ（生産者物価指数）（**訳者注**　厳密には違うが、「卸売物価指数」と訳されることもある）の変動を基準に労働省（stats.bls.gov）が発表している。ＣＰＩは、食費・居住費・衣料費・交通費・医療費といった商品・サービスの価格変動を測定したものだが、ＰＰＩには指数がいくつかあり、小麦粉・綿・鋼鉄製品・材木・石油・天然ガスなど、国内の生産者による商品・サービスの価格変動を示している。

プライスは年次報告書や議決権行使についての参考書類（**訳者注**　定時株主総会招集通知に同封されている書類）などの企業の報告書も調べていた。また、経営陣の質を見極めるために、プライスか、彼と組んで仕事をしていたアナリストたちが買い候補に挙がっている企業の最高経営幹部に面会したりしていた。

プライスの戦略に従うなら、次のような情報源を利用するといいだろう。企業調査については、『バリューライン・インベストメント・サーベイ』（valueline.com）、マーケット・ガイド（marketguide.com）、ヤフー！（yahoo.com）。また、『スタンダード＆プアーズ・インダストリー・サーベイ』（www.standardandpoor.com）なら、多くの企業の背景情報や動向、重要な財務比率、統計値などが分かる。

図書館や大学で利用できるインフォトラック（www.galegroup.com）などのデータベースは、企業や最高経営幹部の調査に役立つだろう。ウォール・ストリート・ジャーナル・インタラクティブ・エディション（wsj.com）などのウェブサイトでは、過去の記事を含め、企業概要を掲載したサイトとリンクしているため、企業の経営幹部の調査に使えるだろう。キプリンガー・レポート（kiplinger.com）やH・S・デント・フォーキャスト・ニーズレター（www.hsdent.com）などの予測サービスでは、消費者動向や企業動向に関するデータの提供・解説を行っている。

ステップ二　情報を評価する

Ｔ・ロウ・プライス・アソシエーツのアナリストやファンド・マネジャーらは今もプライスの投資基準を使っている。ある企業が自分の基準を満たしているかどうかを判定するとき、プライスが問うのは次のようなことだ。

- 経営陣は有能か、評判は良いか
- 最高経営幹部や取締役は自社株を少なからず保有しているか
- その企業の製品は競合他社のものよりも良いか、製品需要はあるか
- 増収・増益・増配の実績はあるか
- 高率の利益率を維持しているか
- ＲＯＥ（株主資本利益率）とＲＯＩ（投下資本利益率）は高いか
- 企業の信用格付けは高いか、負債は少ないか、妥当な水準か
- 賢明な研究開発（Ｒ＆Ｄ）を行っているか、それを証明するような超一流の製品はあるか
- 競争優位に立ち、業界リーダーとなっているか
- 一流の人材を獲得・維持するために良好な従業員関係を築き、充実した福利厚生制度を設けてい

るか

●将来の潜在利益と過去のＰＥＲ（株価収益率）から見て、株価は適正か

プライスは政府が企業に口出しすることを嫌っていた。だから今日で言えば、こうした種々の理由により、たばこ会社などにはおそらく投資しないだろう。また、さらに付け加えるなら、Ｔ・ロウ・プライス・アソシエーツのアナリストやファンド・マネジャーらが物色する企業とは、潤沢なフリー・キャッシュフローを生み出しているところである（フリー・キャッシュフローについての詳しいことは一四四ページを参照のこと）。

内在価値とPER（株価収益率）

プライスいわく、「企業の株式を投資対象として評価したときの価値は、相場とは異なる場合が多い。なぜなら、市場が過度に悲観的あるいは楽観的になっているときの株価は、企業の内在価値(intrinsic value)とはほとんど関係がないからだ。株価とは、企業の収益や配当、インフレかデフレかといった経済状況、投資家心理などに左右されるものなのである」。

プライスは次のようなアドバイスをしている。

「高ＰＥＲ銘柄については買われすぎではないかと気をつけてみるべきである。機関投資家（ミュ

株価とPERの変化（1968-70年）

	高値	PER	安値	PER
GE	50	25	30	17
パーキン・エルマー＊	29	62	9	15

＊パーキン・エルマーの分析機器部門は1999年にEG&Gに売却された

ーチュアル・ファンドや年金ファンドの運用担当者など）や一般投資家の間で人気が高まった株には買い注文が殺到するため、株価が本来の投資価値を軽く超えてしまうことになる。普通なら、こんなときに買いを入れるのはよくないことだが、その企業の株をどうしても買いたいなら、指値を上げてもよいだろう。ただし、その株の人気が落ちたときに買い増しできるだけの資金を十分に用意しておくことだ。――人気がなくなったときこそ、狙った株を買う絶好のチャンスとなるのだから」

相場の変動によってPERはどう変化するのか。一九六八年から七〇年にかけてプライスが自分で買い付けた株のなかから二つ例を挙げている。

GEを買ったときのPERは二四倍で高値圏にあるが、それだけの価値が十分あるとプライスは考えていた。一方、パーキン・エルマーを買い付けたときのPERは二一倍で安値圏にあった。プライスはPERが市場平均あるいは個別銘柄の過去五年間の年間平均に近いか、それを下回るときに好んで買いを入れていた。最近は相場の変動が激しいため、PERの変動幅も大きくなるケースが増えている。

「一般に、債券の利回りが高いときは、ＰＥＲは低め、債券の利回りが低いときは、ＰＥＲは高めになり、低金利・低インフレ下では企業収益は伸びる傾向にある」とプライスは記している。

株式のリサーチ・サービスを使ってさまざまな利益率を評価する

プライスが物色するのは、経営状態が良く、財務体質が健全な売上高利益率の高い企業である。売上高利益率はパーセント表示される比率で、売上高（総収入）と収益（利益）のさまざまな関係を示している。ここでは投資家が目にする主な売上高利益率を四種類挙げてみた（一二九ページの財務比率分析も併せて参照のこと）。

（一）売上高総利益率
（二）売上高営業利益率
（三）売上高税引き前利益率
（四）売上高純利益率

プライスもこれらの売上高利益率を見ていたものと思われるが、特に注目していたのは売上高営業

売上高営業利益率の時系列比較

企業名	1994年	95年	96年	97年	98年	業種平均 98年
IBM	17.5	21.6	18.5	18.0	17.3	12.7
マイクロソフト	42.2	38.9	41.0	50.1	55.0	30.5
GE	17.4	18.0	18.3	19.0	21.2	15.2
ファイザー	27.3	29.3	31.0	30.8	30.2	28.3

出所＝バリューライン・インベストメント・サーベイ

利益率である。売上高営業利益率とは、売上高に対する営業利益（本業から得た利益で、投資やその他の収益源から得た利益とは異なる）の割合を示したものだ。プライスは利益率のトレンドを見極めるために、年ごとの利益率を五年以上にわたって比較していた。上の表は一九九四年から九八年までのＩＢＭ、マイクロソフト、ＧＥ、ファイザーの売上高営業利益率の推移と九八年の業種平均を示したものである。

売上高営業利益率のような比率の定義や計算法は、調査機関によって違う可能性があることを知っておくことが大切である。なぜ同じ企業の財務比率が調査機関によって異なるのか、これでお分かりいただけたかと思う。複数の調査機関を利用している場合は、ウェブサイトの用語解説（glossary）を読む、あるいはカスタマーサポート（お客様相談窓口）に電話をして計算基準を確かめること。ここに、一般的に使われている公式をいくつか挙げておこう。

売上高営業利益率＝営業利益÷売上高

売上高総利益率は、売上原価と売上高の関係を見るもので、この場合の利益は、売り上げを生み出すために直接かかった原材料費や労働コストなどの費用を売上高から差し引いた残りの金額を指す。売上高総利益率の算出法は、売上高から売上原価を差し引いたものを売上高で割って求める。

売上高総利益率＝（売上高－売上原価）÷売上高

売上高税引き前利益率は、税引き前利益と売上高の関係を見るもので、算出法は税引き前利益を売上高で割って求める。

売上高税引き前利益率＝税引き前利益÷売上高

売上高純利益率は、税引き後利益と売上高の関係を見るもので、算出法は税引き後利益を売上高で割って求める。

売上高純利益率＝税引き後利益÷売上高

次ページの**表**は、各企業の一九九八年における四種類の売上高利益率を示したものだ。

1998年の4社の売上高利益率(%)

企業名	総利益率	営業利益率	税引き前利益率	純利益率
GE	57.92	13.4	13.41	9.3
IBM	37.80	11.2	11.07	7.7
マイクロソフト	85.75	50.3	60.22	39.3
ファイザー	84.54	19.2	19.15	14.4

出所＝マーケット・ガイド・スタティスティックス

投下資本利益率の評価

プライスはROE（株主資本利益率）（第三章参照）に加え、ROI（投下資本利益率）も見ていた。これは長期資本を元手にどのくらいの利益を得たかを見るもので、この場合の長期資本とは、株主資本（自己資本）に長期負債を足したものをいう。企業は株主に株式を売却することで長期資本を調達することができ、一方、株主は企業が増益になれば、その恩恵に浴せるが、減益になれば損害を被ることもある。長期資本を調達するには、おカネを借り入れる方法もある。これが長期負債（長期借入債務）で、貸し手側は満期（返済期限）が到来するまで企業から一定の利息収入を得ることになる。借り入れに頼れば、ROEは上昇するが、保守派の投資家のなかには負債の少ない企業を好む人もいる。業績が良いときにカネを借りるのは助けになるが、減益など、業績が悪化しているときに有利子負債の利息を支払うのは、企業にとって余分な負担となるからだ。

マーケット・ガイドのＲＯＩの算出法は、純利益を長期資本の合計額（普通株式＋優先株式＋長期負債＋その他の固定負債）で割って求める。

ＲＯＩ（投下資本利益率）＝純利益÷長期資本合計額

ただし、バリューラインのやり方はこれとは異なり、純利益に、長期負債に対する支払利息の二分の一を加えたものを総資本（長期負債＋株主資本）で割って、パーセント表示している。バリューラインの調査レポートでは、借入資本（他人資本）を使っているせいでＲＯＥが高くなっているのかどうかを見るために、ＲＯＩとＲＯＥを比較できるようにしてある。次ページの**表**を見てほしい。これはＩＢＭなどのＲＯＥとＲＯＩを示したものだが、見るからにＩＢＭはほかの企業より負債が多いことが分かる。

ＲＯＥやＲＯＩ以外に投資家たちが評価しているもう一つの比率に、ＲＯＡ（総資産利益率）がある。これは総資産を元手にどのくらい利益を稼いだかを見るもので、算出法は、純利益を総資産で割って求める。

ＲＯＡ（総資産利益率）＝純利益÷総資産

企業名	株主資本利益率(ROE)	投下資本利益率(ROI)
GE	23.9	23.5
IBM	32.6	18.6
マイクロソフト	28.8	28.8
ファイザー	29.9	28.4

出所＝バリューライン・インベストメント・サーベイ（1998年）

ＲＯＥ、ＲＯＩ、ＲＯＡの三つの比率は、どのくらい効率的に資本が使われているかを示す指標である。

増配のメリット

今日ではプライスの時代に比べ、それほど配当を重視しない。それよりも留保利益を賢く使うことのほうが大事なのである。しかしプライスは、いずれ増配・増益になりそうだと見込んだ企業に投資することが多かった。

プライスは言う。

「個人投資家や機関投資家にはたいてい狙いが二つある。①生活費や営業費用に当てるための当期の配当収入とその収入増（増配）、②耐久消費財やその他の物価上昇を賄うための投資元本の値上がり――である。『手中の一羽はやぶのなかの二羽の価値がある』（＝あすの百よりきょうの五十）ということわざがあるが、配当は手中の鳥のようなもので、手中にあって使いたいときに使える。だが株価の値上がりはやぶのなかの二羽と同じで、株を売って利益を確定させ、現金化しないことには、実現益は手に入らない。株価の変動は激しいものだ。高いときに売れば狙いどおりとなるが、値下がりしだして売れずにいると、値上がり益（キャピタルゲイン）が目減りしていくだけでなく、元本割れになるかもしれない。将来的に強気相場が訪れるにしても、個別株が前回の高値まで戻るとは限らない」

プライスは次のような所見を述べ、こう警告している。

「成長株に投資している人たちのなかには、相場の動きにばかり気をとられ、配当収入の大切さに気づいていない人があまりにも多すぎる」

「仮に強気相場の天井付近で成長株を買ったとする。それも配当が低いか、無配の株を高値でつかんだとすると、配当を再投資して得られる複利効果を失うばかりか、相場が調整局面入りしたときに生じるかもしれない損失を埋め合わせてくれる配当利回りも得られない可能性がある。もっとも、そうなる確率は相場の下落率および下落期間次第であるが」

配当とは、どのくらい増えるものなのか、エイボン・プロダクツの例を見てみよう。プライスがエイボンを購入したのは一九五五年。当時の一株当たりの配当金は〇・〇四ドルだった。それが一九七二年には一株当たり一・三五ドルとなり、三二七五％も増加している。これを一年複利で計算すると、年複利成長率は二三％となる。

一九七八年から九八年までの二〇年間におけるＳ＆Ｐ五〇〇の収益率の五〇％以上は配当の再投資によるものである。トムソン・ファイナンシャルのグループ企業ウィーゼンバーガー社が計算した統計値によれば、S&P五〇〇に一万ドルを投じた場合の二〇年後の評価額は、配当がなければ、一二万七八六八ドル、配当を再投資すれば、二六万二六〇六ドルになるという。

投資基準に柔軟性をもたせる

投資基準を一〇〇%満たさなくても、買うに値する株は結構あるものだ。プライスが健在なら、ヤフー！やアメリカ・オンライン（**訳者注**　略称AOL、現AOLタイム・ワーナー）などのネット企業にも手を出していたかもしれない。もっとも、彼ならきっと市場で人気が出る前にいち早くこうした企業の発掘を試み、自己の投資基準に修正を加えていたことだろう。こうした新興企業の場合、プライスが求めるのは、製品・サービス市場の膨大な成長余地、圧倒的な競争優位性、売上高の伸び、潤沢なフリー・キャッシュフロー（FCF）、豊富なキャッシュポジション、そして有能な経営陣を有する企業である。

一九九九年一一月、マーケット・ガイド社（marketguide.com）でリサーチ・サービスを担当している株式アナリスト、マーク・H・ガースタインが自社のウェブサイトに次のような記事を書いている。

「昨今のインターネット投資が始まったのはつい最近のことであり、新たなビジネスを立ち上げたばかりの企業にとっては収入よりも支出のほうが多いのは当然のことである。したがって、従来型の事業を行っている優良企業なら当たり前のことであっても、こうした新興企業に同じことを期待するのは無理というものだ」

プライスなら、ある意味でシスコ・システムズやマイクロソフトなどの企業にも投資していたに違いない。というのも、彼が買いの対象としてきたのは、負債が少なく、傑出した製品を生み出してきた実績があり、最高経営幹部が相当量の自社株を保有している、そんな企業であるからだ。

では、なぜマイクロソフトがこの投資基準に見合うのか。プライスが初めて設定したグロース・ファンドの運用担当者で同社の株を保有しているボブ・スミスによれば、「ビル・ゲイツ（CEO）はマイクロソフト株の約二〇％を保有し、超一流の人材を引きつけるだけの能力があるからだ」という（一九九九年、ボブ・スミスとの会話より）。マイクロソフトは無借金経営で、売上高利益率もROE（株主資本利益率）も高い。

マイクロソフトは無配だが、配当基準については、プライスもきっと例外を認めることだろう。しかし企業への政府の干渉については毛嫌いしていたため、米司法省によるマイクロソフト独禁法訴訟には間違いなく不快感を表わしていたと思う。九九年一一月、裁判官のトーマス・ペンフィールド・ジャクソンは、マイクロソフトが不当に競争相手を排除しているとして独占を認定した。二〇〇〇年、調停がうまくいかず、司法省はマイクロソフトを二社に分割するよう是正措置案を提出。二〇〇〇年の春現在、この訴訟がマイクロソフトの将来にどう影響するかは不明である。おそらくマイクロソフトは控訴するだろう（**訳者注**　二〇〇一年夏、ワシントン連邦高裁が一審の是正命令をくつがえしたため、分割回避となる見通し。マイクロソフトは事実上の勝利宣言を行った）。

企業のライフサイクルと利益成長率

「利益成長のサイクルを理解し、将来の利益動向をつかむこと。これは投資の鉄則である」とプライスは言う。彼は企業のライフサイクルを人間のそれになぞらえ、誕生・成熟・衰退と見立てていた。成長企業は、誕生してから操業開始期を経て、無事生き延びられると、ダイナミックな利益成長期に入り、成熟期を迎えると利益成長が鈍化し、やがて成長が止まって衰退していく。

操業開始期の企業では利益はわずかか赤字だが、ダイナミックな成長期に入ると、利益は急激に伸び、伸び率は一〇〇％以上となる。最近では、テクノロジー分野で優位に立つ一部企業で比較的高い成長率が長期にわたって持続するケースもある。シスコ・システムズやマイクロソフトなどがそうだ。バリューラインの統計値によれば、一九八四年に設立されたシスコ・システムズの九八年までの五年間の利益成長率（年複利）は約五九％。一九七五年に創業したマイクロソフトの同時期の成長率は三四・五％である。しかし企業規模が拡大し、年を経るにつれ、利益の伸びは鈍化し、七％から一五％ぐらいになる。一八七八年にエディソン・エレクトリック・ライトとして創業し、一八九二年に合併によって設立されたゼネラル・エレクトリック（GE）の過去五年間の利益成長率（年複利）は約一三％、一八九二年創業のコカ・コーラ・カンパニー（ジョージア）を一九一九年に買収して設立されたコカ・コーラは同約一五％となっている。

衰退期に入ると、利益成長が止まるか赤字化し、最終的には廃業に至る。もっとも、成長を生み出す新しい市場・製品・政策・コンセプトを見いだすことにより活性化を図る、あるいは抜本的な改革を断行する企業もある。一九六〇年、バラエティーストア・チェーンのS・S・クレスギは減益を記録し、ウールワース、WTグラントに次いで業界三位に転落。その後、経営陣は新しいコンセプトの導入を決め、社名をKマートに変更した。WTグラントは倒産し、廃業に追い込まれたが、Kマートは今も健在である（**訳者注**　現在はアメリカ最大級のディスカウントストア）。方針を変え、社を一新させた企業としては他にモトローラがあるが、これについては第一五章を見てほしい。

売上高と売上数量

プライスが株を買うとき、あるいは持ち株のチェックをするときは、企業が発表する売上高や利益だけでなく、売上数量にも気をつけていた。販売に関しては発表方法が二通りある。それは、①売り上げた金額、②売り上げた数量――である。例えば、自動車業界では売上数量は車やトラックの販売台数、電力業界ではキロワット時、航空業界では座席マイルを指す（**訳者注**　「キロワット時」はエネルギー・電力量の単位。「座席マイル」は有料旅客一人一マイルの輸送量単位）。

プライスならこう問うだろう。

「その企業の売り上げが伸びたのは、製品・サービスの売上数量が伸びたからか、値上げによるものか、その両方か」

一般に値上げには限界がある。消費者が代替品を探さない程度にしないといけないからだ。特に今日の競争市場ではそうである。したがって、売上数量にも目を向けることが重要となる。コカ・コーラなどの企業の報告書には売上数量も記載されている。コカ・コーラの売上数量の一単位は八オンス瓶二四本で一ケースとなっている。売上数量はバリューラインのレポート（業種別のコメント欄）やその他のリサーチ・サービスでも調べることができる。

ただし、多数の生産ラインを抱えている企業では売上数量を発表していないところもある。こうした企業の場合、プライスはCFO（最高財務責任者）に電話をかけるか、ほかの調査方法を使って、「多額の売上高は値上げによるものか、売上数量の伸びによるものなのか」を確かめていた。この手の情報を入手したければ、CFOに問い合わせるか、企業のIR（投資家向け広報）部門の代表者に話を聞いてみるといいだろう。

プライスによれば、「利益成長の変化をとらえるためにも、株をモニター（監視）しておくべきだ」という。売上数量と売上高がともに落ちて減益になっている場合は、成長が鈍化している警告サインだとプライスは考えている。

プライスいわく、「その年に増益ではないからといって、成長が止まったということにはならない。一、二年の収益パターンは、景気循環や業界内あるいは企業内の動向によってしばしばゆがめられるものだ。したがって、利益動向の基本的な変化をとらえるには調査経験と明敏な判断力が必要である」。

減収減益以外にも、プライスが警告サインとして挙げているものがいくつかある。数四半期にわたる売上高利益率の低下とROI（投下資本利益率）あるいはROE（株主資本利益率）の低下である。こうした情報は企業の報告書や株の調査レポートを見れば分かるだろう。

プライスは一九三九年にバロンズ誌の記事の中でこう述べている。

「鉄道業界では数年にわたってトンマイルが減少しているが、それに比べ、電力業界ではまだキロワット時が増加傾向にある」（**訳者注**　「トンマイル」はトン数とマイル数の積。一定期間中の輸送量を示す統計上の単位）。この記事を書いた当時、公益企業の株を買うのはプライスの好みではなかった。政府が厳しい統制を敷いていたからだが、今なら彼も公益企業の株をいくらか買うかもしれない。T・ロウ・プライス・アソシエーツの最高運用責任者デビッド・テスタによれば、現在、売上数量が落ちているのは防衛産業だそうだ。政府の軍事費削減を受け、仕事がなくなっているのである。

企業規模の差

企業規模は売上高によって定義されることもあるが、プロの投資家の間では一般に「規模」といえば、株式の時価総額（マーケットキャップ）を指す。算出法は、株価に発行済み株式数を掛け合わせて求める。この規模により大型・中型・小型に分類される。

とはいえ、大・中・小の線引きを明確にするような、産業界全般にわたる特別な基準があるわけではない。大・中・小の定義は人によって異なるが、ここでは時価総額による一般的な分類法を挙げておこう。なお、時価総額が二億五〇〇〇万ドル未満の規模の小さい新興成長企業を「マイクロキャップ」と呼ぶこともある。

●超大型　二五〇億ドル超
●大型　五〇億ドル超～二五〇億ドル
●中型　一〇億ドル超～五〇億ドル
●小型　二億五〇〇〇万ドル超～一〇億ドル
●超小型　二億五〇〇〇万ドル未満

プライスはGEやコカ・コーラなどの大企業に投資していたが、将来的に成長余地の大きいと思われる中小企業の株も買い付けていた。中小企業の株は通常ナスダック（米国店頭株式市場・店頭銘柄気配自動通報システム）で取引され、値動きが荒い傾向がある。規模の小さい企業ほど、情報が少なく、さらに調査が必要となる場合が多い。

成功企業の株を成長の初期段階、つまり規模が小さいうちに購入し、より長く保有した投資家ほど大儲けしている。逆に投資家が多額の損をするのは、大量に投資した小企業が実は宝の山ではなく、地雷と化したときだ。そこで、特に重要となるのは、中小企業の財務力と借入需要を評価し、成長に伴って起こるであろう財務上のトラブルを切り抜けられるかどうかを確かめておくことだ。そしてもう一つ、デビッド・テスタがこう言っている。

「その企業は一流の製品を有しているか。そして、その製品には将来の成長を生み出すだけの十分な需要があるのどうか、検討しておくべきだろう」

一九六〇年、プライスは小型成長株に投資するミューチュアル・ファンドを設定したが、最初の数年間の運用成績ははかばかしくなかった。一九六二年、S&P五〇〇の下落率が九%だったとき、プライスのファンドは二九%も下げていた。失望しながらも、それらの株をそのまま保有しているうちに、やがて運用成績は上向くようになった。五年後、S&P五〇〇の上昇率が九%のとき、プライスのファンドは四四%も上昇。一九六八年には小型成長株が大人気となり、ファンドへの資金流入が急増し、プライスは株主（受益者）を守るためにファンドを一時閉じざるを得なくなった。株価が高値圏にあるときに無理に買い増ししたくなかったのである。

一九六〇年代にプライスが購入したゼロックスやテキサス・インスツルメンツは、当時はまだ時価総額の小さい会社だった。サン・マイクロシステムズやホーム・デポ、マイクロソフトも八〇年代には小企業だったが、九〇年代には成功企業へとのし上がっている。こうした小企業のパフォーマンスが大企業を上回っている時期と下回っている時期を次ページの**グラフ**で見てみよう。小企業のパフォ

小型株vs大型株（年間リターン1987−1997年）

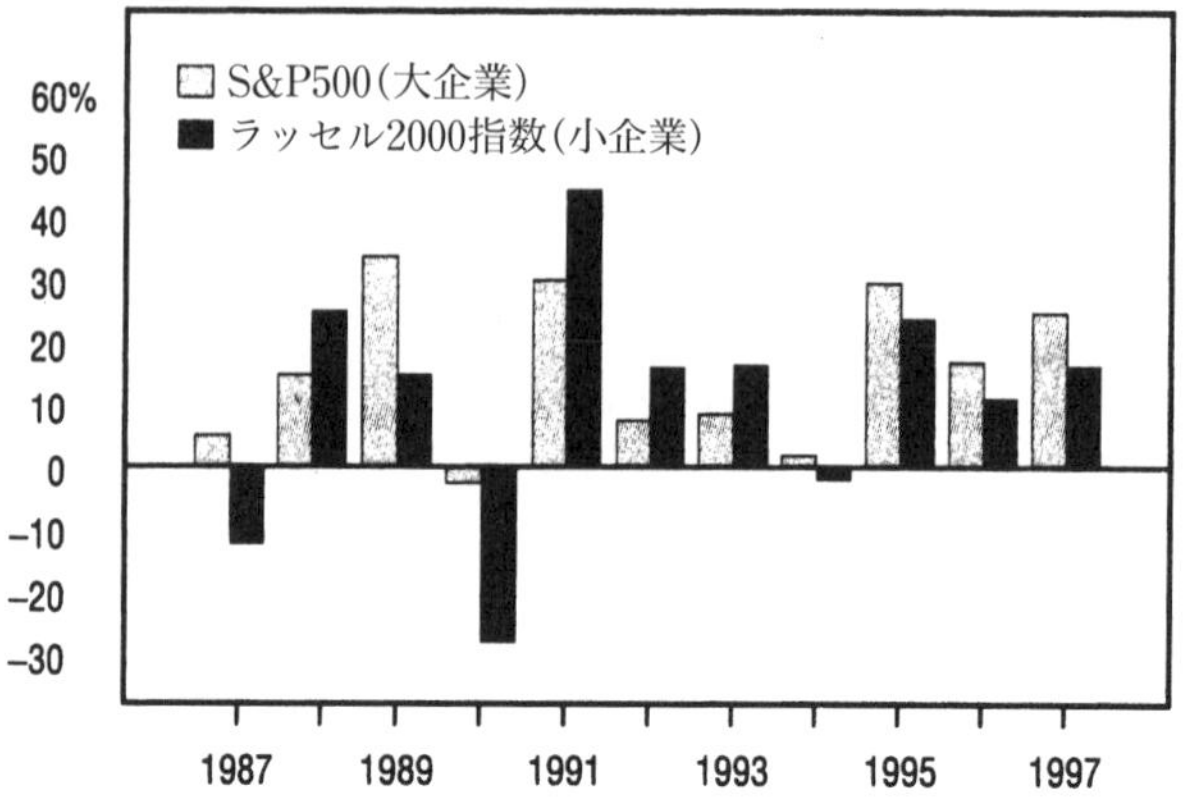

出所＝T・ロウ・プライス・アソシエーツ・インサイト・ブレティン
（「小型株に投資する」より）

ーマンスが総じて悪いときでさえ、銘柄の選別をきちんとしておけば運用成績は良くなるものだ。将来有力企業になりそうな小型成長株の発掘を試みる投資家もいるが、小型株に投資する一番の方法は、小型株を組み入れた運用成績の良いミューチュアル・ファンドを購入することだ。

ステップ三　決断を下す

プライスは株を買う前にその企業が自分の投資基準（二一六ページを参照）を満たしているかどうかを確かめていた。そして企業をチェックする上で、売上高利益率やROI（投下資本利益率）あるいはROE（株主資本利益率）に加え、利益および売上高の伸びにも気をつけていた。プライスによれば、成長の鈍化を示す警告シグナルと潜在的な問題は以下のとおりである。

- 売上高の減少
- 数四半期にわたる減益、売上高利益率の低下
- 数四半期にわたるＲＯＩ（投下資本利益率）の低下
- 急激な増税
- 経営面での改悪
- 政府の介入による潜在的な不利益、あるいは事実上の不利な判決
- 市場の飽和
- 競争相手の増加
- 原材料費や労働コストの大幅な上昇

モニターしている株の情報は企業の報告書や株関連のリサーチ・サービスのレポートを読めば分かる。競争相手の増加、市場の飽和状態、企業に悪影響を及ぼす可能性のある政府の政策などについては、その企業に関する最新の新聞・雑誌記事か、株の調査レポートに記載されているかもしれない。

その業種の低迷あるいは不景気によって企業の成長も減速することに気づいたプライスは、当該企業の収益と競合他社の収益を比較したり、経済全般の成長率と見比べたりしていた。こうすれば、景気後退・景気回復といった景気循環によるゆがみが判明し、実質的な利益動向をつかむことができる

からだ。

買い下がりと売り上がり

「下げ相場により株価が当初注文を出していた買い指値まで値下がりしてしまい、いったいどこまで下げるのか、いつ回復するのか、どのくらいまで上がるのか、判断がつかないことがあった。しかし、その企業の株が魅力的で長期保有するつもりだったので、買い下がってから、売り上がっていくことにした」とプライスは語っている。

例えば、下降局面で、ある株を四五ドルで買うように注文を出したら、さらに四二ドルと四〇ドルで買いの指値注文を出しておく。当然のことながら、相場が予想とは逆に動けば、注文どおりに買い増していくことは不可能となる。逆に上げ相場で手持ちの玉（ぎょく）を減らしたいとき、つまり株を売却したいとき、プライスはあらかじめ決めておいた値段で売り注文を出してから、さらにそれより高い値段で指値注文を続けて出したりしていた。ただし、相場全体やその個別株が下がり始めたとき、あるいは、その企業に関する悪材料が出たりしたときは、売る予定だった残りの株については成り行きで売却していた（この場合の「成り行き」とは、指値をしないで、つまり値段の指定をしないで、そのときの市場価格で売る注文のこと）。

プライスは、株価が下がったからといって売ったりはしなかった。その株が将来性を見込んだ企業

エイボン株の売却価格	$131	エイボン株の売却価格	$131
取得価格	$1	キャピタルゲイン税	－$39
売却益	$130		
税金	$130×0.30＝$39	税引き後利益	$92

の株であれば、買い増しをする絶好のチャンスになるととらえていたのである。プライスが株を売るときは、将来的な成長がこれ以上望めなくなったときか、その企業がもはや自分の投資基準を満たさなくなったときである。また、手持ちの株よりももっと価値ある投資対象があれば、売却コストと税金を考慮しながら持ち株を売って資金をつくることもあった。

売却時にかかる税金を考える

株で得た利益にかかる税金の一部は、損失・その他の控除によって相殺されるが、「キャピタルゲイン課税は大儲けした投資家へのペナルティーである」とプライスは語り、一例としてエイボン株を挙げている。

「取得価格は一株当たり一ドル弱で、株価が一三一ドルのときに一部を売却。したがって、売却益（キャピタルゲイン）は一株当たり約一三〇ドルとなる。連邦税や州税は各人の税率等級や実現益によって異なるが、キャピタルゲイン税を三〇％（今日では二〇％が上限）とすると、一三一ドルから三〇％すなわち三九ドル引かれると、再投資に回せる手取り金額はたったの九二ドル。これで別の成長株を買い付けたとしても、この入れ替えによって税金分を埋め合わせて収支をトントンにもっていくには、この成長株が四四％ぐらい値上がりしてくれないといけない」

第二一章　プライスの戦略を応用する――投資家別戦略応用法

プライスは顧客のために株・債券・現金部門への分散投資の手伝いもしていた。投資元本の確保、高率の配当・利子収入、値上がり益の追求など、顧客のニーズが多様であることに気づいた彼はこう述べている。

「元本の安全性、インカムゲイン、キャピタルゲイン狙いなど、個々の投資家の必要条件を基にそれぞれの目的に見合った運用計画を各ポートフォリオごとに用意しなくてはいけない。そしてポートフォリオの成長を目指す部分（株式）については、さまざまな業種・企業に幅広く分散投資してリスクを最小限に抑えるべきだろう」

プライスは、顧客が真の目標を定めることができるよう、次のような質問をしていた。

●債券や株式などの相場が上がろうが、下がろうが、どんなときでもほとんど元本割れすることなく、いつでも換金できるように投資元本を確保しておきたいか――《元本確保型・元利の安定性》

●毎年決まって支出する経費を賄えるように固定金利の安定した収益が必要か――《インカム重視型》

●将来に備え、投資元本の成長あるいは値上がり益と、より高利回りの収益を望んでいるか――《成長型》

包括的なアセット・アロケーション・プログラム（資産配分計画）であれば、不動産や商品、美術品などの収集品、金・銀、その他の資産も考慮に入れてみたらいいだろう。しかし、ここでは資産配分の対象を株・債券・現金部門に的を絞って説明していきたいと思う。

コラムA――株式投資（成長型）

投資対象の選別はレストランのメニューにたとえられる。コラムAでは成長を追求するために個人投資家や機関投資家が大型株や中小型株で運用する投資対象を集めてみた。

（一）国内株式
（二）外国株式
（三）株式型ミューチュアル・ファンド（株式投信）
●国内型
●グローバル型（内外株式）
●国際型
●インデックス・ファンド
（例えば、S&P五〇〇などの株価指数と連動するように運用されるファンド）
（四）変額年金――ミューチュアル・ファンドに類似したサブアカウント（特別勘定）の運用成績に応じて年金額が変動する保険契約
（五）個別運用の株式口座

コラムB――債券・その他の確定利付投資（インカム重視型）

コラムBでは個人投資家や機関投資家が債券・その他の確定利付きの金融商品で運用するインカム重視型の投資対象を並べてみた。

（一）国内債券
（二）外国債券
（三）債券型ミューチュアル・ファンド（公社債投信）国内型
●国債
●社債
●地方債
（四）債券型ミューチュアル・ファンド（公社債投信）国際型
●外国政府が発行する国債
●外国企業が発行する社債
（五）個別運用の債券口座
（六）保険会社による定額年金

債券投資のリスク

株式を買っている人が債券にも投資すれば、分散投資になるとともに、インカム収入（クーポン収入）がさらに増えることになる。とはいえ、債券投資にもリスクがあることを忘れてはならない。金利の上昇は通常、株には悪材料となるが、債券はさらに痛手を被ることになる。金利が上がれば、債券価格は下がる。なぜなら、既発債はすでに現行レートよりも低いレートで利率が確定しているため、表面利率の高い新発債よりも魅力が薄れてしまうからだ。逆に金利低下局面では、利率のより高い債券はそれだけ魅力が増すため、価格は上昇する。例えば、七％クーポンの三〇年債を一〇〇〇ドルで購入したとする。金利が下がって利回りが低下し、新発債の表面利率が六％になれば、既発の七％クーポンの魅力が増大し、価格も上がることになる。しかし金利上昇局面では、七％クーポンの魅力もダウンし、価格も落ちることになる（債券投資についてさらに詳しいことは、本章の終わりにある「債券について知っておくべきこと」を見てほしい）。

コラムC――現金同等物への投資（元本確保型・元利の安定性）

コラムCでは、現金同等物など、換金が容易な投資対象を挙げてみた。

（一）銀行預金

●譲渡性預金（CD）

●マネー・マーケット・アカウント（MMA）

（二）マネー・マーケット・ミューチュアル・ファンド（MMMF・MMF）

（三）財務省短期証券（Tビル・割引短期国債）

（四）短期保有の高格付け債

現金同等物に投資する

現金同等物に投資するのはリスクがないように思われるが、リスクがまったくないわけではない。例えば、譲渡性預金（CD）で運用する場合、そのときどきで金利が変動するため、将来的には受取利息が増減することになる。六カ月物で見てみると、一九八〇年には一六％も回っていたが、八七年には約八％、九三年には三％になっている。つまり、六カ月物CDに一〇万ドル投じたとして受取利息を年率換算すると、八〇年なら一万六〇〇〇ドルになるが、八七年では同八〇〇〇ドル、九三年ではわずか三〇〇〇ドルにしかならない。なお、九九年一二月現在の六カ月物のレートは約四・五％となっている。

投資家別アセット・アロケーション戦略

保守派の投資家なら、財務体質がしっかりしている大企業か中堅企業に投資し、小型株についてはミューチュアル・ファンドの形で保有するのがいいだろう。また、アメリカの多国籍企業を通じてグローバル市場にかかわることもできるし、グローバル投資を行っているミューチュアル・ファンドを購入する手もある。

中道派・積極派の投資家は、各人の経験と知識次第で投資対象を広げることができる。個別に中小型株を買う一方で、小型株を組み入れているミューチュアル・ファンドを購入してもいいだろう。グローバル・ミューチュアル・ファンドやインターナショナル・ミューチュアル・ファンド（第二八章を参照のこと）に加え、自分で外国株を買うのもいいかもしれない。

前述の三つのコラムへの資産配分については、これまでいろいろな議論がなされてきたが、さまざまな答えが出ている。コンピューターを導入した包括的なアセット・アロケーション・プログラムやだれでも利用できる容易な方法もある。簡単なのは、一〇〇から自分の年齢を差し引いた数を株式に振り分ける割合（％）とし、残りを債券や現金部門に回すというやり方である。つまり、二〇歳なら八〇％、五〇歳なら五〇％、八〇歳なら二〇％を株で運用するというわけだ。この考え方からいくと、若い人ほど株の値上がりを待つだけの時間的余裕があるため、より大きなリスクをとることができ、大きな変動にも耐えられるということになる。しかし若い人のなかにもコラムBやCから投資対象を多く選ぶ保守派の投資家はいるし、富裕層では高齢になるほど積極的になり、コラムA（株式）の組み入れ比率を増やしたりしている。七〇～八〇歳代のお金持ちのなかには、子どもや孫のために投資を行い、次世代のために資産運用をしている人もいるくらいだ。

アセット・アロケーションと運用期間

プライスは各人の投資目的・リスク許容度・運用期間に見合った投資対象を勧めている。例えば、二年後に車や家など大きな物を買う予定があるといった短期的な目標があるなら、コラムCから投資対象を選ぶ。現金同等物なら元本が安定しているからだ。また、五年後に子どもの教育資金が必要になるといった中期的な目標がある場合は、コラムBから短期債か中期債、コラムCから現金同等物を選ぶといいだろう。一〇年か二〇年後の退職に備えるなら、成長性を目指してコラムAの比率を高めておく。もっとも、この場合は、各人のリスク許容度次第で、どのコラムに投資してもかまわない。

資産をどう配分するかは、各人の目的、インカム・ニーズ（配当・利息収入の必要性）、運用期間、投資歴や知識、投資スタンスに応じて投資家本人が決めるべきことだが、投資の専門家とともに包括的なアセット・アロケーション・プランを作成するのが望ましいだろう。

驚異の複利効果

複利を世界の不思議の一つとしてとらえた著名な科学者アルバート・アインシュタインと同様、プライスも複利効果のもつ威力には驚嘆していた。

1万ドルを1年複利（年7.2％と年15％）で運用すると…

年数	年率7.2％	年率15％
10年後	$20,042	$40,456
20年後	40,169	163,665
30年後	80,509	662,118
40年後	161,358	2,678,635

プライスいわく、「資金を一定期間、固定金利で複利運用すれば、あらかじめ決められたレートに従って資金が増えていく。このレートが高ければ高いほど、投資した資金は短期間で膨らむ。大抵の人にとって複利やその仕組みについてはもうおなじみだろうが、高い利率で長期間複利運用すれば、投資家にとっても一財産築けることになる。例えば、年率七・二％（一年複利）で一〇年間運用すると、投資資金は二倍になる（つまり一〇〇％増）。運用期間が二〇年なら三〇〇％以上、三〇年なら七〇〇％以上、四〇年なら一五〇〇％以上増えることになる。これが一年複利、年率一五％なら一〇年で三〇〇％以上、二〇年で一五〇〇％以上、三〇年で六五〇〇％以上、四〇年で二万六六八六％も増える計算になる」。

これについては上の**表**を見てほしい。

「同レート（複利）で値上がりしている株に投資した場合も、同じ効果が得られる」とプライスは言う。

「例えば、一九五五年に一株当たり〇・八七五ドルで購入したエイボンの株価が七二年末に一三六ドルになった場合、株価の値上がり率は一万五四四二％、年複利利回りは三四・六％。配当は五五年が〇・〇四ドル、七二年は一・三五ドルだったので、増加率は三二七五％、年複利成長率は二三％となる。数十年でこうした途方もない複利効果が得られることが分かれば、相場の変動に乗じて値ザヤ稼ぎをしようとはそれほど思わなくなるだろう。成長株投資理論では忍耐を要するとしているが、売った買ったするよりも、じっと持っているほうがストレスもたまらず、一般にリスクも売買手数料も所得税も少なくて済むものだ」

債券についてはすでに二四一ページから二四三ページでも触れたが、ここに『T・ロウ・プライス・インサイト・ブレティン』からの引用を紹介しよう。

債券について知っておくべきこと

（「債券について知っておくべきこと」〔一巻一〇二号〕T・ロウ・プライス・アソシエーツ・インフォメーション・ライブラリーより。一九九九年、使用許可済み）

債券はさまざまな借り手が発行する借用証書

株券は一企業の部分的所有権を表わしているが、債券は借り手が貸し手（投資家）に対して発行する借用証書（IOU＝I owe you）である。これにより借り手は「返済期日の到来まで利子を支払い、返済期日（償還日）には借金を返済します」という約束をしたことになる。

債券（bonds）とその他の確定利付証券との違いは、その返済期限（償還期限）の長さにある。財務省短期証券（Tビル）やその他の金融市場証券は一年以内に満期がくるが、債券の償還期限はそれより長い。借り手は実にさまざまで、連邦政府、州政府、地方公共団体、企業などが債券を発行している。

確定利付きに目を付けよ

債券の利金（利子）は通常、金額が確定しているが、変動利付債などでは受取金額が変わる場合もある。なお、表面利率（クーポンレート）と直接利回り（直利）、そして債券を償還まで保有した場合の複利利回り（＝最終利回り・ＹＴＭ）（**訳者注**　日本の国内債では最終利回りは通常、単利計算する）を混同している人が多いが、投資する前にそれぞれの違いを理解しておこう。

《表面利率》　クーポンレートは額面金額（通常は一〇〇〇ドル）に対する利払い金額の割合を示し、パーセントで表示される。大抵の債券は年に二回利払いがあるので、例えば、八％クーポンなら、年に二回、四〇ドルずつ、合計八〇ドルの利金が支払われることになる（一〇〇〇ドル×〇・〇八＝八〇ドル）。ある特定の種類の証券を例にとれば、通常、償還期限が長くなるほど、また信用度が落ちるほど、表面利率が高くなる。アメリカ国内で課税される投資対象のなかでは財務省証券（米国債）が一番クーポンレートが低いが、これは連邦政府がアメリカ国内で一番信用のおける借り手であるからだ。

《直接利回り》クーポンレートは固定されていても、金利が上下するたびに直利は変動する。年に八〇ドルの利払いのある債券が額面金額（一〇〇〇ドル）で取引されていれば、直利は八％だが、金利が上がって債券価格が下がり、九〇〇ドル（額面一〇〇〇ドル当たり）になると、直利は八・九％となる。逆に価格が上がって、オーバーパーすなわち額面を上回ると（例えば、一一〇〇ドル）、直利は下がり、七・三％となる。直利の出し方は、一年間の利払い金額（利金）をそのときの投資金額（元金）で割ると、簡単に求められる

《最終利回り》債券を償還日まで保有した場合の複利利回りは二つの構成要素からなる。それはクーポン収入（インカムゲイン）と償還差益（キャピタルゲイン）あるいは償還差損（キャピタルロス）である。八％クーポンの債券（額面一〇〇〇ドル）を九〇〇ドルで購入し、償還まで一〇年間保有した場合、クーポン収入は八〇〇ドル、償還差益は一〇〇ドルとなる。すべての利金が支払われ、同じレートで再投資されたと仮定した場合の年平均利回りを複利ベースの最終利回り（ＹＴＭ）という。この終利については証券会社に問い合わせるか、複利計算のできる電卓を使えば答えが分かるだろう。

債券の償還期限	金利が1%低下した場合	金利が１%上昇した場合
１年	$1,009.63	$990.50
３年	1,027.50	973.36
５年	1,043.76	958.40
10年	1,077.90	928.90
30年	1,154.50	875.30

出所＝T・ロウ・プライス・アソシエーツ
注＝この表は単なる一例として挙げたもので、T・ロウ・プライスの投資実績とは無関係である。なお、例で示した価格変化はその他の相場状況による変動は一切考慮していない

債券の価格は金利と反対に動く

債券のクーポンレートは固定されているので、金利の変動に従って価格が上下することになる。これは利回りが市中金利に連動するためだ。例えば、八%クーポンの債券を購入後、金利が上昇し、一〇%クーポンの似たような債券（**訳者注**　償還期限や格付け、発行体が同じなど）が発行されたとする。すると、あなたの買った債券は普通、ほかの投資家の関心を引き寄せるために、その新発債のレートと同じくらいの利回りを提供しようとして、価格が下がることになるのである。

上の**表**は、金利が一パーセント・ポイント上下した場合に債券の価格がどう変化するか、償還期限の異なる債券ごとに表示したものだ。いずれも額面は一〇〇〇ドルでクーポンは六%。

金利の変動が債券価格に与える影響の度合いを測定する尺度としては、償還期限よりも、デュレーション（投資元本の平均回収期間）のほうがいい。デュレーションとは、将来受け取る元利金を割

り引くことで、債券が残存期間中（償還するまでの間）に生み出すキャッシュフローのタイムバリュー（時間価値）を考慮したものである。したがって、デュレーションが五年の場合、債券価格は、金利が一パーセント・ポイント下がるたびに約五％上昇し、金利が一パーセント・ポイント上がるたびに約五％下落することになる。

国内最大の機関にカネを貸す

おカネの貸し借りはおびただしい数の貸し手と借り手によって成り立つ重要な取引である。アメリカ国内における借用証書（債券）の主要な発行体は以下のとおりである。

《米国政府》財務省証券（米国債）とジニーメイ（ＧＮＭＡ・政府住宅抵当金庫）が発行している債券は、元利払いがアメリカ政府の十分な信頼と信用によって保証されており、デフォルト（債務不履行）の危険性が最も少ない債券の代表格である。

また、各種政府後援機関の発行している債券は、アメリカ政府の直接の債務ではないが、一般に「事実上の」政府保証債（政保債）とみなされているため、信用リスク（クレジット・リスク）は小さい。このなかには、ファニーメイ（ＦＮＭＡ・連邦住宅抵当金庫）、フレディーマック（ＦＨＬＭＣ・連邦住宅貸付抵当公社）、ＦＦＣＢ（連邦農業信用銀行）、ＦＨＬＢ（連邦住宅貸付銀行）などの発行する債券が挙げられる。なお、財務省証券や連邦政府機関債の一部には利子所得が州・地方税免除となるものもあるが、連邦税は免除にはならない。

《州政府・地方公共団体》州政府や地方公共団体は大量の債券を発行しており、これらをまとめて地方債という。信用格付けは借り手の信用度次第でそれぞれ異なるが、これまでのところデフォルトの危険性は少ない。最高格付けを取っているのは、ほとんどが一般財源債（GO債）に指定されているもので、州政府や地方公共団体の課税権によって元利払いが保証されている。特定財源債（レベニュー債）はさまざまな公共事業プロジェクトの資金を調達するために発行されるもので、地方債市場ではかなりのシェアを占めている。

地方債の利子所得は通常、居住している州内で購入したものであれば、連邦所得税も州・地方税も免除となる。しかし空港やスポーツ施設など、民間プロジェクトの資金調達のために発行される債券の利子所得には選択的最低限税（AMT）が課せられる場合もある。また、アンダーパー（額面割れ）で購入した地方債（最初から額面価格より割り引いて発行されるOID債を除く）を途中売却して益が出たときに、キャピタルゲイン課税ではなく、通常の所得として課税される場合もある。このため、民間事業目的で発行されている債券や市場において額面割れで取引されている既発債に投資するときは、あらかじめ税務相談員に確認してもらったほうがいいだろう。

《企業》企業もさまざまな事業を行うための資金調達手段として債券を発行している。これは株式を発行する代わりとなるものである。優良企業が発行する公募債は、ほかの社債よりも信用面での格付けが高い。また、債券の利払いは株主への配当支払いよりも先に行われることになっており、会社が倒産あるいは解散したときも、債券の保有者のほうが株主よりも優先されることになっている。このため、投資適格債（次ページの**表**を参照のこと）は一般に株と比べると、リスクが小さく、価格変動も少ない。

公益企業、金融機関、一般企業を問わず、大抵の大企業は何らかの形で債券を発行している。そのなかには普通株式に転換すれば、値上がり益が期待できる転換社債（CB）もある。また、社債のなかには企業の資産を担保にした担保付き社債がある一方、発行体の信用力だけに裏付けされた無担保社債もある。

借り手の格付け

債券の信用格付けは重要である。なぜなら、債券の発行者が資金を借り入れるときにどのくらいの利子を払うべきか決める判断材料になるだけでなく、投資家にとっては信用リスクの尺度となるからだ。アメリカの二大格付け機関といえば、スタンダード＆プアーズ（S＆P）とムーディーズだが、両者の格付け体系は似てはいるが、同じではない。

ムーディーズとS&Pの格付け記号

	ム社	S&P	意味
投資適格債	Aaa	AAA	極めて優れている。発行体は極めて安全で信頼できる
	Aa	AA	優れている。長期投資の場合リスクがAAA債より若干高い
	A	A	投資対象としてふさわしい要素がたくさんある
	Baa	BBB	中級。現在は投資適格でも長期的な安定性には疑問がある
高利回り債	Ba	BB	投機的な要素がある。元利払いの安全性が不十分
	B	B	
	Caa	CCC	非常に投機的。債務不履行となる危険性が高い
	Ca	CC	
	C	C	
	–	D	債務不履行

出所＝T・ロウ・プライス・アソシエーツ
注＝2社の格付け体系は似てはいるが、同じではない。上の表を、格付けを見るための手掛かりとしてほしい(訳者注　上は実際に2社が発表しているものと表現が異なるが、原文のまま訳出)

債券の利回りには借り手の元利払い能力が反映されている。このため、償還期限が同じであれば、財務省証券（米国債）のほうが連邦政府機関債や社債よりも総じて利回りが低くなる。同様に投資適格債のほうが投資不適格債（高利回り債）よりも利回りが低いのは、それだけ信用度が高いからである。一方、地方債が課税債券よりも利回りが低いのは、税制上の優遇措置があるからだが、同じ免税債においては個々の地方債の信用度に応じて相対的な利回りが決まる。

高利回り債は、時として投資適格債よりも株のような値動きをすることがあるので、頭に入れておいてほしい。通常、債券価格は金利の変動によって上下するが、高利回り債は不況や企業収益の悪化などで売られやすく、高格付け債に比べ、デフォルト（債務不履行）の危険性が非常に高く、価格変動が激しいうえ、流動性が低い。

競争市場で債券を売買する

《財務省証券》短期債（Tビル・割引短期国債）を買うには最低で一万ドル、償還期限が五年以内の中期債（Tノート）なら五〇〇〇ドル必要だが、五年以上の中・長期債（Tノート、Tボンド）は一〇〇〇ドル単位で購入できる（**訳者注**　現在は償還期限に関係なく一〇〇〇ドル単位で購入可）。購入ルートにはいくつか選択肢があり、証券会社、政府証券ディーラー、特定の一部の銀行から買い付けるか、定期入札に参加して連邦準備銀行（連銀）から直接買う方法もある。例えば、償還期限が一〇年超の長期債の入札は四半期ごと（二月、五月、八月、一一月）に行われるが、もちろん、**セカンダリー・マーケット**（流通市場・既発債市場）で、いつでも好きなときに市場価格で買うことができる。

《地方債》普通に流通している地方債の最低売買単位は、償還期限に関係なく一万ドルだが、流動性はその債券の種類や信用度によって異なる。ただし、一〇万ドル未満の取引では売り買いの呼値（売渡価格と買取価格）の差が開く傾向にある。なお、地方債の中には民間の地方債保険によって元利払いが保証され、さらに信用力がアップしている債券もある。

《社債》大抵の社債は、既発債でもパー発行（額面発行）の新発債でも、一〇〇〇ドル単位で購入できる。発行量は少ないが、「ベビーボンド」と呼ばれる、額面金額が一〇〇〇ドル未満の小額債券もある。

株と同様、社債にも**上場しているものと非上場のもの**がある。活発に商いされている大企業の社債はＮＹＳＥ（ニューヨーク証券取引所）やＡＭＥＸ（アメリカン証券取引所）に上場しているので、一流紙の金融欄を見れば、価格を調べることができる。とはいえ、大半の社債は非上場で、電話やコンピューターを介したディーラー間の交渉により店頭で取引されている。したがって、相場が知りたければ、証券会社に電話しないといけない。

地方債や社債には繰り上げ償還条項のついているものがたくさんある。これは発行体が満期前に途中償還する権利を有しているという意味だが、財務省証券にはこうした条項がついているものはわずかしかない（償還条項にはよく気をつけることが重要である。なぜなら、繰り上げ償還された場合には、その償還金を前よりも低い金利で再投資しなければならなくなるかもしれないからだ）。

自分にとって最適な債券を選ぶ

自分にとってどのタイプの債券が最適だろうか。それは投資目的、収入、リスク許容度など、いろいろな要因に左右されるが、二大リスクといえば、市場リスク（マーケット・リスク）と信用リスク（クレジット・リスク）である。

《市場リスク》前述のとおり、債券価格は金利の変動に応じて上下する。債券投資の大きなリスクの一つは、購入後の金利上昇による価格低下である。もっとも、償還まで保有すれば、こうしたリスクはなくなる。

《信用リスク》これは発行体によるデフォルト（債務不履行）リスク、すなわち元利払いが決められたとおりに行われなくなる危険性をいう。発行体の信用の質が高いほど、リスクは小さくなる。ただし、債券購入後に信用が落ちると、ほかの投資家を引きつけるために利回りが上昇し、価格は下落することになる。つまり、損をする可能性がある。また、信用力が低下した債券は高格付け債よりも流動性がなくなる傾向にある。

すべてのリスクを必ず比較検討せよ

投資する前にそれぞれの債券に固有のリスクを比較検討すべきである。「利回り志向」とは「高利回りだから買う」というものだが、これはとんでもない誤りである場合が多い。というのも、通常は利回りが高いものほど、リスクも大きくなるからだ。

債券を購入する前に、以下のチェックリストを検討してみよう。

《運用期間》その債券をどのくらいの期間保有するつもりだろうか。「マチュリティー・ラダー方式」あるいは「ラダーポートフォリオ」を採用すれば、市場リスクをかなり軽減することができる。これは短期債、中期債、長期債というように償還期限の異なる債券を組み入れていくことだが、償還期限が長くなるほど、金利変動の影響を受けやすくなることを頭に入れておいてほしい。

《税率等級》課税債券を買うか、免税債を買うかは、自分の税率等級（所得税の税率区分）しだいである。一番良い方法は、課税債券（あるいは一部免税となる債券）における連邦・州・地方所得税を差し引いた後の純利回りを計算して免税債の利回りと比較してみることだ。

《分散投資》株式と同様、債券においても分散投資は有効である。確定利付資産を償還期限の異なるさまざまな債券で分散しておけば、各種のリスクだけでなく、ポートフォリオの価格変動をも抑えることができる。

債券は株式に安定性を加味するもので、大抵のポートフォリオにおいて株を補完する役目を果たしている。通常の条件下であれば、安定した収益（インカム）を提供し、価格変動も少ないからだ。リスク許容度の小さい人が短期目的で運用するなら、確定利付証券に投資するのが一番だろう。必要なインカムの額、インカムが必要となる期間、リスク許容度などがいずれも確定利付投資を行う際の判断材料となる。

第二二章　現在および将来の投資動向――テクノロジー、ヘルスケア、金融サービス

この一〇年間で特に急成長したのは、消費財、インターネット関連、テクノロジー、ヘルスケア、金融サービス関連などの企業である（T・ロウ・プライス・アソシエーツ・インサイト・ブレティン「科学・テクノロジー株に投資する」一九九九年、「ヘルスケア関連に投資する」一九九九年、「金融サービス関連に投資する」一九九七年より。一九九九年、使用許可済み）。

テクノロジー

テクノロジー株について論じた『T・ロウ・プライス・インサイト・ブレティン』は、次のような言葉で始まっている。

――「宇宙は最後のフロンティアである」と言ったのは『スタートレック』のカーク船長だが、この地球にも未知の領域がまだたくさんあることを彼は見落としている。現代の科学やテクノロジーは人類未踏の領域へと、どんどん突き進んでいるのだから――。

T・ロウ・プライス社のポートフォリオ・マネジャー、チャールス・モリスによれば、「今後また新しいテクノロジーが生まれるだろう」とのことだが、いくつかのトレンドを見てみると、テクノロジー業界がまだまだ恩恵を被りそうである。第一に、インフラ、ソフトウェア、通信機器を供給しているハイテク企業の成長にインターネットが引き続き貢献している。第二に、コンピューターの機能がデータ入力・計算機から通信・商取引用のツールへと拡大し、企業から家庭へとコンピューターが普及したのに伴い、コンピューター関連企業の成長が続いている。また、ワイヤレス・コミュニケーション・ネットワークの持続的な成長がテクノロジー業界に引き続きビジネス・チャンスを与えている。こうしたハイテク企業としては、ルーセント・テクノロジー、モトローラ、テキサス・インスツルメンツ、マイクロソフト、ノベル、オラクル、インテル、デル・コンピュータ、シスコ・システムズなどが挙げられる。

ヘルスケア

平均余命が伸び、高齢化が進むにつれ、健康管理のための支出が増えるようになる。米商務省国勢調査局によれば、一九〇〇年の平均余命は四七歳、一九五〇年は六八歳、一九九一年は七五歳である。今ではさらにまた伸びているだろう。

アメリカの健康管理費の約三分の一は、六五歳以上の高齢者による支出である。この年齢層の人口は三〇年後には二倍になると予想されている。

ヘルスケア産業は投資家にとって魅力的ではあるが、潜在コストの管理や、FDA（食品医薬品局）や連邦政府・州政府による規制など、問題も抱えている。また、健康管理費の増大による恩恵を一番受けている、特許薬を有する製薬会社も特許が失効してしまえば、一般薬を扱う製薬会社との競争にさらされることになる。ヘルスケア業界にはほかにビタミン剤やその他の栄養補助食品を販売している企業や病院を有する企業、老人ホーム、健康管理施設、実験・研究機器を製造・販売している企業、パーソナルケア製品のメーカーやマーケターなども含まれる。健康管理費により恩恵を受ける企業としては、ブリストル・マイヤーズ・スクイブ、ファイザー、アメリカン・ホーム・プロダクツ、ジョンソン&ジョンソン、バイオジェン、ワーナー・ランバート（**訳者注**　現ファイザー）、ユナイテッド・ヘルスケアなどがある。

金融サービス

一九九〇年代に入る以前は、金融サービス関連（銀行、モーゲージ、クレジットカード、証券、ミューチュアル・ファンド、保険会社など）の株は配当が高く、ＰＥＲ（株価収益率）もＰＢＲ（株価純資産倍率）も低かった。そこで、投資家たちはこうした株をインカム狙いといくらかの成長を期待して買っていたが、今では金融サービス部門は成長産業とみなされ、このセクターの人気株は高ＰＥＲ、高ＰＢＲで取引され、配当利回りは低下している。退職準備として投資や貯蓄に励むベビーブーマー世代（団塊の世代）の高齢化、金利低下、新しい金融商品、Ｍ＆Ａなどが業界の成長に寄与しているのである。こうした成長株には、シティコープ（**訳者注**　現シティグループ）、トラベラーズ・グループ（**訳者注**　現シティグループ）、ウェルズ・ファーゴ、ワシントン・ミューチュアル、モルガン・スタンレー・ディーン・ウィッター、Ｔ・ロウ・プライス・アソシエーツ、ファニーメイ（ＦＮＭＡ）、フレディーマック（ＦＨＬＭＣ）などがある。

第二三章　トーマス・ロウ・プライス――その生涯と経歴

プライスは一八九八年、メリーランド州グリンドンで生まれた。父は町医者で、その地区ではだれよりも数多くの出産の場に立ち会っていた。高校を卒業したプライスは、スワスモア・カレッジに入学し、化学を専攻。念願のファンド・マネジャーになるまでに何度か転職を経験している。最初は化学者としてエナメル装飾の会社に職を得たが、数十年後、彼はT・ロウ・プライス・アソシエーツの社内報でそのときの経験をこう語っている。

「創立したばかりのこの会社は、大学を出立ての二人が経営していた。私もまだ青かったし未熟だったので、面接をしてくれたこのプリンストン出の若者のことが気に入って、この会社で働くことにした。しかし、ふたを開けてみると、経営陣には経験が不足しており、財務体質も脆弱で労使関係も悪かった。結局、入社して一カ月かそこらで社員全員がストライキを起こし、会社は廃業に追い込まれた」

プライスは雇い主についてもう一つ不愉快な経験をしている。雇い主が実は不誠実な人間であることが分かったのである。こうしたことからプライスは批判的かつ懐疑的になり、投資する前に経営陣について綿密な調査を行うようになったのである。

プライスは化学者として研修を受けてきたが、経済動向や企業の財務報告書、製品・技術について調べることのほうがずっと刺激的であることに気づき、証券会社に就職。顧客のために働き、株の投資情報を書くようになった。しかし、ほかのブローカーたちの取引慣行に当惑した彼は、株を強引に売りつける彼らの戦略に不満をもらしている。プライスは会社側の出した推奨銘柄にはこだわらず、顧客のためになる投資対象を独自の判断で選んでいた。

「目先の利益にとらわれず、その株の良い面だけでなく、悪い面（リスクなど）についても説明した」とプライスは語っている。彼の投資戦略は、新製品あるいは新技術を開発中の潜在利益の大きい優良企業を物色することである。株とは短期売買によって値ザヤ稼ぎをするものだと思っているほかのブローカーとは違い、プライスは注意深く選別した株を長期保有する方針を貫いていた。

プライスは通常のブローカー業務に加え、手数料ベースの資金運用部を別枠で設けること、そして顧客向けにポートフォリオを構築するサービスを提供することを上司らに提案した。こうして彼は顧客の投資スタンスを判定する手伝いをし、株・債券・現金部門のなかでどう分散投資していくか、適切な戦略をアドバイスするようになった。プライスはアセット・アロケーション（資産配分）のプロセスをいち早く文書にしたファンド・マネジャーの一人なのである。

プライスの上司で良き師でもあったジョン・レッグはプライスの提案を実行に移すことに同意し、社内に新しい部署を設けた。プライスはアシスタントとしてイザベラ・クレイグとマリー・ウォルパーを雇い、アナリストとしてハーバード・ビジネススクール出身のウォルター・キッドとチャールズ・シェイファーを採用した。後にプライスが自分で会社を立ち上げたとき、キッドとシェイファーは彼のパートナーとなっている。キッドは新興企業に投資する才があり、シェイファーは経営とマーケティングにたけていた。しかし資金運用部が稼ぎ出す利益はわずかなものだった。レッグはプライスを支持したが、ほかの経営幹部らはプライスの考えに懐疑的だった。

プライスいわく、「彼らは私の言う成長株の定義を完全には理解していなかった。ディーリング（短期売買）のほうがずっと手っ取り早く簡単に稼げるからだ（私に言わせれば、損をするのも簡単だと思うが）」。

数年後、資金運用部の閉鎖を言い渡されたプライスは、再びブローカー業務に戻ることになった。

資産運用会社を設立し、初のミューチュアル・ファンドを設定

友人やその他の金融関係者らに相談したプライスは、自分で資産運用ビジネスを始めることを決意し退職。自分の会社を成功させることに没頭するあまり、一日一六時間も働くことがあった。見込み

客にはトライアル期間を設けて無料で資産管理を行った。こうして顧客が運用結果に満足してくれたら、手数料をもらい、取引を継続していくのである。

プライスと二人のアシスタント、そしてシェイファーとキッドはともにこの新しい事業に取り組んでいたが、給与は大幅に減額となっていた。プライスはこれを埋め合わせるために彼らに自社株を渡したが、これが後にかなりの利益を生むことになった。一九八六年、T・ロウ・プライス・アソシエーツは株式を公開。八七年には一・二五ドルと安値で取引されていたが、九八年には約四三ドルの高値をつけている（株式分割調整済み）。

会社も成長し、その投資哲学をバロンズ誌に執筆することで、プライスの名も全国的に知れわたるようになった。一九五〇年、プライスは初のミューチュアル・ファンドを設定。当時は遺産税に関するルールが今日とは異なり、対象人数に制限なく非課税で贈与できるのは、年間三〇〇〇ドル（今日は一万ドル）までだった。プライスの顧客も子供や孫に三〇〇〇ドルを残したくて、彼に資金管理を依頼していた。しかし、株で十分に分散投資するにはあまりにも額が少なく、運用は困難だった。皮肉にも、プライスが初めてミューチュアル・ファンドを手がけるようになったのは、こうした顧客への便宜を図るためだったのである。ミューチュアル・ファンドの運用により、こうした贈与がらみの資金で株のポートフォリオを築くことができるようになった。それまではプライスもミューチュアル・ファンドの存在には気づいていたが、特に関心がなかったのである。

アメリカで初めてミューチュアル・ファンドが設定されたのは一九二四年、ボストンにおいてだった。このUSファンドは一九世紀にイギリスで生まれた投資概念に基づくもので、そのコンセプトとは、投資家グループが資金を共同で出し合ってベテランのファンド・マネジャーを雇えば、プロの資産運用と同様に分散投資から利益を得ることができる、というものだった。イングランドおよびスコットランドの投信はローンやノート（短期証券引き受け契約）の形で投資を行っていたが、これが南北戦争後のアメリカ経済（農地抵当、鉄道、その他の産業）への資金注入の役目を果たすことになった。

イングランドやスコットランドの最初のファンドは「トラスト」（信託）と呼ばれ、クローズド・エンド型のファンドだった。クローズド・エンド型のファンドとは、ミューチュアル・ファンドとは違い、発行株数が固定されているもので、通常は証券取引所で売買されるため、ファンドの一株（一口）当たり純資産の実質価値どおりに取引されるとは限らない。一方、ミューチュアル・ファンドはオープン・エンド型の投資会社（**訳者注**　この場合の「投資会社」とは、日本で言う「会社型投資信託」のこと）で、発行株数に制限はなく、一株（一口）当たりの純資産価額でファンドの買い戻しを行う（この場合の純資産価額とは、ファンドの投資物件の時価に現預金など、その他の資産を加えたものから負債総額を差し引いて、発行済み株式数で割ったもの）。

最初のUSファンドが設定されてから五年後の一九二九年、株式相場が大暴落し、続く弱気相場がファンドの成長を止めることとなった。一九三六年、SEC（証券取引委員会）がミューチュアル・ファンド業界のリーダーたちとともにルール作りのための草案を作成し、一九四〇年、ミューチュアル・ファンド業界の組織と規制の枠組みを定めた投資会社法が成立した。

プライスが自分のファンドを初めて設定した一九五〇年には、アメリカのミューチュアル・ファンド数は一〇〇本ぐらいだったが、九七年末には約七〇〇〇本となっている。

プライスのミューチュアル・ファンドは、設定から一〇年の間にロケットのごとく急騰した。統計やその他のサービスを提供しているトムソン・ファイナンシャルのグループ企業ウィーゼンバーガー社が一九六〇年に、この一〇年間のミューチュアル・ファンドの運用成績を発表しているが、プライスのグロース・ファンド（成長株ファンド）が全米で第一位となり、その上昇率は約五〇〇％にもなっていた。

エマージング・グロース・ファンドとインフレ・ヘッジ戦略

一九六〇年、プライスは二本目のファンドを設定した。このファンドは、成功への大きな可能性を秘めた小型の新興成長株に投資することを目的としていたが、設定から数年間の運用成績は芳しくなかった。一九六二年にはS&P五〇〇の下落率が九％のときに、新興成長株ははるかにきつい下げを演じ、ファンドは二九％も下落。顧客から苦情を言われたプライスは意気消沈し、取り乱しながらもじっと耐えるうちに成績は上向いてきた。五年後、S&P五〇〇の上昇率が九％しかなかったときに、プライスのファンドは四四％も上昇。プライスが買い付けていたH&Rブロック、ゼロックス、テキサス・インスツルメンツなどの企業価値に気づいた投資家たちがこれらの株を買うようになったため、益が出るようになったのである。一九六八年には小型成長株は大人気となり、ファンドの申し込みが急増。プライスは株主（受益者）を守るために、ファンドを一時的に閉じざるを得なくなった。というのも、株価が高値圏にあるときに、無理に買い増ししたくなかったのである。

一九六〇年代の終わりごろ、社内報のシリーズのなかでプライスは、「投資家にとって、これまでとは違う時代が到来する」と告げている。彼はアメリカの貿易収支、高インフレ、高金利、金融機関および多くの企業における流動性の低下を憂慮していた。

「景気後退が起こり、失業者が激増すると、社会的な問題が一層深刻になる」とプライスは警告を発している。

「金利と収益の伸びには関係がある。事業拡大のために借金をし、ＲＯＩ（投下資本利益率）を上回る金利を支払わなくてはならない企業では、インフレが加速し、金利が上昇すると、ＥＰＳ（一株当たり利益）が減少することになる」

インフレ懸念、金利上昇、重大な弱気相場の到来をプライスは正確に言い当てていた。彼が設定した三本目のファンドは投資資産をインフレから守ることを目的としていた。プライスはこのファンドのために引き続き成長株を買い入れていたが、これまでとの大きな違いは、林産品・石油・不動産などを所有・開発している天然資源関連企業の株を購入するようになったことだ。しかもインフレ率、金利、相場環境に合わせて、保有する資源株の量を調整していく、というプランを立てていた。しかし、この戦略は成長株用のバイ・アンド・ホールド戦略に反するため、T・ロウ・プライス・アソシエーツのアナリストたちは難色を示し、長期投資用に成長株だけを買い続けていくことを提案した。

これに対して、プライスはこう批判している。

「投資家たる者、状況が変われば、それに応じて変わる柔軟性がなければいけない」

一九六六年、金価格が一オンス三五ドルのとき、プライスは金を買い始めた。それが七五年には一オンス三〇〇ドルとなり、もう高値圏だと思われていたが、プライスはまだまだ上がると予測し、これが的中。金は八〇年には一オンス八五〇ドルの高値をつけたのである。

金利が上昇し、株が急落すると、債券に人気が集まるようになった。三カ月物Tビル（割引短期国債）の金利は、一九六七年には四％だったが、七三年から七四年にかけては八％となり、八〇年から八一年にはさらに上がって一六％にもなっていた。しかしその後は金利が低下し始め、八七年には約六％となっている。

七〇年代に入るまではプライスも同僚たちも顧客のために債券をいくらか買い付けてはいたが、顧客には信用のおける別の債券担当者を紹介することが多かった。しかし一九七一年、債券専門のファンド・マネジャー、ジョージ・コリンズを採用し、社内に債券部を設けた。コリンズは高金利のメリットを生かして顧客のために短期債や財務省証券、政府機関債を買い付けていったが、債券が償還するたびに金利が上昇していたおかげで、さらに高利回りの債券に次々に乗り換えていくことができた。この間、株式ファンドの価格は下げたが、債券のポートフォリオは素晴らしいリターンをもたらした。

一九七六年、コリンズも初の免税地方債ファンドを設定した。免税債とは、市、州、地方公共団体などが発行する昔からある債券で、これによって調達した資金が政府や地方の小学校・空港・病院・道路を支えているのである。一般に地方債の利金については連邦所得税が免除となる。にもかかわらず、一九七六年になるまで免税債ファンドがなかったのは、ミューチュアル・ファンドの株主（受益者）に支払われる利金は、課税扱いの配当所得と同等とみなされ、課税対象となっていたからだ。そこで、コリンズらミューチュアル・ファンドの関係者が税制改正を議会に求めた結果、一九七六年に税制改革法が制定され、非課税利子をそのまま株主（受益者）への配当（分配金）としてパススルーすることで非課税とする免税債ファンドを認可する条項が盛り込まれた。

この同じ年には、T・ロウ・プライス・アソシエーツ初のマネー・マーケット・ファンド（MMF）の運用もスタートした。MMFとは、資金をプールし、短期証券（通常、償還期限は一年以内）に投資するもので、近々必要となる準備資金や投資目的の待機資金の運用先として利用される。マネー・マーケット・ミューチュアル・ファンド（MMMF）の種類には主に、ガバメント・マネー・マーケット・ファンド、ゼネラル・マネー・マーケット・ファンド、免税マネー・マーケット・ファンドなどがある。各ファンドに組み入れられているものは以下のとおりである。

- ●ガバメントMMF――Tビルなどの短期国債
- ●ゼネラルMMF――CD（譲渡性預金）、BA（銀行引受手形）、CP（コマーシャル・ペーパ

ー）、Tビル、その他の短期金融商品
●免税MMF――地方公共団体や市、州が発行する短期債
いずれも安全だと思われているが、MMFは銀行預金口座とは違い、FDIC（連邦預金保険公社）の保険がついているわけではない。

今ではT・ロウ・プライス・アソシエーツも、国内株式型、外国株式型、内外株式型、債券型のミューチュアル・ファンドを幅広く取りそろえている。保守派の投資家向けに安定とインカムを重視しながら若干の成長を目指すファンド、あるいはそのどちらか一方を追求するファンドもあれば、中道派・積極派の投資家向けにさらに大きな成長を狙うファンドもある。

プライスの遺産

プライスのあとを継いでシェイファーが社長となり、一九七四年にシェイファーが引退した後は、昔からの同僚たちが続く一〇年間、会社を経営し、プライスがこの世を去った一九八三年にはジョージ・コリンズが新しい経営陣を率いることになった。プライスは自分の会社が一九八六年に株式公開するのをその目で見ることはできなかったが、その成長ぶりに驚き、自分の成し遂げてきたことに満足していた。

T・ロウ・プライス・アソシエーツの現在の会長兼社長で、プライスとともに仕事をしてきたジョージ・A・ローチはこう語っている。

「プライスの哲学とは、常に顧客の利益を第一に考え、資金運用とそれに関連したサービスの提供に専念することだった。これがプライスのオリジナル・コンセプトであり、T・ロウ・プライス・アソシエーツの経営方針でもある。当社では現在、個人投資家や機関投資家向けの口座、ミューチュアル・ファンド、その他の関連事業の運営を行っているが、プライスの投資原理は今でもわれわれの投資プロセスにおいて極めて重要な位置を占めている。プライスと彼の最初のパートナー、チャーリー・シェイファーとウォルター・キッドらが定めた投資プロセスは今も受け継がれているのである。基本調査、経営者との面談、経済・産業・企業における変化への警戒――プライスはこれらの大切さを強調してきたが、これこそ今日われわれがこだわり続けていることなのである」

第五部

ジョン・テンプルトン——精神世界を重んじたグローバル投資

（各種新聞・雑誌記事、フランクリン・リソーシズ社からの提供資料のほか、一九九五年と一九九九年に交わしたジョン・テンプルトンとの会話より）

投資のクリストファー・コロンブスこと、ジョン・テンプルトンは、リスクの高い新興国に足を踏み入れては、その株式市場を探検し、多大な利益につながる投資の新世界を発見していった。偉大な探検家のごとき決断力をもったテンプルトンは、富を獲得できる方向へと針路を取り、当代一グローバルなファンド・マネジャーの一人となった。

テンプルトン・ミューチュアル・ファンド・オーガニゼーションを創設した彼は、アメリカでいち早く国際投資を行ったファンド・マネジャーの一人である。テレビ番組『ウォールストリート・ウイーク・ウィズ・ルイス・ルーカイザー』のホスト役を務めるルイス・ルーカイザーはテンプルトンのことを「正真正銘のウォール街のヒーロー」と呼び、テンプルトンに感化を受けたモーニングスター社のドン・フィリップスCEO（最高経営責任者）はこう語る。

「ジョンは、目先のことにとらわれて悲観的になる数多くのファンド・マネジャーとは違い、長期的な視点を持っている。彼は投資家としてだけでなく、仕事にかける絶大なエネルギーと熱意によって私にインスピレーションを与えてくれた」

フィリップスは一三歳ぐらいのころ、父からテンプルトンのミューチュアル・ファンドをいくらかプレゼントされ、ミューチュアル・ファンドに興味を持つようになったのだという（一九九九年、ドン・フィリップスとの会話より）。

テンプルトンの勇気、洞察力、辛抱強さに加え、よくよく考え抜いたうえで株を購入する判断力が利益をもたらしてきた。第二次世界大戦前、アメリカは景気後退期にあった。ヨーロッパで戦争が勃発したとき、テンプルトンはこの戦争によってアメリカで物不足が起きるだろうと考えた。「ということは景気が回復する」と推理した彼は一万ドルを投じ、一株当たり一ドル以下の上場株を一〇〇ドル分ずつ買い付けていった。四年後、持ち株を手放したときの売却代金はなんと四万ドルを超えていた。

一九四〇年、テンプルトンは個人顧客を相手に資産運用の仕事を始めた。

一九五四年、初めて自分でミューチュアル・ファンドを設定。これは世界中に投資するファンドだった。リッパー・アナリティカル・サービシズ（**訳者注**　現リッパー）によると、このファンドの一九六七年から九二年までの二五年間のパフォーマンスは、類似のファンドのなかでトップの成績を収めている。会社の業績は飛躍的に伸び、さらに数多くのファンドを設定したが、いずれも好成績を上げている。

一九六〇年代から七〇年代にかけてアメリカのファンド・マネジャーのなかでいち早く日本投資に乗り出したのがテンプルトンである。ＰＥＲ（株価収益率）が三倍しかないような日本株を買い付けては、ＰＥＲが三〇倍になったところで売却していた。だれよりも先に買い場をつかみ、早めに売り抜けることで知られるテンプルトンは、売却後もさらに日本株が急騰していくのを目の当たりにすることになった。もっとも、日本株は買われすぎだと見ていたテンプルトンは、そのころには世界の別の場所、すなわちアメリカで割安株を物色していた。実際、テンプルトンは一九八八年に株主へのスピーチのなかで、「日本株は半値以下まで下げてもおかしくない」と語っている。これは的中した。それから数年の間に日経平均株価（日経平均）は六〇％を上回る下げを演じたのである。

一九八五年にはアルゼンチン株が暴落。インフレ高騰と政治的な問題が原因だった。テンプルトンはこのとき絶好の買い場と見て、いずれ回復すると思われる安い株を拾った。それから四カ月もしないうちにＩＭＦ（国際通貨基金）がアルゼンチンに対する緊急援助を決め、テンプルトンが買い付けた株は七〇％も値上がりした。

一九九七年には政治・経済上の深刻な問題に投機が加わり、アジア市場は大量の売り圧力に押され、二九年の米株価大暴落を思わせる様相を呈した。このときテンプルトンは韓国をはじめ、アジアのいくつかの地域に資金を投じ、その後、アジア市場が一部好転した九九年に多大な利益を手にしている。このような状況下でアジア投資に向かったことについてテンプルトンはこう説明している。

「失望売りが出ているときに買い、市場の買い意欲が旺盛なときに売るには、不撓不屈の精神が必要である。が、これが最大の利益につながるのである」

テンプルトン流・心への投資

テンプルトンにとって道徳や倫理的な価値観は、生活のみならず、ビジネスや投資にも絶対必要不可欠なものである。テンプルトン・マネジメント・カンパニーの元会長ジョン・ガルブレイスによれば、テンプルトンは資産運用についても「神聖な信託」（a sacred trust）とみなしていたようだ。

テンプルトンは一九九二年に自分のミューチュアル・ファンドの運用会社をフランクリン・リソーシズ（フランクリン・テンプルトン・ミューチュアル・ファンド）に売却している。テンプルトンいわく、「投資管理の仕事を含め、ビジネス活動をやめたのは、世界中の人々の精神的な成長を支援していくことに自分の人生を捧げようと思ったからだ。現在、私も私の財団も資金の大半をミューチュアル・ファンドに投資しているが、これは賢明な運用先だと思う」。

テンプルトンにとって精神的・宗教的な向上を奨励していくことは、これが初めてではない。引退する二〇年前の一九七二年、テンプルトンは宗教上の功績を年に一度たたえる賞を創設。これはノーベル賞に匹敵するもので、その賞金額は一〇〇万ドルを超え、マザー・テレサやビリー・グレアム師などが早々に受賞している。八七年にはジョン・テンプルトン財団（templeton.org）を設立。これは科学的調査を通じて精神面に関する情報を増やすことによって宗教上の発展を支援・促進していくことを目的としたもので、精神面の育成に焦点を当てたプログラムを主催している。九八年には人格形成を担う大学のために「栄誉名簿」を作成した。大学の多くは人格形成や道徳的価値判断を行う責任を学外に委ねる立場をとっているが、テンプルトンは、学生に知性・道徳観念・判断力を授けるだけでなく、学生の人格形成にもかかわる努力をしている学校をこの「栄誉名簿」によって表彰していたのである。また、「ライフ・エッセイ・コンテストの規定」なるものも設けた。これは高校生を対象に自分たちが経験したことのなかから一番大切な精神的価値観について五〇〇語から六〇〇語でエッセイを書いてもらい、賞を与えるというものだ。九七年にはテンプルトンやほかの作家らが執筆した啓発書を出版するためのテンプルトン財団プレスもスタートさせている。

心の法則にはなるほどと思える大切なものがたくさんあるが、そのなかでテンプルトンが信奉しているのは次のようなものだ。

●感謝をし、ありがたいと思っていると、うれしいことが増える
●孤独な人に手をさしのべれば、自分も孤独でなくなる
●約束だけは絶対に守る
●熱狂は伝染しやすい
●批判するより、褒めたほうがいい
●自分の人生で何を達成したいのかが分かっていなければ、大した成果は上がるまい(ロバート・ハーマン、サー・ジョン・テンプルトン共著『From Wall Street to Humility Theology』〔Templeton Foundation Press 1998〕一六二～一六三ページより)。

第二四章　テンプルトンの成功戦略――先見の明と忍耐、そして逆張りの勧め

仕事を始めるに当たり、テンプルトンは証券分析の講義を受けることにした。担当教授はベンジャミン・グレアムである。グレアム同様、テンプルトンが物色するのもやはり割安株である。若いころのテンプルトンは、家、車、衣類、家具など何であれ最高のお買い得品を購入することで、浮かせたおカネを一ドルにつき五〇セントずつ貯金していた。このバーゲン・ハンティングの考え方を世界中の株を買うときにも応用したのである。テンプルトンによれば、その投資プロセスは、あれこれ比べてみながら買い物するのと同じだという。彼はまた、人が売っているときに買い、買っているときに売る「逆張り」の投資戦略も採用していた。

テンプルトン・インベストメント・カウンセル社の社長ドン・リードがこの戦略について一例を挙げている。

「一九九〇年代初頭のある日、ジョンと一緒にニューヨークにいたとき、クエーカー・オーツの株が大人気となっていた。ある人がジョンに聞いた。なぜこの株を買わないのか、と。ジョンは答えた。私は毎朝この会社のオートミールを食べているし、これは私向きであることも知っている。なにしろ、コレステロール値を下げてくれるのだから。クエーカー・オーツは良い会社だ。でも、みんながそのことを知っているから、株価が高めになっている。割安株ではない」（一九九九年、ドン・リードとの会話より）

国際投資には分散投資が特に重要な戦略となる。いろいろな株で分散されたポートフォリオを構築しておけば、政治的・経済的なリスクだけでなく、為替リスクも軽減することができる。ただし、テンプルトンはミューチュアル・ファンドの運用をするに当たり、分散投資について明確なルールを設けていたわけではない。その代わり、最高のバリュー株を探すことに専念していた。大抵の場合、彼のポートフォリオは企業、業種、国ごとに分散されていたが、日本株とアメリカ株については不釣り合いなほど多くの銘柄を保有していることもあった。

プラス思考で弱気相場に備え、精神的にも資金的にも準備をしておく

テンプルトンがいかに前向きな姿勢の持ち主かを示す例として、マーク・ホロウェスコが次のように語っている（一九九九年、マーク・ホロウェスコとの会話より）。

「テンプルトンは八五歳だというのにまだまだ気が若い。オフィスの賃貸契約をさらに一〇年延長したくらいだ」

ホロウェスコは、フランクリン・テンプルトン・オーガニゼーションのために内外株式の調査をコーディネートし、複数のミューチュアル・ファンドの運用も行っている。彼は有能・快活なファンド・マネジャーだが、彼を雇い教育したのはテンプルトンである。つまり、ホロウェスコにとってテンプルトンは師匠なのである。

テンプルトンはまた現実主義者でもある。

「弱気相場に備え、精神的にも資金的にも準備をしておくように」と警告を発し、「本気で長期投資をするつもりなら、弱気相場こそ稼ぎ時だと考えるべきだろう」と言っている。

バブルとバブル崩壊

一九九一年の年次株主総会のとき、テンプルトンは真面目に投資を考えている人向けにチャールズ・マッケイの著作『狂気とバブル（エクストラオーディナリー・ポピュラー・デリュージョンズ・アンド・ザ・マッドネス・オブ・クラウズ）』（パンローリング）を読むように勧めている。マッケイは株、債券、不動産、収集品、その他の投資物件への異常投機が行われている期間をバブルと称している。このバブル状態は数カ月どころか、数年にわたって続くこともある。ファンダメンタル・バリュー（本質的価値）を無視した投資家たちがうわさや内報を頼りに買い進み、値段がいくらであれ、かまわずカネを払う。しかし投資物件の価値がひとたび分かると、パニックとなり、売りが売りを呼んでバブルがはじける。

なかなか信じがたいことだが、今でも有名なバブルの一つに、オランダで発生した「チューリップ・バブル」がある。一六〇〇年にトルコからオランダに輸入されたチューリップは、当初は芸術品のように飾られていたが、一六三四年にはステータス・シンボルの役割を果たすようになっていた。チューリップの価格は上昇し始め、証券取引所でも売買されるようになった。やがてチューリップへの投機が始まると、価格はどんどんつり上がり、信じられないことに、人々は土地や家屋敷、その他の資産を売ってまでチューリップを買いあさるようになっていった。しかし一部の投資家が花の本当の価値について疑問を抱き始めたことから投機に終止符が打たれた。売られ始めると、不安が恐怖に変わり、富は失われ、チューリップ市場は崩壊した。

バブルのほかの例としては、一九二一年から二九年にかけて（二九年の大暴落前）の米株式相場の上昇や、一九八九年に約三万九〇〇〇円の高値をつけた後、九二年に一万四〇〇〇円台まで下げた日本株市場がある（**訳者注**　二〇〇一年八月末現在、日経平均は一万一〇〇〇円を割り、バブル後の安値を更新中）。マーク・ホロウェスコはそのユーモアのセンスを生かし、赤字のくせに株価がバカ高い一部のネット企業をつかまえて「バブル・ドット・コム（bubble.com）」と呼んでいる。

第二五章　テンプルトンが実践する三つの投資ステップ——比較検討しながら株を買う

ステップ一　情報を集める

ミューチュアル・ファンドを運用していたころのテンプルトンは、投資の手掛かりをつかみ、情報を集めるために、ウォール・ストリート・ジャーナル紙、フォーブス誌、バロンズ誌などの新聞・雑誌を読んでいた。また、業界の刊行物に加え、バリューラインの調査レポートを利用したり、企業の報告書を調べたりしていた。

テンプルトンはアナリスト・チームとともに、過小評価されている株の発掘もしていた。マーク・ホロウェスコも同じやり方をしている。投資銘柄の選別には、まず一万五〇〇〇社以上が登録されている企業のデータベースを検索して割安株を見つける。手掛かりについては、世界中に広がるファンドグループのリサーチ・ネットワークを通じてつかむ。アナリストたちは財務報告書の調査を行い、経営幹部らに会いに行くこともある。最高のバリュー株と見なされた銘柄は、ホロウェスコの言う「バーゲン・リスト」なる一覧表に明記される。このリストを基にポートフォリオを構築するのである。割安株に投資する際の関門は、その株は安いのか、安くて当たり前なのか、それとも将来性から見て本当に割安なのか、判定を下すことである。

インターネットやオンライントレードのおかげで、世界中の多くの地域に簡単に投資できるようになったとはいえ、まだ障害がある。とりわけエマージング・マーケット（中国などの発展途上国の市場）ではそうだが、市場の売買システム、通貨、政府の政策、会計方針などの違いが国際投資を難しくしているのである。したがって、海外市場での投資経験のない個人投資家の場合は、国際投資で長期間好成績を上げてきたミューチュアル・ファンドを購入するか、そうした実績のある資金運用担当者に運用を頼むのが一番だろう。しかしもっと経験を積んだ投資家なら、ミューチュアル・ファンド以外に、NYSE（ニューヨーク証券取引所）に上場しているADR（米国預託証券）を買うのもいいかもしれない（ADRについては後述する）。

国際型ミューチュアル・ファンドの情報は、モーニングスターやバリューラインが提供しているし、外国株式投資に役立つ情報ならバロンズ誌やウォール・ストリート・ジャーナル紙に掲載されている。その他、グローバル投資に関する情報源としては、ジョン・デッサワーの『インベスターズ・ワールド』（dessauerinvestorsworld.com）や、バンク・クレジット・アナリスト・リサーチ・グループ（bcapub.com）の『エマージング・マーケッツ・ストラテジスト』などがある。上場しているADRの銘柄名については、NYSEのウェブサイト（nyse.com）を見れば分かるだろう。

ステップ二　情報を評価する

その企業が自分の投資基準を満たしているかどうかを判定するとき、テンプルトンが問題としていたのは次のようなことだ。

- ●その企業の経営陣はしっかりしているか
- ●その企業は業界リーダーか
- ●高品質の製品を生産しているか、安定した市場基盤を確立しているか
- ●競争の優位性はあるか
- ●売上高利益率およびROE（株主資本利益率）は高いか
- ●貸借対照表（バランスシート）から見て、財務体質は健全か
- ●損益計算書上、一貫して増収増益が続いているか
- ●株価の値上がりが見込めるような材料はあるか

●純資産あるいは当期利益や将来の予想収益から見て株価は割安か

投資決定を下す前にテンプルトンは買い候補の財務報告書を調べ、その企業と競合他社の財務指標を比較していた。また、企業に影響を与えそうな政府の政策を評価したり、投資家の関心を呼びそうな材料を探ったりしていた。好材料が出れば株価は上がる。その企業が新しい市場を開拓した、新製品を開発した、新しい政策を打ち出した、といったことが買い材料となるだろう。ほかにはM&Aの可能性や業界内のプラスの変化なども材料となり得る。

PER（株価収益率）と将来の予想収益

テンプルトンはよく当期のPER（PERについてはほかの伝説的投資家たちの章にあるステップ二を参照のこと）と過去五年間の年間平均PERを比較してみたり、国ごとにPERを比べてみたりしていたが、なかでも一番重要視していたのは、株価と自分で見積もった今後五年間の予想収益との比較である。ただし、低PER銘柄が必ずしも割安とは限らない。それどころか、ボロ株である場合もある。したがって、テンプルトンが物色の対象とするのは、低PERであるだけでなく、高品質の製品、良好な従業員関係、健全なコスト管理、そして収益の効率利用により成長が見込まれる企業である。

テンプルトンの日本株投資――低ＰＥＲと将来の潜在利益

日本の株式市場は今日その時価総額において世界最大級となっているが、テンプルトンが初めて日本株に投資した一九六〇年代、七〇年代には、ＩＢＭの時価総額にも満たなかった。一九四九年、東京証券取引所（東証）が再開したときの日経平均株価（日経平均）は一七六円二一銭で、ダウ工業株三〇種平均（ダウ平均）とだいたい同じくらいのレベルだった（**訳者注**　ダウ平均は一七五ドル前後）。その後、日経平均は大きく変動しながら一九八九年には約三万九〇〇〇円の史上最高値をつけたが、バブルがはじけ、九二年には一万四〇〇〇円台まで下げている。日本では株だけでなく不動産への異常投機も横行していた。

テンプルトンが日本に投資し始めたころ、日本のことを「粗悪品を製造している小国」とみなしていた投資家たちは、日本の株式市場はリスクが大きいと考えていた。しかし実際には日本国内の景気は見事に回復へと向かっていた。

第二次世界大戦によって日本の工場は廃虚と化し、その経済は荒廃し切っていたが、日本の政府・企業・労働者らが一丸となって国の再建と産業および貿易の発展に努めていたのである。日本は欧米諸国から技術や原料を比較的安価で輸入して製品を開発し、拡大を続けるグローバル市場へと輸出していた。

一九九二年、トムソン・ファイナンシャルのグループ企業ウィーゼンバーガー社刊行の『ミューチュアル・ファンド・アップデート』でのインタビューのなかで、テンプルトンはこうコメントしている。

「一九六八年を振り返ると、日本には信じられないような掘り出し物があった。極めて優良な超成長企業なのにPERが三倍しかないものを見つけたものだ。当時、アメリカ株のPERは一五倍だったから、まさに雲泥の差があった。最終的に（ミューチュアル・ファンドの資産のうち）日本株の組み入れ比率は五〇%にまでなっていた。これはアメリカを除けば、どこの国の株よりも高い比率である」

低PERであることに加え、将来的に並外れた利益が見込める企業にテンプルトンは投資していた。そのなかには、日立製作所、日産自動車、松下電器産業、日本テレビ、住友信託銀行などがある。テンプルトンは日本株市場が急上昇する前に底値圏で拾っていたのである。

『ミューチュアル・ファンド・アップデート』のなかで、テンプルトンは次のような発言もしている。

「株価が上昇し、PERが三〇倍になったころ、われわれはほかの市場で割安株を発掘していた。そこで、それらを買うために日本株を一部利食ったが、八六年にすべて手放してしまったのは、あまりにも早すぎた。ただ、当時の日本には根拠のない楽観主義が蔓延し、株価はさらにせり上がり、PERは七五倍にもなっていた。これは高すぎると見たわれわれは、それから五年以上もの間、日本株を一切保有していない」

九二年、大半の日本株はいまだに過大評価されていると考えていたテンプルトンは、日立と松下の二銘柄だけを買い付けている（トムソン・ファイナンシャルのグループ企業ウィーゼンバーガー社刊行『ミューチュアル・ファンド・アップデート』［一九九二年］のインタビュー記事「ジョン・テンプルトンに聞く――伝説のファンド・マネジャーが語るそのキャリアと哲学、今日における絶好の投資機会」より。一九九九年、ステファニー・ケンダルより使用許可済み）。

利益率と売上高、そして将来の見通し

現在はアルバートソンズの一部となっているアメリカン・ストアーズは、テンプルトンが大量に保有していた株の一つだった。スキャッグスとアクメの二社が合併してできたのがアメリカン・ストアーズだが、同社の社史によると、この二社の歴史は古い。サム・スキャッグスが初めて自分の店を開いたのは一九一五年。アクメが創業したのは一八九一年である。いずれも小売りのパイオニアとして、このときいくつかの食品雑貨店をオープンしている。一九七九年、サム・スキャッグスの孫でCEO（最高経営責任者）のL・S・スキャッグスがアクメを買収し、アメリカン・ストアーズの名前を採用した。

一九八六年、テンプルトンは『メディカル・エコノミックス・マガジン』のインタビュー記事のなかで、このアメリカン・ストアーズへの投資について同誌の元シニア・エディターのフィリップ・ハーシュラムと話をしている（『メディカル・エコノミックス・マガジン』サウスイースト・エディタ

ー、フィリップ・ハーシュラムの記事「プロの投資法――ジョン・M・テンプルトン、世界中で割安株を物色」〔一九八六年二月一七日〕より。一九九九年、ジェフリー・H・フォースターより使用許可済み）。テンプルトンによれば、スキャッグスがアクメを買収した当時は利益が大して上がらず、同社の株は安値で取引されていたという。

「二、三年もすれば、合併会社も旧スキャッグスと同じくらいの利益率を達成できるようになるはずだと、われわれは固く信じていた。旧スキャッグスの利益率は二％で、売り上げが頼りの業界としては高かった。そこで、株価が二五ドルのあたりから買いを入れ始めた。このときの売上高は一株当たり七〇〇ドルだった。つまり、七〇〇ドルの二％は一四ドルなので、一株当たりの潜在利益の二倍より下でアメリカン・ストアーズの株を買い付けたことになる。われわれはどんどん買い増していった。その後、一株を三株にする株式分割を経て、株価は六〇ドル台に乗せ、現在の評価額は投資額の五倍か六倍になっている」

ハーシュラムはその記事のなかでこう書いている。

「アメリカン・ストアーズの場合、テンプルトンは株価につながる情報を早くからつかみ、一株当たりの売上高が高いのに気づいたのである」

この記事にはテンプルトンの言葉が引用されている。

「これは医者が診断を下すのと似ている（ちなみに、テンプルトンの息子も娘も義理の娘も医者である）。考慮すべき一〇〇の判断基準あるいは兆候があれば、どれも無視するわけにはいかない。しかしベテランの医者なら時間をかけなくても、その患者にとって重要な三つか四つの兆候を見抜き、それだけに注意を集中させる。証券分析にも同じことが言える。企業の基礎的価値は特定の尺度を基に導き出すことだ。当てはまらない尺度にまであまり気を取られてはいけない。ちょうど医者がそれぞれの患者の症状に応じて異なる見方をするように、別の企業を見るときは、別の尺度を使えばいいのだ」

アメリカン・ストアーズの場合、テンプルトンは売上高とこれまでの利益率、そして利益だけでなく利益率をも伸ばす経営力に注目した。しかし、ほかの株については純資産額も尺度として利用している。

純資産価値を下回る株を買う

一九七〇年代末から八〇年代初頭にかけて、アメリカの自動車会社は深刻な問題に直面していた。アメリカでまだ大型車を生産していたころ、石油価格が値上がりし、大衆は日本製の小型車を買うようになった。そのうえ、労働組合が賃上げを要求したため、労働コストが上昇。自動車の排気ガスによる大気汚染も高水準となり、議会は自動車の排ガスを規制する法案を可決。これがまた生産コストの上昇につながった。クライスラーは業績不振に陥り、政府が救済措置に乗り出さなくてはならないほどだった。フォードも赤字に転落したが、テンプルトンはこのフォードの株を買うことに決めた。

彼がフォードを買い付けた後も同社は赤字続きで、さらに売り込まれ、株価は一段安となった。テンプルトンは同社の株を大量に保有していたが、それほど心配はしていなかった。というのも、純資産価値よりもかなり下で購入していたし、フォードに限って倒産するはずはない、と思っていたからだ。その後、彼は取得価格の約九倍でフォードを売却している。

一九八〇年代の半ば、テンプルトンはオーストラリア・アンド・ニュージーランド・バンキング・グループ（ANZ）の株を、一株当たり純資産をはるかに下回る約三・二五ドルで購入している（『メディカル・エコノミックス・マガジン』サウスイースト・エディター、フィリップ・ハーシュラムの記事「プロの投資法――ジョン・M・テンプルトン、世界中で割安株を物色」〔一九八六年二月一七日〕より。一九九九年、ジェフリー・H・フォースターより使用許可済み）。これに比べ、アメリカの銀行株は一株当たり純資産の約三〇％上、日本の銀行株は二〇〇％上で取引されていた。

純資産価値を下回る割安株の典型例としては、テンプルトンが日本株投資を行っていたころに買った安田火災海上保険がある。当時の安田火災の株価は、同社の正味解散価値を八〇％も下回っていたという（ウィリアム・プロクター著『The Templeton Prizes』〔Doubleday & Company, 1983〕六二ページより）。

マーク・ホロウェスコもこの手の株を九八年に買い付けている。彼がシンガポール航空（SIA）の株を買ったとき、株価は一株当たりの航空機購入費用よりも安かった。なぜこれほどの割安株が手に入ったのか。それは当時、だれもがアジアへの投資には消極的だったからである。**「基本的に株価**

というものは、短期的には人の感情によって左右されるが、長期的にはその価値を反映する傾向がある」とホロウェスコは言う。

ステップ三　決断を下す

最終的に買いの決断を下す前に、テンプルトンは銘柄を絞り込み、それぞれを比較検討していた。彼の場合は、単に値段の安い株を探すのではない。「**最高**」の割安株を探すのである。

平均保有期間はだいたい五年だが、当初の買い基準から見て、その株が過大評価され始めたとき、あるいは、こんなことがあったなら最初から買わなかったと思わせるような悪材料がいくつか出てきたときは、売却することにしている。テンプルトンによれば、一番の売り時は、現在の手持ち株よりも五〇％価値の高い別の株を見つけたときだという。ただし、売却にかかる税金やコストも考慮に入れておかなくてはいけない。

第二六章　投資を成功させるために——常識を生かしたテンプルトンの一五の法則

いつの時代にも有効かつ実践的な一五の投資法則を以下に紹介しよう。いずれもテンプルトン自身の言葉でつづられたものだ（ジョン・テンプルトンによって書かれたこれらの投資法則は、現在は廃刊となっている月刊誌『クリスチャン・サイエンス・ワールド・モニター』〔一九九三年二月〕に当初掲載されたもの。テンプルトンより転載許可済み。サブタイトルは著者が補足した）。

【一】実質リターンはいくらか

「実質リターンの合計を最大化する投資を心がけよ。実質リターンとは、税金とインフレ率を考慮した後の投資収益のことだ。長期投資の場合は普通、この実質収益を上げることを目標としなければ

$5,000	売却益
−1,000	キャピタルゲイン課税
$4,000	税引き後利益
-100	インフレによる目減り分（投資元本$10,000における購買力損失分）
$3,900	実質リターン

いけない。どのような投資戦略であれ、知らぬ間に潜行している税金とインフレの影響を見落としているようでは、投資環境の本質を理解していないことになり、とんでもない不利益を被ることになる。そこで購買力を維持することが肝要となる」（ここで実質リターンがどのくらいになるのか見てみよう。例えば、五〇〇〇ドルで購入した株を売却して一万ドル得たとする。二〇％のキャピタルゲイン税を支払い、そのときのインフレ率が一％だったとすると、実質リターンは三九〇〇ドルとなる）

【二】投機はするな、投資せよ

「投資すること。トレーディングや投機をしてはならない。株式市場はカジノではないが、株価が一、二ポイント動くたびに右往左往して売買を繰り返したり、頻繁に空売りを仕掛けたり、オプション取引を専門にしていたり、先物に手を出したりしていると、カジノ化してしまう。すると、大抵のギャンブラーがそうであるように、いずれはやられるか、負けが込むことになる。それにせっかくの利益が手数料に食われてしまうかもしれない。慎重に計算したうえで空売りしたのに、予想に反して相場がどんどん上がってしまうこともあるだろう。ウォール街の伝説的人物、ルシアン・O・フーパーがなかなかためになる言葉を残している。覚えておいてほしい。

「これはいつも思うことだが、持ち株の入れ替えばかりやっているトレーダーに比べ、長期派の投資家たちはどれほど気楽でいられることか。リラックスしていれば、それだけ良い情報が入り、本質的な価値も理解でき、忍耐強く、感情的にならず、年間のキャピタルゲイン税も少額で、余計な売買手数料もかからずに済む」

【三】柔軟に対応する

「柔軟であれ。そしてほかの投資対象にも目を向けてみよ。優良株（ブルーチップ）、循環株、社債、転換社債（CB）、財務省証券（国債）、その他の投資対象など、それぞれにはそれぞれなりの投資すべき時機というものがある。それに、キャッシュポジションのままじっと静観すべきときもある。なぜなら、現金を用意しておけば、投資機会を逃さずに済むからだ。実際のところ、いつでもベストな状態にある投資対象など一つもない。仮に特定の業種、あるいは特定の種類の証券が市場で人気になったとしても、それは一時的なことであり、いったん人気がなくなれば、回復するのに何年もかかるかもしれない。これまでにも言ってきたことだが、あえて言いたい。大抵の場合、私は普通株に投資してきた。というのも、慎重に選別して買った株を長期保有すれば、債券よりもリターンが大きく、インフレにも勝てるからだ。この数十年間、直近では一九七〇年代においても、例外的なケースはほとんどなかった」

【四】安値を拾う――逆張り戦法

「当然のことながら、『安値で買うのがいいことぐらい分かり切ったことだ』と、あなたは言うだろう。確かにそうかもしれないが、市場の動きはそうではない。株価が高いときに買い出動し、安いときには人気が落ちて買い手控えられ、人々は失望し悲観的になる。それも、ほぼすべての人が同時期に悲観的になるため、相場全体が崩れることになる。特定業種の株だけが売られることもよくある。例えば、自動車メーカーや損害保険といった業種の値動きには一定のサイクルがあるし、貯蓄機関やマネーセンターバンク（大手銀行）などの株が一斉に嫌気売りされることもある。理由は何であれ、投資家たちは財布の紐を締めて静観を決め込む。そう、確かに彼らはこう言う。『安く買って高く売れ』と。しかし、あまりにも多くの投資家たちが高いところで買って安いところで売っているのが現状である。彼らはいったいいつ買うつもりなのだろうか。答えは大抵こうだ。『アナリストたちが一致して明るい見通しを発表したときに決まっているさ』と。バカげた話だが、これが人間の性（さが）というものなのである」

「大勢（たいせい）に逆行すること、すなわち人が売っているとき、あるいは売り込まれたときに買い向かうこと、お先真っ暗のときに買うこと、相場全体を見て、あるいは特定の業種や企業について『今手を出すのはかなり危険だ』と多数の専門家が口をそろえて忠告しているときに買いを入れることは至難のわざである。しかし、みんなが買っているのと同じ銘柄を買っていては、その成果もみんなと同じになってしまう。言うまでもなく、市場と同じ動きをしていたら、市場平均を超えることなどできるわけがない。しかも、みんなが買っているものを買うということは、すでに高くなりすぎているものを買うことにもなりかねない。証券分析の偉大なパイオニア、ベンジャミン・グレアムの言葉をよく心に刻んでほしい。

『玄人筋を含め、みんなが極度に悲観的になったら買い、みんなの投資意欲が旺盛になり楽観的になったら手放せ』（前述したとおり、テンプルトンが日本投資を始めたのがその良い例である。一九六〇年代末、いまだアメリカの投資家たちが日本製品は粗悪品で日本株など投資対象としては不適格だと思い込んでいたころ、テンプルトンは独自に下調べをして、その真価を見抜き、利益を手にした。ほかの投資家たちが彼のすることに異を唱えていたときでさえ、調査によって裏付けを取り、信念をもって行動していた。もう一つの例がフォードを買ったときである。フォードが巨額の損失を計上し、ほかの投資家らがフォード株を売っていたころ、テンプルトンは絶好の買い場と見て、儲けにつなげたのである）

【五】良いものを買う

「株を買うときは、優良株のなかから格安銘柄を物色する。では、良いものとは何か。例えば、成長市場において業界トップの販売力により確固たる地位を築いている企業、技術革新分野で先導役を担っている企業、実績に裏打ちされた強力な経営陣、低コスト生産を行っているメーカー、新市場を開拓した先発者で自己資本が充実している企業、利益率および信用力の高い消費財関連の有名ブランドなどなど。もちろん、こうした属性が一つだけあればいいというわけではない。例えば、あるメーカーは低コスト生産を行ってはいても、そのプロダクト・ライン（製品群）が消費者の好みに合っていなければ、優良株とは言えない。同様に、テクノロジー分野でいくらリーダー的な存在であっても、事業拡大や市場活動のための十分な資本がなければ意味がない」

「株の良否を判定するのは、レストランの評価と似ている。一〇〇％完璧なものを求めるのは無理だが、三つ星か四つ星ぐらいの良いものを求めるべきである」（テンプルトンはその業界内では権威のある優良企業に投資していた。日本株のなかでは日立製作所や日産自動車、アメリカ株ではアメリカン・ストアーズ（現アルバートソンズ）やトラベラーズ（現シティグループ）、フォードなどである）

【六】価値に投資する

「市場動向や経済見通しではなく、価値に対して投資せよ。賢明な投資家は、株式市場が本当は株式の市場であることを心得ている。強気相場によって個別株が一時的に買い上げられることはあるが、結局は個別株が相場を左右するのであって、その逆ではない。市場動向や経済見通しにばかり気を取られている投資家があまりにも多いが、弱気相場でも個別株が上がることはあるし、強気相場でも個別株が下げることはある。それに株式市場と経済がぴたりと歩調を合わせて動くとは限らない。下げ相場と景気後退が同時に起こるとは限らないし、企業収益が全体的に落ち込んでいても、株価が同時に下がるとは限らないのである。買うのは個別株である。市場動向や経済見通しではない」

【七】分散投資

「いろいろな株や債券をたくさん買っておく。『数の多いほうが安全』だからである。あなたがどれほど慎重であっても、どれだけ多くの調査をしても、未来については予言することも、コントロールすることもできない。ハリケーンや地震、ライバル企業による予想外の技術革新、政府命令による製品回収など、いずれも数百万ドルもの損害を被る可能性がある。そのうえ、経営状態の良さそうに見えた企業が実は、株を買った時点では分からなかった深刻なトラブルを内部に抱えていたりする。だから、企業、業種、リスク、国ごとに分散投資をしておくことだ。例えば、世界中に目を向ければ、一カ国だけで探すよりも、たくさんの掘り出し物、それももっと質の良いお買い得銘柄が見つかるだろう」

【八】下調べをしておく

「自分で独自に調査するか、博識の専門家に手伝ってもらう。投資する前に、きちんと調査をし、その企業が成功している理由を調べておく。頭に入れておいてほしい。大抵の場合は、その企業の収益か資産、あるいはその両方に投資することになるのだから」

【九】投資対象のモニタリング

「投資対象を積極的にモニター（監視）していく。変化を予測しながら対応していこう。強気相場も弱気相場も永遠に続くわけではない。株を買ったきり忘れてしまってはいけない。変化の速度はあまりにも速い。覚えておこう。物事は変わるものだ。永久不変の投資対象などないのだから」

【一〇】パニックを起こさない

「ほかの人が買っていたりすると、つい売りそびれてしまうことがあるが、一九八七年のような大暴落（**訳者注**　ブラックマンデーのこと）につかまってしまうと、たった一日で思い切りやられることになる」

「こんなとき、翌日あわてて売ったりしてはいけない。売るなら暴落前に売るべきであって、後に売るものではない。それよりも、自分のポートフォリオを見直してみることだ。仮に今これらの株を保有していなかったとしたら、暴落後にこれらを買いたいと思うだろうか。そう、おそらく買いたいと思うだろう。ならば、持ち株を売る理由はただ一つ。ほかのもっと魅力的な株と入れ替えたいときだけである。だから、さらに魅力的な株が見つからないなら、今の手持ち株をずっと保有しておくことだ」（上記のシナリオにあるテンプルトンの投資哲学では、売る前に自分の投資基準――買うときの基準――に照らし合わせて持ち株を検討すべきだとのこと。そして、最高の売り時とは、今持っている株よりも五〇％価値の高い株を見つけたときであるという）

【一一】失敗を有効に活用する

「失敗を回避する唯一の方法は投資しないことである――とは、とんでもない誤りである。自分のミスは大目に見よう。落ち込んではいけないが、さらに大きなリスクを取って損失を取り戻そうとしてはいけない。その代わり、一つ一つの失敗を教訓とすることだ。何がいけなかったのか、どうすれば今後、同じミスを繰り返さずに済むのか、明確な答えを出しておこう。成功する人と成功しない人の大きな違いは、成功する人は自分や他人の失敗から学んでいることだ」（生活上のほかの失敗と同様、投資にも失敗が付き物だ。テンプルトンによれば、投資したうちの三分の一は、うまくはいかないものだという。しかし残りの三分の二で、彼は見事に大もうけしたのである。大切なのは、失敗を認め、できれば、その失敗を学習の機会として上手に活用することである）

【一二】祈る者は救われる

「祈ることから始めれば、頭がクリアになり、ミスも減らせる。（テンプルトンはまずお祈りを捧げてから株主総会を始めていた。毎日お祈りし感謝することは良いことだと彼は信じている。ただし、投資関係のアドバイスを請うような、お願い事は決してしないという）。祈りを捧げると心が落ち着き、思考が明快になる。これがより良い判断を下すのに役立つのである」

【一三】謙虚になる

「何でも知っているという投資家は、問題の意味さえ理解していないものだ。知ったかぶりをして投資などすると、大失敗とは言わないまでも、いずれ肩を落とすことになるだろう。不変の投資原理が少しばかり分かったところで、それを当てはめることのできる不変の投資世界や不変の政治・経済情勢などあるわけがない。どんなものでも時々刻々と変化していくのだから。賢い投資家は、新しい問いに対する答えを絶えず見いだしていくプロセスこそ成功のカギであることを心得ているものだ」

【一四】タダ飯などない

「この法則には数え切れないほどの忠告が含まれている。感情に流されて投資してはいけない。あなたの最初の就職先、初めて買った車のメーカー、昔からのお気に入りのテレビ番組のスポンサー――これらは確かに良い会社かもしれない。しかし、だからといって、その株が良い投資対象とは限らない。正真正銘の優良企業であっても、その株価は高すぎるかもしれないのだ。また、手数料を節約しようとしてＩＰＯ（新規株式公開）に手を出すのもいただけない（手数料はテンプルトンがこれを書いたころよりも安くなってはいるが、いまでもコストがかかることに変わりない）。手数料は公開価格（公募・売り出し価格）にちゃんと含まれているのである。だからこそ、公開後に株価が値下がりする企業が非常に多いのだ。新規公開株を決して購入してはいけないと言うつもりはないが、手数料を節約するという理由で投資するのはやめることだ。内部情報だけに頼って投資するのもよくない。『そんなことは分かり切ったことだ』とあなたは言うかもしれない。しかし驚くなかれ、かなりの投資家たちが、それも教養もあり、成功しているような人たちが内部情報に頼って投資しているのである。残念なことだが、インサイダー情報には心理的に思わず釣り込まれるような何かがあって、手っ取り早く儲ける近道のように思えてしまうのである」

【一五】投資に対しては前向きな姿勢で

「やたらに不安がったり、否定的に考えたりしてはいけない。一〇〇年の間、アメリカ株で成功してきたのは楽観主義者たちである。暗黒の一九七〇年代でさえ、多くのファンド・マネジャーや個人投資家たちが株で、特に小型株で儲けてきた。もちろん、今後も調整局面はあるだろう。大暴落だってあるかもしれない。しかし、われわれの調査によれば、時がたつにつれ、株とはどんどん値上がりしていくものなのだ。国民経済がさらに統合されて相互依存度を増し、より安く簡単に意思の疎通が図れるようになるに従って、景気も拡大していく。貿易や旅行も引き続き伸びるだろう。富が増大すれば、株価も上昇していくはずだ。金融の未来は明るい。株式投資によって富を築く基本ルールは今も有効である。安く買って、高く売ればいいのだ」

第二七章　グローバル投資の発展と重要性

テンプルトンが運用の仕事を始めたころから、世界貿易および国際投資が急増。アメリカ以外の国々も自国経済を拡大させ、その株式市場も成長した。一九七〇年におけるアメリカ株式市場の時価総額は世界の六六％を占めていたが、九七年には約四〇％となっている。

ベルリンの壁が一九八九年に崩壊し、旧ソ連では共産主義体制が崩れ、東欧では国際貿易を増大させる空前とも言える新たな機会が創出された。ラテン・アメリカやアジアでは電話・電力・銀行などの国有企業の民営化や経済改革によって自由企業の育成が行われ、中国の開放政策による経済のグローバル化は、諸外国だけでなく中国にとっても一〇億を超える潜在顧客と商機の拡大をもたらした。

一九九九年一月には単一通貨「ユーロ」が導入されたおかげで欧州経済通貨同盟（ＥＭＵ）の加盟国はさらに競争力をつけ、各国間の貿易が容易になった。設立当初の参加国は、オーストリア、ベルギー、フィンランド、フランス、ドイツ、アイルランド、イタリア、ルクセンブルク、オランダ、ポルトガル、スペインの一一カ国だが、いずれイギリスやその他の国々も参加するものと思われる（**訳者注**　二〇〇一年一月にギリシャが加わったが、イギリスの参加についてはまだ微妙）。ＥＭＵでは、より統一的な会計システムと一元的な金融政策、共同通貨の導入によって企業の効率化および収益力の向上を図ることを目標としている。

国際分散投資

投資家のなかには、海外市場から利益を得るのに外国株を保有する必要があるのだろうかと疑問を感じている向きもあるだろう。というのも、マクドナルドやコカ・コーラ、ウォルト・ディズニー、ＩＢＭなど、収益の大部分を海外事業に依存しているアメリカ企業が多いため、海外市場でシェアを有する国内企業に投資するだけで世界中の収益と株式の潜在利益を手にすることができるからだ。

しかしテンプルトンによれば、アメリカ株しか買わない投資家は、世界のトップ企業を一部度外視していることになり、より大きな利益が得られる可能性を狭めていることになるという。しかも、アメリカ市場よりも海外市場のほうが投資収益率が高い場合もある。短期的には、どこの株式市場も連動しているように見えたりするが、長期的にはそれぞれ違った動きをしている。上がっているところもあれば、下がっているところもあるのである。次ページの**表**は、市場のパフォーマンスが最高だっ

海外市場収益率第１位 vs 米国市場

年	海外市場＊		米国市場＊＊
1987	日本	＋43.2％	＋3.91％
1988	ベルギー	＋55.4	＋15.91
1989	オーストリア	＋104.8	＋31.36
1990	イギリス	＋10.3	−2.08
1991	香港	＋49.5	＋31.33
1992	香港	＋32.3	＋7.36
1993	香港	＋116.7	＋10.07
1994	フィンランド	＋52.5	＋2.00
1995	スイス	＋45.0	＋38.19
1996	スペイン	＋41.3	＋24.05
1997	ポルトガル	＋43.9	＋34.09
1998	フィンランド	＋122.6	＋30.72

＊MSCI（米ドル・ベース、配当全額込み）
＊＊MSCI（米ドル・ベース、配当全額込み、前年比）

た国とアメリカ市場を比較したものだが、さまざまな企業・業種・国ごとに選び抜かれた株を保有していれば、リスクを軽減することができるのである。

グローバル市場の分類

「グローバル」（＝世界的な、地球規模の）と**「インターナショナル」**（＝国際的な）という言葉は場合によっては置き換え可能だが、それぞれ違う意味合いがある。ここで言う「国際投資」とは、国外の株や債券に投資することだが、「グローバル投資」の場合は、地理的な境界線にこだわらず、どこへ投資してもかまわない。株式や債券のグローバル市場は先進国と新興国の市場に分類される。先進国とは経済的に確立された成熟した国で、アメリカ、カナダ、フランス、ドイツ、イタリア、イギリス、スウェーデン、スイス、フィンランド、ノルウェー、オランダ、オーストリア、ニュージーランド、日本などが挙げられる。

新興国とは一般に発展途上国のことで、その株式市場は概して規模が小さく、先進国に比べてリスクが大きい。エマージング・マーケット（新興市場）としては、中国、ロシア、インド、インドネシア、ブラジル、メキシコ、トルコ、タイ、イラン、エジプト、韓国、ポーランド、南アフリカ、コロンビア、アルゼンチン、ペルー、ベネズエラなどがある。しかし、こうした国々が成長し安定すれば、新興市場も先進国市場の仲間入りを果たすことができるだろう。

グローバル投資の課題

外国株に投資する場合、政府の政策、為替レートの変動、会計基準の違いなどに悩ませられることになる。そのうえ、海外市場でも、金利の上昇、インフレ懸念、景気後退、下げ相場など、国内と同じリスクにさらされることになる。

為替レート

アメリカ人が海外旅行に行くとき、ドルを他通貨と交換するが、帰国時にその現地通貨をドルに替える場合、ドル高になっていると損をすることになる。が、逆にドル安になっていると、得することになる。同様に、外国証券に投資したときも、為替レートの変動によって売却時に為替差益あるいは為替差損が出ることもある。為替レートを左右する要因としては、政治・経済情勢、インフレ率、金利などがある。

手慣れた投資家やプロの投資家は、為替リスクを相殺するためにヘッジをかけておくこともある。一般の投資家にはお勧めしないが、ざっと頭に入れておくとためになるだろう。例えば、将来ドル高になりそうだから、ヘッジしておこうという場合は、手持ちの外貨資産をドルに替えたときに目減りしないように為替レートを固定しておく。つまり、先物為替予約を組み、あらかじめ外貨を売ってドルを買っておくことで、ヘッジをかけることができる。逆に、将来ドル安になりそうだと思ったら、ヘッジをかけずにそのままにしておいたほうが為替差益を享受できるだろう。ただし、ヘッジ戦略にもリスクがないわけではない。というのも、為替の動向を正確に当てられるとは限らないからだ。

そこで、テンプルトンは違うやり方をしていた。ほとんどの場合、為替ヘッジはしないで、さまざまな国や通貨ごとに分散させた株式ポートフォリオを構築するようにしていたという。それぞれの通貨がすべて同じ動きをするわけではないので、こうした方法でも為替リスクを軽減できるのである。

エマージング・マーケットの投資機会とリスク

エマージング・マーケット（新興市場）に投資するのは何も目新しいことではない。一八七三年、設立されたばかりのスコットランドの投資会社SAINTSが最初に手がけた投資先の一つが新興国だった。その新興国とは……アメリカ合衆国である。当時のアメリカはまだ南北戦争による荒廃から立ち直っておらず、先行きは不透明だった。

エマージング・マーケットの株を買うことは、莫大な利益を得る機会を獲得すると同時に、多大な損失を被る潜在的な危険を抱えることになる。一般に、こうした市場は価格変動が大きく、シーソーのように乱高下しやすい。例えば、トルコの株式市場は、一九九七年には八六％上昇しているが、九八年には五一％下落している（エマージング・マーケットの騰落率については**左表**を参照のこと）。

エマージング・マーケットでは、出来高が極端に少ないか、商いがまったく成立しないことがあり、このようなときには買うのも売るのも難しくなる。政府の監視体制も手ぬるい場合があり、完全なディスクロージャー（情報開示）を求めるのは容易ではない。一九九四年にはメキシコが自国通貨ペソを切り下げたことから、株が暴落した（**訳者注**　メキシコ通貨危機、いわゆるテキーラ・ショックのこと）。その後、アメリカがIMF（国際通貨基金）とともにメキシコ政府に対して緊急援助を行ったが、九七年のアジア経済通貨危機に比べると、メキシコの危機は影が薄い。実際、メキシコの株式市場は九七年には五五％近く上昇している。

アジア諸国は欧米の投資家たちからの資金流入に活気づき、一〇年以上にわたる高度経済成長を謳歌してきた。九六年のGDP（国内総生産）成長率はアメリカが三・六％（九九年は四・二％）であるのに対して、マレーシアは八・四％、タイは六・七％、インドネシアは七・八％の伸びを示してい

エマージング・マーケットの騰落率

年	ベスト3（上昇率）		ワースト3（下落率）	
1988	ブラジル	126%	ポルトガル	-28%
	韓国	113	ギリシャ	-38
	メキシコ	108	トルコ	-61
1989	トルコ	503	コロンビア	-12
	アルゼンチン	176	韓国	-7
	タイ	101	ベネズエラ	-33
1990	ベネズエラ	602	台湾	-51
	ギリシャ	104	フィリピン	-54
	チリ	40	ブラジル	-66
1991	アルゼンチン	307	コロンビア	-12
	コロンビア	191	トルコ	-42
	メキシコ	107	インドネシア	-42
1992	タイ	40	ギリシャ	-19
	コロンビア	39	ベネズエラ	-42
	マレーシア	28	トルコ	-42
1993	ポーランド	970	ベネズエラ	-11
	トルコ	214	ナイジェリア	-18
	フィリピン	132	ジャマイカ	-57
1994	ブラジル	65	ポーランド	-43
	ペルー	48	トルコ	-43
	チリ	42	中国	-49
1995	ヨルダン	23	パキスタン	-34
	南アフリカ	15	インド	-35
	ペルー	11	スリランカ	-40
1996	ロシア	143	南アフリカ	-17
	ハンガリー	133	韓国	-33
	ベネズエラ	101	タイ	-36
1997	ロシア	98	タイ	-76
	トルコ	86	インドネシア	-72
	ハンガリー	54	韓国	-70
1998	韓国	99	ロシア	-85
	ギリシャ	87	トルコ	-51
	コスタリカ	86	ベネズエラ	-51

出所＝バンク・クレジット・アナリスト・リサーチ・グループの『エマージング・マーケッツ・ストラテジスト』より

る。しかしアジアの経済成長は不健全な企業・経済政策による巨額の対外債務のうえに成り立っていた。工場や生産設備を必要以上につくりすぎたため設備過剰となり、建設・不動産への過剰投機が多くの銀行の不良債権を増大させた。株式市場は過熱気味となり、輸出に陰りが見え始めた。

一九九七年、アジア通貨および株式市場急落のニュースは新聞の第一面を飾った。愚かな貸し出し政策と政府の監督体制の不備が、タイ、マレーシア、インドネシア、フィリピン、韓国において銀行の経営破たんを招いた。九七年七月、タイが自国通貨バーツの切り下げを行うと、マレーシアのリンギ、インドネシアのルピアも切り下げられ、韓国のウォンが急落。自己資本の不足を多額の借り入れで賄っていた企業はリストラを断行するか、倒産に追い込まれた。利害の衝突といいかげんな経営方針が原因だった。

ＩＭＦはこうした国々を救済するため、莫大な緊急融資を行った。グローバル市場の安定化のため、一九四五年に設立されたＩＭＦには現在一八一カ国以上が加盟し、それぞれの財務力に応じた割当額を出資している。ＩＭＦは財政難に陥った国々に融資を行う一方で、そうした国々に対して財政赤字の削減や金利の引き上げなど、必要な措置を講ずることを条件付けている。例えば、韓国に対しては規制緩和に加え、外資による破たん銀行の買収を認めるよう求めている。ＩＭＦの政策は負担が重すぎるという批判はあるものの、その後、ほかのアジア諸国と同様、韓国経済も上向きに転じている。

モルガン・スタンレー・キャピタル・インターナショナル（ＭＳＣＩ）によると、九七年末における株式市場の年間下落率は、タイが七六・七五％、マレーシアが六八・一三％、韓国が六六・六七％、インドネシアが七三・九二％、フィリピンが六〇・三〇％だったという。

政治・経済の危機が損失と痛みをもたらしたが、健全な通貨政策および企業政策を実施していけば、再び成長軌道に乗り、より強力な経済国家に生まれ変わることは可能である。一方、こうした危機は長期派の投資家にとっては絶好の買い場となり得る。例えば、ＭＳＣＩの統計によれば、九七年にテンプルトンが投資した韓国市場は、配当を再投資したとすると、九八年には一四一・五％、九九年には九二・四％上昇したことになる。

ただし、テンプルトン・インベストメント・カウンセル社の社長ドン・リードはこうコメントしている。

「アジア通貨危機のような危機的状況のときは、魅力的に見える株でも割安とは限らない。例えば輸出企業の場合、通貨が切り下げられると輸出品の価格が低下して競争優位になるため、見るからに買い候補として良いように思われる。しかし、このようなときには一般にクレジット・クランチ（いわゆる貸し渋り）が起こるため、豊富なキャッシュを生み出している、借り入れに依存していない企業を選び抜くことが肝要となる。このため、われわれは買い候補の財務諸表を計算し直して、通貨切り下げの影響を反映させるようにしている」

第二八章　テンプルトンの戦略を応用する——投資家別戦略応用法

テンプルトンは、保守派の投資家が海外投資をするときはミューチュアル・ファンド（オープン・エンド型の会社型投信）か、クローズド・エンド型のファンドを購入するようにいつも勧めていた。ミューチュアル・ファンドは株式の発行および買い戻しにいつでも応じるため（訳者注　顧客から見れば、購入・解約がいつでもできるということ）、オープン・エンド型のファンドといわれる。一方、クローズド・エンド型のファンドは発行株数が固定されているもので、取引所に上場し、株と同じように売買される。このため、価格は一株（一口）当たりの純資産価額を上回っているときもあれば、下回っているときもある。一方、ミューチュアル・ファンドの価格は、手数料がかかる場合には（解約手数料がかかるかもしれない）、一株（一口）当たりの純資産価額に手数料を足したものになる。

また、保守派の投資家の場合は、海外投資を行っている資産運用担当者に運用を頼む手もある。

世界中に投資する――より取り見どりのグローバル・ファンドとインターナショナル・ファンド

グローバル・ファンドもインターナショナル・ファンドもプロが運用しており、分散投資されたポートフォリオを提供している。インターナショナル・ファンドは投資対象を外国株だけに限定しているが、グローバル・ファンドはどこへでも投資できるようになっている。例えば、一カ国だけに投資するファンドもあれば、ヨーロッパ、太平洋沿岸地域、ラテン・アメリカなど特定の地域に投資するファンドもある。また、アメリカ、日本、イギリス、ドイツ、フランスなどの先進国に集中投資するファンドもあれば、中国、韓国、トルコ、チェコ、インド、ロシアなどの新興国に限定して投資するファンドもある。なかでもほかよりリスクが高いのは、エマージング・マーケットや、一カ国あるいは特定地域に限定して投資するファンドである。こうしたファンドを保守派の投資家がいくらか購入することはかまわないが、これらはむしろ中道派・積極派向けのファンドである。また、ファンドやファンド・マネジャーごとに分散投資しておくのもいいかもしれない。

投資する前には、ミューチュアル・ファンドやクローズド・エンド型ファンドを運用しているファンド・マネジャー、あるいは個別口座の運用担当者に次の点を確認しておくこと。

●あなたが見込んだファンド・マネジャーは国際投資に関してどのような経験があるか
●少なくとも過去五年間の運用成績はどうなっているか
●そのファンド・マネジャーの投資手法、投資哲学、投資基準はどのようなものか
●新興国と先進国のどちらに投資するつもりか、あるいは両方に投資するのか

中道派・積極派の投資家なら、外国株を直接購入してもかまわないが、言葉の壁、取引規制、出来高の少なさなどが障害となるかもしれない。外国株を買うときは、その国の会計システムを理解しておく必要もある。というのも、国によって会計方針が異なるからだ。したがって、国外市場での買い付けは経験豊富な投資家だけにお勧めしたいものだ。

ADR（米国預託証券）

外国株はADRの形で買うこともできる。ADRとは、外国の証券取引所で売買されている外国企業の株式の所有権を表わす流通証券（譲渡可能証券）で、通常は、海外に支店を持っているアメリカの銀行が株式の預託を受けて発行している。普通は手数料がかかるが、銀行から年次報告書（アニュアル・レポート）のほかに定期的にレポートが提供される。ADRとして取引されている株には、ロイヤル・ダッチ・ペトロリアム、ソニー、スミスクライン・ビーチャム（**訳者注**　現グラクソスミス

クライン）などがある。

アメリカの投資家にとって、ＮＹＳＥ（ニューヨーク証券取引所）やＡＭＥＸ（アメリカン証券取引所）などに上場しているＡＤＲを買う利点は、どこの企業もＳＥＣ（証券取引委員会）によってアメリカの会計基準に従うように求められていることだ。とはいえ、ＡＤＲに投資するなら、海外市場に関するある程度の知識と国内株式の投資経験があったほうがいいだろう。また、国際投資に付き物のリスクを軽減するには、財務体質がしっかりしている企業のＡＤＲを何銘柄か買ったうえに、さらによく分散投資されたファンドを何本か買うことを検討してみよう。

第二九章 テンプルトンの強気の見方――自由企業と株式市場の将来

投資家の姿勢は生活上のことだけでなく、投資で成功するかどうかにも影響することがある。テンプルトンは自由企業および株式市場の将来について強気の見方をしている。一九九五年五月、カナダのエンパイアークラブ向けに行ったスピーチのなかで、彼は次のようにコメントしている（ジョン・テンプルトンが一九九五年五月二五日にカナダのエンパイアークラブ向けに行ったスピーチ「加速化する進歩」より。テンプルトンより使用許可済み）。

「今日、休日を除けば一日四〇〇〇社の割合で企業が設立されている。このように新規企業が増えていく根底には、内外で自由貿易および自由企業の受け入れが盛んになっていることがある。地球規模の事業再編によって自由市場システムへの新規参入者が四〇億も見込まれ、資本主義および自由の拡大傾向が計り知れないほどの効率化と富の増大をもたらす可能性を秘めている」

「テクノロジーによって生活は一変した。わずか五〇年前には、写真複写機もレーザーもマイクロチップも宇宙衛星もファックスもeメールもコンピューターもインターネットもオンライン・データ・サービスもビデオカセット・レコーダーも携帯電話もなかった。教育面でも大きな進展があった。私が生まれたのは一九一二年だが、当時、世界には経営大学院（ビジネススクール）は二校しかなかった。それが今日では北米だけでも六〇〇校以上もある。教育水準は世界中で上がってきている。例えば、中国では一九五〇年には二〇％弱だった識字率が今日では六〇％を超えるまでになった。医薬分野も目覚ましい進歩を遂げている。かつては不治の病と思われていた結核や肺炎、糖尿病などのさまざまな疾病による死亡者数は五〇年前に比べると、ほんの一握りにすぎない。バイオテクノロジーやメディカル・サイエンスの新しい分野での研究が多発性硬化症や関節炎、エイズ（後天性免疫不全症候群）の治療に希望の光をもたらしている」

テンプルトンは生活のなかでほかのどんなことよりも精神面に重きを置いている。

「精神面については、まだまだ分かっていないことがたくさんある。物質面の研究のせめて十分の一でもいいから精神面の研究に励めば、もっと多くのことが成し遂げられるだろう。新たに有益な概念が生まれるかもしれない。宗教とは、われわれの姿勢や目標、動機、他者との関係などに絶大な影響を及ぼし得るものだ。仮に問題がたくさんあっても、もっと大きな視野で状況を見つめてみれば、驚くべき進歩と将来への可能性を秘めた時代に生きていることを感謝する理由が山ほどあるものだ」

年率リターン	ダウ平均が100万ドルに達する年
10.0%	2047年
7.5	2062
5.3	2087
4.6	2099

株式市場の見通しと精神面の進歩

テンプルトンは一九九九年一一月一八日、フランク・J・ファボツィが主催した第三回機関投資家向け資産運用会議に特別昼食会のゲスト・スピーカーとして招待された。コンサルティング・グループ（ソロモン・スミス・バーニーの一部門）初の「投資のパイオニア賞」を受賞したからだ。

八七歳でありながら、かくしゃくとしてとても若々しく見えるテンプルトンは、そのスピーチの冒頭で驚くべき予言とも思える発言をした。

「二一世紀末には、ダウ平均は一〇〇万ドルを超えることになるだろう」

そして「自分の予言はいつも当たるとは限らないが」と付け加えた。テンプルトンの予言はあまりにも高すぎるように思われるが、二〇世紀初頭のダウ平均はだいたい一〇〇ドルぐらいだったという（実際は、二〇世紀初頭のダウは一〇〇ドルよりも下だが、彼はおよその数字を出している）。テンプルトンがスピーチをした日のダウ平均は一万一〇〇〇ドル前後だったので、約一〇〇倍になったことになる。そこで、スタートを一万ドルとしてダウが同じだけ上昇するとするなら、二一世紀中に一〇〇万ドルを超えることになるのである。

テンプルトンのスピーチに感化されたコンサルティング・グループのマイケル・ディーシュバーグ

弱気相場の下げ幅
天井から大底までの下落率

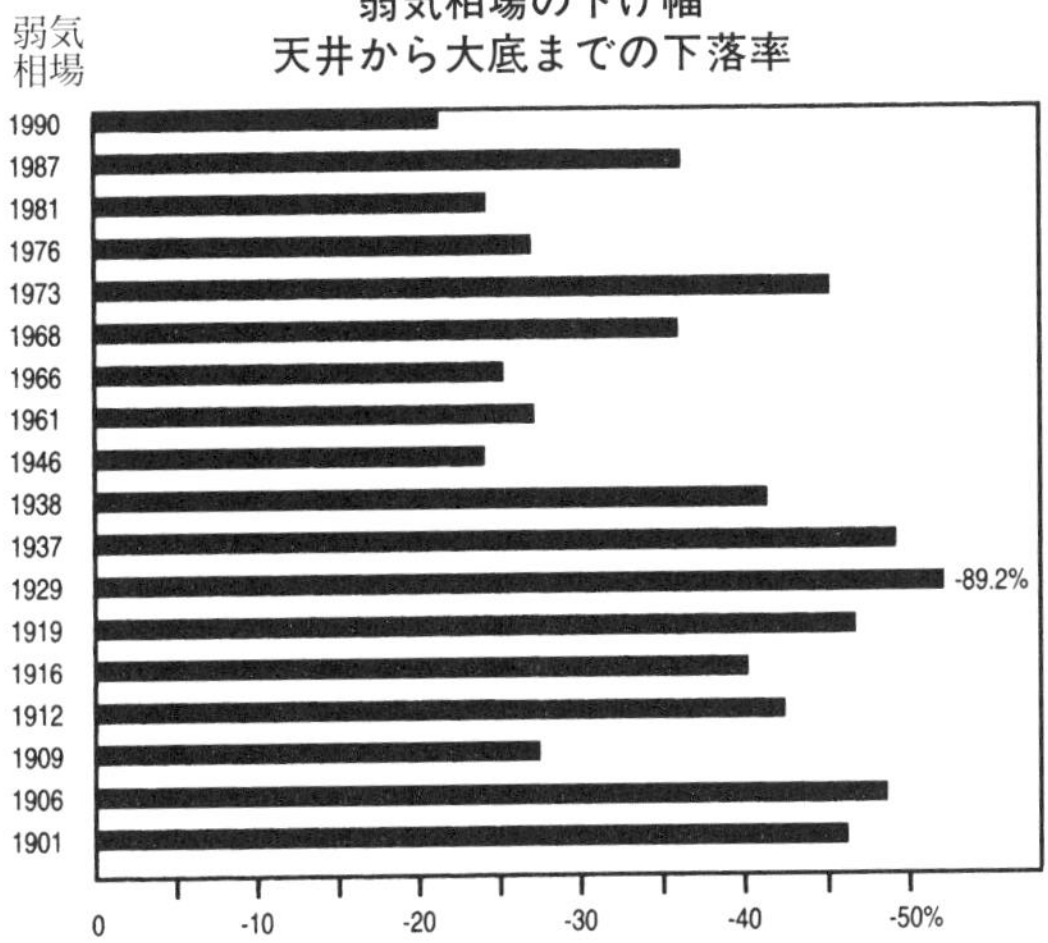

出所＝インベステック・リサーチ

弱気相場の回復サイクル
直近の高値に戻るまでの期間

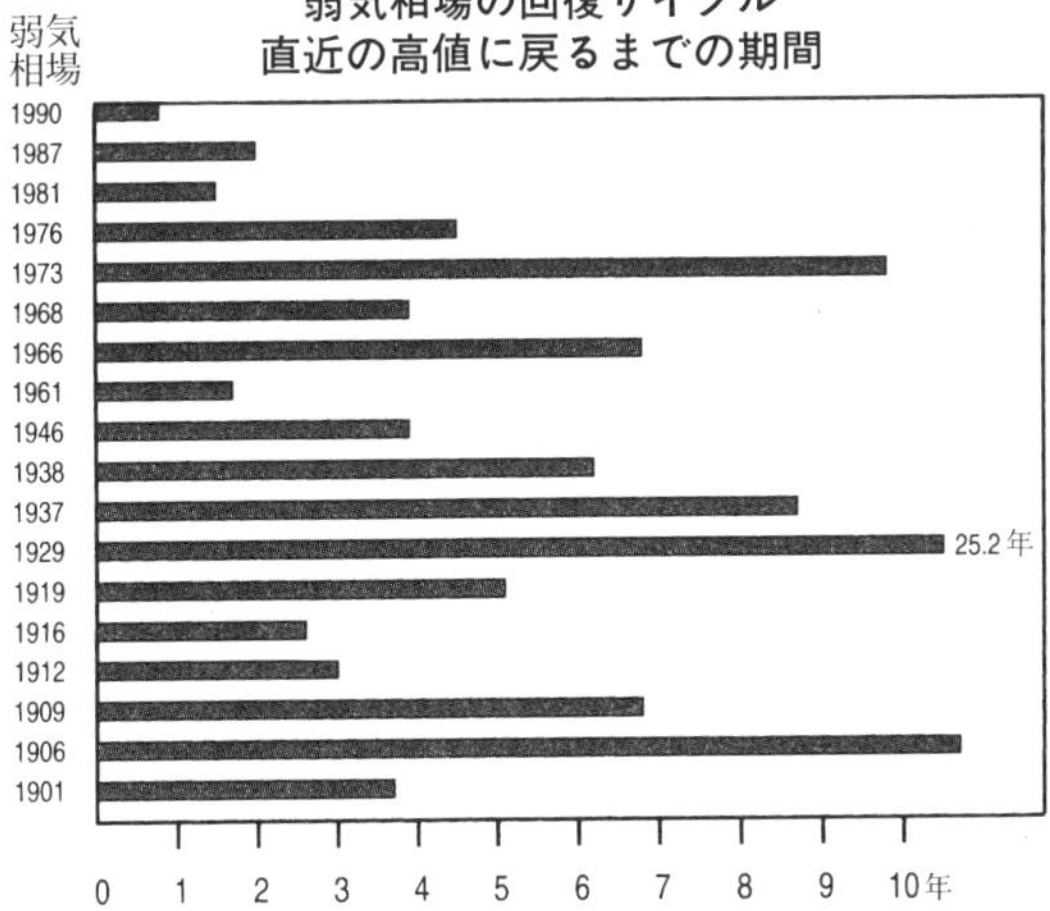

出所＝インベステック・リサーチ

とマーク・ケナードは、さまざまな年率リターンを想定し、ダウ平均がいつ一〇〇万ドルの大台に乗るか予測してみた（ただし配当は含めていない）。

当然のことながら、過酷な下げ相場が続けば、ダウ平均の推移を一変してしまうだろうし、二〇世紀よりも二一世紀のほうがパフォーマンスが良いかもしれないし、悪いかもしれない。テンプルトンはまた「弱気相場（近年の弱気相場よりも長引く可能性あり）に備えてきちんと準備をしておくように」と警告も発している。前ページに、これまでの弱気相場における下落率と回復サイクルを**グラフ**に示してみた。

年金プランのスポンサーや運用担当者、投資コンサルタントらを前に、こうした話をした後、テンプルトンは話題を精神面に移した。

「愛とおカネの違いは何か。それは一定の金額を持っていたとして、人にいくらかあげてしまうと、おカネは減る。でも愛をあげたときは、その逆になる。つまり、愛は増えるのである」

テンプルトンはまた、「二一世紀には精神面に関する情報が一〇〇倍増えるだろう」と述べている。次回の会議に向けて部屋を退出するころには、大勢の人たちが物質的な富だけでなく精神的な富についても考えるようになっていた。

第三〇章　ジョン・テンプルトン――その生涯と経歴

テンプルトンは一九一二年、テネシー州ウィンチェスターの小さな町で生まれた。両親のハーベイとベラはまれに見る素晴らしい人物だった。ハーベイは勤勉かつ革新的な男性で、農業や家の建築に携わりながらほかの仕事もしていた。ベラは有能かつ聡明な信心深い女性で、ジョンに神への信仰や自分への自信を植えつけさせた。テンプルトンが両親から学んだ資質、すなわち誠実さと思いやり、熱心さ、自制心、自信と謙虚さは生活の困窮や難題を乗り越える下地となった。また、悪いことばかりがあふれているような世の中でプラス面を見つけていく能力も培われた。

テンプルトンの学生時代と仕事への道

学生時代、テンプルトンは産業資本家たちの人生について研究していた。彼が読んだ本のなかでベンジャミン・フランクリンはこう言っていた。

「カネはカネを生み、そうして生じたカネがさらにカネを生む」

おカネが増えていく過程に魅了されたテンプルトンは複利表を何時間でも眺めていた。そんな彼は晩年になってもまだ複利の驚異について話をしている。

一九九一年、ファンドの株主（受益者）向けに行ったスピーチのなかで次のように語っている。

「一六二六年にマンハッタン島をオランダ人に売却したアメリカインディアンが、そのとき得た二四ドル相当額を八％で複利運用していれば、マンハッタン島に現在あるすべての不動産を買い戻しても、まだ数十億ドル手元に残るぐらいのおカネを生み出していただろうに」

そして投資家に向けてこうアドバイスをした。

「投資について勉強し、リスクやリターンについて学ぶことだ。そして複利効果の恩恵を得るためにも、できるだけ若いうちから投資を始めたほうがいい」

テンプルトンの兄ハーベイ・テンプルトン・ジュニアによれば、「ジョンは一一歳のときからカネ持ちになろうと決めていた」そうだ（プレズバティィリアン・サーベイ誌〔一九八〇年五月〕ビル・ラムキン著「何よりも最大の賞」)。

高校卒業後、テンプルトンは奨学金をもらってエール大学に進み、一九三一年、大学二年のときに株式市場に興味を抱くようになった。株価が大きく変動するのを目の当りにした彼は、年間を通して見れば、一企業の企業価値はそんなに変わらないはずだと考えた。

テンプルトンはそれをこう説明している。

「企業の価値を判定し、その真の価値から見て株価が安すぎ、あるいは高すぎのときに人に忠告することなら自分でも何とかできそうだと思った。そこで、エール大学で経済学を専攻し、クラスで二番目の成績で卒業できたおかげでローズ奨学金を得てオックスフォード大学で法律の学位を取る勉強をすることになった。が、実際は、諸外国の研究をしたりして、投資カウンセラーになるための準備をしていた。二年と七カ月の間、三五カ国(ヨーロッパや日本など)を旅行して回り、将来的に世界中の企業価値を判定するのに役立ちそうなことをできるだけ多く学ぶよう、いつも心がけていた。世界中で多くの製品がしのぎを削っている以上、一カ国を研究しただけでは企業価値など分からない、というのが私の持論である。したがって、将来の収益力を正しく見積もるには、世界の全産業を知っておかなくてはいけない」

オックスフォード大学で法律の学位を取得後、アメリカに帰国したテンプルトンは、とある証券会社に新設されたばかりの投資相談部に職を得て、一九四〇年には自ら投資カウンセラーとして独立した。まずは個人顧客を相手に仕事を始めたが、一九五四年には初のグローバル・ファンドを設定。その後もほかのファンドをいくつも設定し、いずれも成功を収めている。

テンプルトンの心への投資

テンプルトンにとって長期投資の目的は、富を得るという富そのもののために富を築くのではなく、むしろ人助けをして、精神面の発展にかかわる大義を押し立てていくことにあった。ファンド・マネジャーとなったときでさえ、資金管理とは、他者を富ませるための手助けをすることだと考えていた。

「進歩は問うことから始まる」と信ずるテンプルトンは、その一生を彼の言う「謙虚神学」(humility theology) なるものに捧げた。著書『ザ・ハンブル・アプローチ(謙虚なアプローチ)』のなかで彼はこう語っている。

「謙虚な気持ちが理解への道につながり、感謝の気持ちが精神的成長への扉を開く。同様に謙虚さがあれば、知識の増進、神学の発展への扉を開くことにもなる。謙虚さは進歩の始まりであり、心の広さに通じる。すでに何でも知っている人にとっては、それ以上のことを学ぶのは難しい。しかし、自分がいかにものを知らないかを悟れば、探究や学習を始めるきっかけになるだろう」(サー・ジョン・テンプルトン著『The Humble Approach』〔Templeton Foundation Press, 1996〕より)

一九八七年、テンプルトンはその慈善事業が認められ、エリザベス女王からナイト爵に叙せられた。その際立った慈善活動の一つに、一九七二年に彼が創設した「テンプルトン賞」がある。これは宗教上の功績に対して与えられるもので、ノーベル賞に匹敵するとされている。受賞者にはマザー・テレサ、ビリー・グレアム師、アレクサンドル・ソルジェニーツィンらがいる。

テンプルトンによれば、「この賞は人類愛や神への理解を大いに深めることに独創的な貢献をした人に与えられるもの」だそうだ。年一回受賞式が行われ、一〇〇万ドルを超す賞金が贈呈される。これは精神面の知識向上には財源と人的資源が必要であることを人々に知ってもらい、慈善事業への寄付や貢献をさらに募り、奨励していくためである。

一九八七年には財団を設立しているが、これも科学的調査を通じて精神面に関する情報を増やすことで宗教上の発展を支援・促進していくことを目的としている。テンプルトンの息子で医師のジョン・ジュニアが外科医として成功していた仕事をやめて常勤の理事長を務めている。諮問委員会のメンバーには、心身医療研究所所長のハーバート・ベンソン博士、会社役員で慈善家のローレンス・ロックフェラー、ノーベル賞受賞者のサー・ジョン・エクルズらがいる。委員会はまたそれぞれ宗教の異なる神学者でも構成されている。

フランクリン・リソーシズ社のCEO（最高経営責任者）チャールズ・ジョンソンは言う。

「サー・ジョン・テンプルトンは異彩を放つ投資家の一人であり、投資と慈善事業の双方においてその価値を証明し、金融界に高尚な基準を設けた。ジョンはまさに現代の宝である」（一九九六年、チャールズ・ジョンソンとの会話より）

第六部

独自の財テクプランを作成する

第三一章

三つの投資ステップ（合成版）の応用法と投資リターンの予測方法

伝説の投資家たちの投資手法を読み終えたところで、本章では各部を合成した三つの投資ステップの応用法に焦点を当てていきたいと思う。また、将来の企業収益や株価、投資リターンの予測方法についても解説していく。

ステップ一　情報を集める

伝説の投資家たちのように、さまざまな方法で投資の手掛かりをつかみ、情報を集めてみよう。

●ビジネス関連の刊行物を読む

新聞　ウォール・ストリート・ジャーナル、ニューヨーク・タイムズ、USAトゥデー
雑誌　フォーブス、フォーチュン、バロンズ、ファイナンシャル・ワールドなど

●お店で買い物をしているときやネットショッピングをしているときに一流品を探す
●企業の専門家や投資のプロたちと話をする

プライスは投資の手掛かりをつかみ情報を集めるために、いろいろな刊行物を読み、興味のある記事があればスクラップしておき、後で見返したりしていた。フィッシャーは企業関係者や投資のプロたちと話をするなかで手掛かりをつかんでいた。バフェットは気に入った製品を見つけると、まずその企業の顧客となってから、その株を買い、企業を丸ごと買い取ることさえあった。

買い候補を決めたら、その企業の報告書だけでなく、競合他社の報告書もチェックすること。企業の報告書には、アニュアル・レポート（年次報告書）、フォーム10K、フォーム10Q、フォーム8K、議決権行使についての参考書類（**訳者注**　定時株主総会招集通知に同封されている書類）などがある。企業の報告書は、企業のウェブサイトで閲覧するか、IR（投資家向け広報）部門に電話をかける、あるいはeメールを送れば入手できる。SEC（証券取引委員会）のウェブサイト（www.sec.gov）やEDGAR（エドガー）のデータ・サービスのサイト（www.freeedgar.com）を訪れてもいいだろう。ライバル企業の名前は株関連のリサーチ・サービスを利用するか、企業のIR部門に問い合わせると、教えてもらえるかもしれない。

企業調査をするなら、コンピューター・ソフトやインターネットを駆使すれば膨大な情報が手に入る。以下に、カテゴリーごとのウェブサイトや株式のスクリーニング・ソフト（銘柄選別ソフト）を販売している会社（第二部第九章のステップ一を参照）などのウェブサイトを一覧表にしてみた。

《株式リサーチ》

●バリューライン（valueline.com）
●ブルームバーグ・ファイナンシャル（www.bloomberg.com）
●スタンダード＆プアーズ（S＆P）（www.standardandpoor.com）
●モーニングスター（morningstar.com）
●マーケット・ガイド（marketguide.com）
●ヤフー！（yahoo.com）
●マネーセントラル（moneycentral.msn.com/investor）
●インベストウェア（investware.com）

《企業――経営幹部の背景情報》

●記事検索――インフォトラック（www.galegroup.com）などのデータベース
●企業プロフィール――フーバーズ・インク（hoovers.com）

●企業概要のサイトとリンク――ウォール・ストリート・ジャーナル・インタラクティブ・エディション（wsj.com）
●電話会議情報――ベスト・コールズ（bestcalls.com）

《インサイダーによる自社株取得情報》

●マネーセントラル（moneycentral.msn.com/investor）
●インサイダー・トレーダー（www.insidertrader.com）
●トムソン・インベスター・ネットワーク（www.thomsoninvest.net）

《企業の収益予測》

●ザックス（zacks.com）
●バリューライン（valueline.com）
●マーケット・ガイド（marketguide.com）

《国際型ミューチュアル・ファンド情報》

●モーニングスター（morningstar.com）
●バリューライン（valueline.com）

《グローバル投資関連のニューズレター》

●ジョン・デッサワーの『インベスターズ・ワールド』（dessauerinvestorsworld.com）

●『エマージング・マーケッツ・ストラテジスト』（bcapub.com）

《NY上場のADR（米国預託証券）情報》

●NYSE（ニューヨーク証券取引所）（nyse.com）

《経済統計》

●コンファレンス・ボード（www.conference-board.org）

●労働統計とインフレ率――米労働省労働統計局（stats.bls.gov）

《消費者動向――企業動向の予測》

●キプリンガー・レポート（kiplinger.com）

●H・S・デント・フォーキャスト・ニューズレター（www.hsdent.com）

《株式銘柄選別ソフトの販売》

●バリューライン（valueline.com）

●スタンダード&プアーズ（S&P）（standardandpoor.com）
●モーニングスター（morningstar.com）
●アメリカ個人投資家協会（aaii.com）
●NAIC（全米投資家協会）（better-investing.org）

ステップ二　情報を評価する

テンプルトンは株の良否判定をレストランの評価になぞらえてこう言っている。

「一〇〇%完璧なものを求めるのは無理だが、三つ星か四つ星ぐらいの良いものを求めるべきである」

その株が自分の投資基準に見合うかどうかを見極めるとき、伝説の投資家たちなら問うであろうことをここにまとめてみた。その答えを得るのに役立つ情報源については、その後で紹介する。最初に挙げる一連の事項については、第二章、第九章、第一〇章を参照のこと。

企業とその経営陣を知る

●それは自分の頭で理解できる企業か

●その企業の目標は何か、その目標を達成するためにどのような計画を立てているか
●その企業はどのようなリスクを抱えているか
●経営陣は株主に対してありのままを率直に報告しているか
●その企業は自社株買いを行っているか
●最高経営幹部は自社株を少なからず保有しているか
●その企業の株をインサイダー（内部者）が少なからず買い付けているか

企業の目標やリスクについては経営幹部らが年次報告書のなかで語っている。自社株買いに関する政策についても企業の報告書のなかに記述があるだろう。

その企業がありのままを率直に報告しているかどうかを知るには、過去五年分（あるいはそれ以上）の企業の報告書を揃え、目標・売上高・利益・その他の業績値に関する経営陣の論考を読み、実績値と比べる。業績が良いときだけでなく、悪いときに経営陣がどのような報告の仕方をしているのか、気をつけてみる。例えば、「株主価値を創造した」という言葉があったら、実際の業績値と比較しながら客観的な見方をしなければいけない。リチャード・ローズが年次報告書について書いた著作『ハウ・ツー・プロフィット・フローム・リーディング・アニュアル・レポート（年次報告書で利益を手にする法）』（リチャード・ローズ著『How to Profit from Reading Annual Reports』〔Dearborn Financial Publishing 1993〕一四ページより）のなかで「過去一年の業績は業績の一

つであるのは確かだが」と述べた後で、「売り上げや営業利益が減少し、一株当たりの純利益が五〇％も落ちているようなら、何かがうまくいっていないのだ」と延々論じている。

自社株を相当量保有している経営幹部は、株主の利益に沿って思考し行動する傾向がある。経営幹部らの報酬や持ち株数については、議決権行使についての参考書類を見れば、一覧が掲載されている。ジョン・スピアーズのように、投資基準に見合う企業として、インサイダーによる自社株取得（役員や経営幹部、その他の従業員らによる自社株の買い付け）が行われている企業を挙げる投資家もいる。インサイダー・トレーダー社の調査担当取締役ジョナサン・モアランドが実質的インサイダーによる買い付けについて、こう定義している。

「二人以上のインサイダー（何人かいたほうが望ましい）による買い付けで、中小型株の場合は投資金額の合計が最低でも五万ドル、大型株の場合は最低一〇万ドルに上るもの」

「ただし、インサイダーも当てが外れることがある」と彼は強調する。

経営陣・政策・製品を精査する

●その企業には傑出したCEO（最高経営責任者）と強力な経営陣がいるか
●その経営陣には革新的な政策、新製品製造に関する実績はあるか
●顧客と従業員、経営幹部の関係は良好に保たれているか

●その企業は顧客のロイヤルティー（忠誠心）を高めるような超一流の製品を有しているか

こうした経営陣の質にかかわる問いは主観的な傾向が強くなるが、バイ・アンド・ホールド戦略を採用するなら、企業の最高経営幹部についてはできるかぎり調査しておくことをお勧めしたい。メーソン・ホーキンズによれば、株を買うのは経営陣と組んでパートナーになるようなものだという。

フィッシャーは、この種の問いについては「聞き込み捜査」によって答えを得るようにしている。顧客、サプライヤー（供給業者）、競合他社、その他の企業関係者らと話をするのである（第一四章参照）。こうして背景調査を終えると、企業の最高経営幹部に会いに行き、企業に関してさらに突っ込んだ質問をする。例えば、R＆D（研究開発）計画、コスト管理、競争上の潜在的な問題あるいは現在抱えている問題、財務諸表上の疑問点などについて話を聞くのである。

フィッシャーの「聞き込み捜査」は、地方の中小企業に投資している冒険好きの投資家にはもってこいの手法だが、多くの投資家にとっては実践的ではない。とはいえ、第一六章で示したように背景情報を仕入れる方法はほかにもある。手始めに企業のウェブサイトをのぞいてみるのがいいだろう。企業の報告書や株主レポートに関する一般情報のほかに電話会議（通常はＣＦＯ＝最高財務責任者＝か社長が執り行う）の議事録、ＣＥＯのスピーチやインタビューなどが見つかるかもしれない。

それからインフォトラックのようなデータベースやインターネットを利用して、業界の刊行物や業界誌、株式投資情報などの現在および過去の記事を検索する。このとき、ライバル企業についても調べておこう。

背景調査が済んだら、できれば企業の最高経営幹部と会うか、電話をかけて直接関係のある質問をする。これが無理ならIR部門の代表者に話を聞く。ただし、IR部門の代表者にどのくらい知識があるかは企業によって異なるため、回答が得られない場合は、IR部門のトップと話をさせてもらえるように頼んでみよう。

当該企業の製品についてはすでにおなじみで他社製品との比較もできているかもしれない。消費財関連の企業ならこれで十分だが、ほかの業種の場合はさらに調査が必要となるだろう。買い候補となっている企業の競争相手から意見を聞く一つの方法としては、ライバル企業数社の幹部やIR部門に問い合わせ、その競争状況を聞く。

人材の獲得・維持に関する政策や従業員の福利厚生に関する情報も、大抵は企業の報告書に記載されている。

企業の財務データを調べる

- その企業は広範に及ぶ競争上の優位性を持っているか
- その企業は十分なフリー・キャッシュフロー（オーナー収益）を生み出しているか
- その企業は売上高と利益において高い伸び率を長期間維持しているか

●競合他社に比べROE（株主資本利益率）は高いか、ほかに投資するよりも高いリターンが得られるか
●競合他社よりも高率の売上高利益率を維持しているか
●その企業の負債は妥当な水準か
●長期間継続して配当実績があるか

売上高と利益、フリー・キャッシュフロー、売上高利益率、株主資本利益率、負債、配当などの財務データや財務比率については、企業の報告書、株関連のリサーチ・サービスの刊行物やオンライン上で入手できる。その企業に広範な競争優位性があるかどうかは、財務実績、経営陣の質、製品・サービス、内外市場での製品・サービスの流通能力について同業他社と比較してみれば分かるだろう。

魅力的な株価かどうかを判定する

以下の点から見て株価は魅力的だろうか。

●一株当たり売上高
●一株当たり純資産

●当期のＰＥＲ（株価収益率）
●五年、一〇年後の予想ＥＰＳ（一株益）
●将来の予想株価

株関連のリサーチ・サービス（前述のステップ一参照）では、株価が魅力的かどうかを判定するのに役立つ比率を提供している。また、こうした比率は企業の報告書にある数値から計算することもできる（第三章、第九章、第一四章参照）。

マーケット・ガイド、マネーセントラルなどの株式リサーチ・サービスでは株価比率の比較ができるようになっている。例えば、当期のＰＥＲと過去五年間の最高ＰＥＲおよび最低ＰＥＲやＳ＆Ｐ五〇〇などのＰＥＲと比較することができる（第九章参照）。ザックスでは証券アナリストらによる将来の収益予測を出しているし、バリューラインでは将来の予想収益や予想株価も提供している。将来の収益や株価の予想は自分でも算出できるので、本章の終わりにある例を参考にしてほしい。

こうした調査をすべてやるのは大変そうだと思われるかもしれないが、下調べをしておけば、それだけ大きなリターンが得られる可能性が増えるし、インターネットのスピードをもってすれば、投資判断を下すのに必要な答えも、キーを打つだけ、あるいは音声入力するだけであっと言う間に得られるかもしれない。

ステップ三　決断を下す

株を買い付ける前に伝説の投資家たちのアドバイスに従って、その企業が自分の投資基準に見合っているかどうかを確かめてみよう。潜在的な利益だけでなく、リスクについても評価し、買い候補の株とその他の投資対象とを比較してみる。

その株を買う明確な理由と保有予定期間、妥当な利益目標をきちんと定めておくようにとグレアムは勧めている。彼はよく「買うときは安全余裕率を見込んでおくように」と言っていた。これは「自分で見積もった価値よりも株価の安い銘柄を買え」という意味である。グレアムの平均保有期間は二年、テンプルトンは五年だったが、バフェットの場合は、最低一〇年は保有するつもりで株を買うことが多い。

持ち株のモニタリング

持ち株のモニタリング（監視）には、企業の報告書を読む。ビジネス上の問題がニュースに出たら、フィッシャーがしていたように、さらに追跡調査をするか、企業に電話をかけ、経営陣がその状況を是正していくためにどのような措置を講じているのか確かめる。また、成長の鈍化を示す兆候に気をつける。プライスは以下のような警告シグナルに注目していた。

- 減収減益
- 数四半期にわたる売上高利益率あるいはＲＯＥ（株主資本利益率）の低下
- 市場の飽和
- 競争相手の増加
- 原材料費や労働コストの大幅な上昇
- 経営面での改悪

売り時と税金を考える

その企業にずば抜けた将来性があると信じ、長期的に「バイ・アンド・ホールド戦略」を採用しているなら、株価が下がったり減益になったりしたぐらいで売ったりしてはいけない。伝説の投資家たちが持ち株を手放すときは、その企業がもはや重要な投資基準を満たさなくなったときか、もっと良い投資対象を見つけたときである。テンプルトンによれば、一番の売り時は、売却時にかかる税金とコストを考慮した上で、手持ちの株よりも五〇％価値が高いと思われる別の株を見つけたときだという。

アセット・アロケーションと伝説の投資家たちの戦略を応用する

自分の投資スタンスをもとに彼らの戦略を取り入れていく。例えば、保守派の投資家が個別株を買うときは、バフェットの基準に見合うような、株価が魅力的な大型株にする。また、市場環境によっては、グレアムやその弟子たちの基準を満たすような株もいくらか見つかるかもしれない。ポートフォリオのなかに中小型株や外国株を組み入れたいときは、テンプルトンのアドバイスに従って「専門家の知恵を拝借し」、ミューチュアル・ファンドを購入するか、資金運用担当者に運用を頼む。中道派か、積極派の場合は、保守派の投資家と同じようなものを購入してもかまわないが、フィッシャーやプライスの戦略および基準に見合う株なら、企業規模や業種にこだわらずに買い付けていいだろう。また、経験と知識しだいでは、先進国のＡＤＲ（米国預託証券）を買うのもいいかもしれない。

投資には自制心、知識、熟練、柔軟性が必要

たとえ運に恵まれていたとしても、長期にわたって投資で成功するには、忍耐、自制心、知識、熟練を要する。そして人生同様、投資も学習過程の連続であるため、柔軟性がなくてはいけない。「投

資家にとって唯一確実に訪れるものは変化である」とはプライスの言葉である。通常は成長企業に投資していた彼だが、インフレ到来が近いことを悟ってからは柔軟に対応。石油、土地、金属、林産品がらみの天然資源関連株を追加購入した。バリュー投資の父、グレアムは自身の投資方針に反し、GEICO株を買い、長期間保有していた。結局、GEICOは超成長企業となり、グレアムにとって最高の投資物件となった。偶然にも、そのGEICOを現在保有しているのは、バフェットのバークシャー・ハサウェイである。

当初グレアムの戦略に従っていたバフェットは、主に純資産額やPER（株価収益率）から見て過小評価されている株を短期保有目的で購入し、経営陣や製品についてはほとんど気にも留めていなかった。しかし自分の戦略を柔軟に変更して以来、その投資テーマは、「値ごろ感のある超一流企業を買って長期保有すること」に変わった。バフェットが物色するのは、経営状態が良好で増収増益の記録があり、オーナー収益（フリー・キャッシュフロー）の伸びている超成長企業である。一方、テンプルトンのグローバル投資の手法には、最高のバリュー株（割安株）を求めて国境を越え、先進国だけでなく新興国の市場をも開拓していく柔軟性があった。彼はまた前向きな姿勢の大切さをこう力説している。

「やたらに不安がったり、否定的に考えたりしてはいけない。金融の未来は明るい。株式投資によって富を築く基本ルールは今も有効である。……安く買って、高く売ればいいのだ」

企業収益、株価、投資利回りを予測する

五年後（あるいは一〇年後）の企業収益、予想株価、株を購入した場合の予想利回りなどは自分でも見積もることができる。必要な情報としては、企業の過去五年か一〇年間の利益成長率と当該期間の最高PERの平均および最低PERの平均が分かればいい。過去五年間と一〇年間の利益成長率やPERを算出するのに必要な株価（高値・安値）と毎年のEPS（一株当たり利益）についてはバリューラインなどの調査レポートに掲載されている（第三章、第九章を参照）。後で簡略化した複利表を一例として挙げるが、自分で予測を出すときには、複利計算のできる計算機かコンピューターソフトがあったほうがいいだろう。

ここで取り上げる例は、自分の投資基準に見合った株であることを前提としているが、五年、一〇年先の売上高や利益成長率が見積もりどおりになるとは限らないし、将来の妥当なPERなど正確に分かるものではないことを念頭に置いておいてほしい。予想だにしないビジネス上の問題が発生すれば、収益予測は狂うことになるし、株価の下落要因は、相場全体の地合いが悪いせいかもしれないし、市場がその株の価値をそう判断したからかもしれない。しかし買い候補の企業について、できる限り多くの知識を仕入れて保守的な予想を立てておけば、予想した収益が「当たらずとも遠からず」となる確率はそれなりにあると言っていいだろう。

ここにまず架空の企業ＡＢＣ社の数値を挙げておくが、予測の出し方については、その後の説明を読んでほしい。

ＡＢＣ社

一株当たり当期利益	二・二〇ドル
現在の株価	八〇ドル
過去五年間の利益成長率	二二％
過去一〇年間の利益成長率	二五％
年平均ＰＥＲ（高値・安値・平均）	
過去五年間の最高ＰＥＲの平均	四二倍
過去五年間の最低ＰＥＲの平均	二二倍
過去五年間の平均ＰＥＲ	三二倍

一株当たり利益を予測する

（一）まず、企業の今後五年間の妥当な利益成長率をいくらに見積もるか決める。ここではＡＢＣ

複利表（終価係数表）

	15%	16%	17%	**18%**	19%	20%	25%	30%
5年	2.0	2.1	2.2	**2.3**	2.4	2.5	3.1	3.7
10年	4.0	4.4	4.8	5.2	5.6	6.2	9.3	13.8

社の過去五年間の利益成長率を基に予想成長率を一八％と仮定してみた（過去の成長率の計算方法については六七ページから六九ページを参照のこと）。というのも、ABC社はすでにダイナミックな利益成長を遂げているからだ。既存の大企業が成熟期にある場合、予想成長率はかなりダウンすると見てよいだろう。今後五年間（あるいはそれ以上の間）の実現可能な成長率を見積もるとき、プロの投資家たちは以下の点とともに企業の過去・現在・未来を考察している。

- 過去の売上高および利益の伸び率
- ROE（株主資本利益率）
- 売上高利益率
- 経営陣、製品、市場
- その企業の将来の見通し
- 業界の状況
- 一般経済

（二）右の複利表を見て、年数と予想した成長率に対応する複利係数を探す。この例では年数は五年、予想成長率は**一八％**なので、係数は**二・三**となる。

（三）予想一株当たり利益を求めるには、ＡＢＣ社の一株当たり当期利益（**二・二〇ドル**）に、五年間に対応する複利係数（**二・三**）を掛ける。答えは五・〇六ドルとなる。すなわちＡＢＣ社の予想一株益は**五・〇六ドル**ということになる。

次に、五年後（あるいは一〇年後）の株価レンジを求めてみよう。

株価レンジを予測する

最高ＰＥＲの平均と最低ＰＥＲの平均、平均ＰＥＲ（両者の平均）、ＡＢＣ社の予想一株益を使って、将来の予想株価を求めることができる。それには以下に示すように、予想一株益にＰＥＲを掛けるだけでいい。

予想一株益（**五・〇六ドル**）×最高ＰＥＲの平均（**四二倍**）＝五年後の**予想高値**（**二一二・五二ドル**）

予想一株益（**五・〇六ドル**）×最低ＰＥＲの平均（**二二倍**）＝五年後の**予想安値**（**一一一・三二ド**

ル）

予想一株益（**五・〇六ドル**）×平均PER（**三二倍**）＝五年後の**予想平均値**（**一六一・九二ドル**）

保守的に考えるなら、高値ではあまりにも楽観的なので、高値よりも平均値の予想を出しておく。また、保守的すぎるかもしれないが、安値の予想も考慮に入れておこう。

複利ベースの投資利回りを予測する

今後五年間の予想投資利回り（年複利）を見積もるには、まず予想株価の平均値（**一六一・九二ドル**）を現在の株価（**八〇ドル**）で割り、複利係数（**二・〇**）を求める。複利表の利率のところを見て、複利係数（**二・〇**）に対応する利率（**一五％**）を探す。これが複利ベースの予想利回りになる。

この予想利回りをほかの買い候補の銘柄やその他の投資対象、つまり債券やマネー・マーケット・アカウント（MMA）などの利回りと比較してみよう。

ABC社の現在の株価　八〇ドル
ABC社の予想株価の平均値　一六一・九二ドル

今後五年間の予想利回り（年複利）　一五％

第三二章　真の財産を形成・維持していくために

プライスは顧客のために堅実な投資プランの作成を手伝い、テンプルトンは節税や相続対策の大切さだけでなく、目標を持つこと、投資リスクを理解することの重要性を説いた。

富を蓄積・維持・分配するための財産設計は、次の四項目からなる。

（一）富を蓄積するための投資プラン
（二）富を守るための保険プラン
（三）節税により富を維持するためのタックス・プランニング（税金対策）
（四）富を保全・分配するためのエステート・プランニング（相続・贈与・信託対策）

手始めに自分の経済状態を評価する

財テクプランを作成するには、まず自分の現在の経済状態を評価し、プラス部分とマイナス部分を正確に把握しておく。前述したように、企業の財務諸表が企業評価に役立つのと同じで、自分の純資産や収入・支出を一覧表にしておけば、現在の経済状態を分析するうえで参考になる。さて、自分の純資産すなわち資産から負債を差し引いた額はどのくらいあるのか、頭に入っているだろうか。おカネはどこへ消えていくのだろう。支出はどのくらいか。総収入はいくらだろうか。

一覧表を眺めながら、収入の割に借金や出費が多すぎないか、ニーズに合わない投資をしていないか、判定してみよう。金融の専門家と一緒に作業をする場合は、一般に退職金明細や証券の売買報告書、銀行の預金通帳、保険証券などから得た情報を評価することになる。総合的な財テクプランを練り上げるために、ファイナンシャル・アドバイザーが公認会計士（ＣＰＡ）や弁護士と協力し合いながら調整に当たることもある。純資産額や収入・支出を記した一覧表は、年に一回あるいは定期的にアップデート（更新）しておく必要がある。本章の最後に一覧表の例を挙げておいたので参考にしてほしい。投資などする前に、まず以下の点において基礎固めをしておくのが賢明である。

●マイホーム（必要とあれば）

●非常用の手持ち資金（最低三カ月か六カ月分の生活費）
●適切な保険契約
●障害保険（就業者にとっては、いざというときの収入維持になる）
●健康保険
●災害保険・財産保険・自動車保険
●生命保険
●長期介護保険（病気が長期化し、医療保険や健康保険から支払いが出なくなったときに介護費用の埋め合わせになる）

明確かつ現実的なファイナンシャル・ゴールを設定する

健康、フィットネス、仕事、キャリア、個人的な人間関係、家族関係、教育、精神面での成長、金融関係（投資を含む）など、生活上のさまざまな分野で目標（ゴール）を設定することができるが、ここでは多くの人にとって重要なファイナンシャル・ゴールを挙げてみた。

●いざというときに備えて十分な蓄えをしておく
●家を買う、あるいはほかの大きな買い物をする

●子どもの大学の授業料を払う
●老親や祖父母の介護費用を払う
●退職後に快適な生活を送る
●慈善事業に寄付して世の中に役立てる

ゴールは先の見通しのきく現実的なものにし、達成予定日（運用期間）を定め、はっきりと書面に記しておく。投資目的については以下の点について検討する。

●何のためにおカネを投資するのか、何を成し遂げたいのか
●どのくらいの投資リターン（投資収益・投資利回り）を見込んでいるのか
●目標達成までの期間（運用期間）はどのくらいか

目標達成までのコストを見積もり、運用状況をチェックする

ファイナンシャル・ゴールと運用期間（第二一章を参照）を具体的に決めたら、次に問題となるのは、そのためにいくらおカネを出すのか、ということだ。「マネー二〇〇〇デラックス」などのコンピューター・ソフトがあれば、目標達成までのコストの見積もりができ、さまざまな予想利回りごと

に必要投資額の算定ができる。T・ロウ・プライス・アソシエーツやその他のミューチュアル・ファンド会社でも退職プランや学資プランに関する情報提供を行っている。また、定期的に運用状況をチェックしておけば、期待どおりに目標に向かっているかどうかが分かる。仮に期待外れの場合は、金融戦略を変更するか、運用期間を延長しなくてはいけないかもしれない。

投資リスク

投資家の前に立ちはだかる主な障害には次のようなものがある。

- 市場リスク
- ビジネスリスク
- 金利リスク
- インフレリスクと課税リスク

市場リスク

知識のある投資家なら、ときどき起こる一時的な相場の下落にはうまく対応できるだろうが、かなりきつい下げ相場が長く続いて大量の損失が発生すれば、相当な痛手となる。
弱気相場に耐えられるかどうかをテストする一つの方法としては、過去の弱気相場を参考に損失額を予想して差し引いてみる。例えば、一九七三年から七四年にかけてダウ平均が四五％以上下げているが、このようなとき、自分のポートフォリオはどうなるのか、例に示してみた。

相場下落前のポートフォリオ評価額　一〇万ドル
四五％下落　四万五〇〇〇ドル
相場下落後のポートフォリオ評価額　五万五〇〇〇ドル

この例を見ながら、次のことを検討してみよう。

●これほどの損を感情的にどう処理するか
●こうした状況下でおカネが必要になった場合、いざというときの蓄えは十分にあるか
●持ち株の一部がもう二度と元値まで戻らないとしたらどうするか
●このような含み損が出た場合、退職金積立プランや大学の授業料の支払い、その他の目標にどう響くか

ビジネスリスク

自分の投資している企業がビジネス上のトラブルを抱えても、後にそれを克服すれば、一時的な評価損で済む。しかし、その企業が倒産したまま再建されないと、永久に損失を取り戻せない可能性もある。

金利リスク

金利が上昇すると、既発の確定利付債の価格は下落する。例えば、最近発行された債券（額面一〇〇〇ドル、償還期限一〇年、クーポン六％）を購入していたとして、金利が一％上がると、その評価額は九二八・九〇ドルに下がることになる（第二一章「債券について知っておくべきこと」を参照のこと）。必ずしも直接関係するとは限らないが、金利の上昇は一般に株にも悪影響を及ぼすことになる。

$600.00	債券の利息収入
−168.00	所得税($600×28%)
−10.20	インフレによる目減り分($600×1.7%：1998年のインフレ率)
$421.80	債券の利息収入(所得税とインフレ考慮後)
$10,000.00	債券の元本評価額
-170.00	インフレによる目減り分(インフレ率1.7%)
9,830.00	債券の元本評価額(インフレ考慮後)
+421.80	債券の利息収入(所得税&インフレ考慮後)
$10,251.80	債券元本＋利息収入(所得税とインフレ考慮後)
$251.80	(評価額の実質増分)

実質リターン＝評価額の実質増分÷$10,000.00(初期投資額)＝2.518%

インフレリスクと課税リスク

テンプルトンいわく、「実質リターンの合計を最大化する投資を心がけよ。実質リターンとは、税金とインフレ率を考慮した後の投資収益のことだ」（株式の実質リターンの算出例については第二六章を参照のこと）。

ここでは債券の実質リターン（実質利回り）の計算例を挙げてみよう。六%クーポンの課税債券を一万ドルで購入し、一年間保有。市場価格は買い付け時と変わっていないことにし、限界所得税率は二八%とする。実質リターンを計算するには、インカム収入（利息収入）については所得税とインフレ率（購買力の損失分）、債券の元本（＝市場価格）についてはインフレ率を考慮して、額を調整しなくてはいけない。この例では、インフレと税金を考慮した後の実質リターンは

株式・債券・現金同等物・インフレ比較(1925–1999)

指数	年平均リターン
S&P500種株価指数	11.26%
消費者物価指数(CPI)	3.08%
リーマン・ブラザーズ米長期国債インデックス	4.81%
ソロモン・ブラザーズ米社債インデックス	5.57%
1カ月物TB(米割引短期国債)	3.71%

出所＝ウィーゼンバーガー、トムソン・ファイナンシャル・カンパニー

約二・五二％になる。

グローバル投資のリスク

海外投資をする場合には、さらにリスクが増えることになる。第二七章で触れたように、為替レートの変動は投資リターンを目減りさせる可能性がある。また、マイナス要因となる政変も相場を下げることになる。さらに情報不足や流動性の欠如（特にエマージング・マーケットでは、銘柄によって商いがたまにしか成立しないものもある）が国際投資における問題点となり得る。

購買力を維持し、リスク対策を講じる

一九二五年から一九九九年まで株式のリターンが債券や現金同等物を上回り、インフレにも勝っている。

左の**表**は一九七〇年から一九九八年までの内外株式・現金同等物・不動産・債券のパフォーマンスを示したものである。ゴシックの

各種資産のリスク／リターン(1970-1998)

年	米国株式	外国株式	現金同等物	不動産	米国国内債
1970	3.9	-10.5	6.6	10.8	**14.4**
1971	14.3	**31.2**	4.4	9.2	13.2
1972	19.0	**37.6**	4.4	7.5	5.7
1973	-14.7	-14.2	6.8	**7.5**	0.9
1974	-26.5	-22.2	**7.9**	7.2	3.4
1975	**37.2**	37.1	5.9	9.1	14.3
1976	**23.9**	3.7	5.0	9.3	17.4
1977	-7.2	**19.4**	5.2	10.5	1.3
1978	6.6	**34.3**	7.1	16.0	-0.5
1979	18.6	6.2	9.8	**20.7**	3.4
1980	**32.5**	24.4	11.3	18.1	-0.4
1981	-4.9	-1.0	14.1	**16.6**	7.7
1982	21.5	-0.9	10.9	9.4	**33.5**
1983	22.6	**24.6**	8.6	13.3	4.8
1984	6.3	7.9	9.6	13.3	**14.2**
1985	31.7	**56.7**	7.5	10.1	27.1
1986	18.7	**69.9**	6.1	6.6	18.6
1987	5.3	**24.9**	5.8	5.5	-0.8
1988	16.6	**28.6**	6.8	7.0	7.2
1989	**31.7**	10.8	8.2	6.2	16.2
1990	-3.1	-23.3	7.5	1.5	**8.3**
1991	**30.5**	12.5	5.4	-6.1	17.5
1992	7.6	-11.8	3.5	-4.6	**7.7**
1993	10.1	**32.9**	3.0	0.9	12.8
1994	1.3	**8.1**	4.3	6.7	-5.6
1995	**37.6**	11.6	5.4	8.9	23.0
1996	**23.0**	6.4	5.0	11.1	1.4
1997	**33.4**	2.1	5.1	13.7	10.5
1998	**28.6**	20.3	4.8	15.6	12.4

米国株式＝S&P500株価指数
外国株式＝MSCI EAFE(欧州、豪州、極東)指数
現金同等物＝３カ月物Tビル
不動産＝FRCコミングル・ファンド(1971-77)
　　　　フランク・ラッセル不動産指数(1978-96)
　　　　NCREIF不動産指数(1997-98)
債券＝リーマン・ブラザーズTボンド指数(1970-77)
メリル・リンチ7-10年物国債指数(1978-98)
出所＝ベイラード・ビール・アンド・カイザー社

数字は、各年で一番収益率の高かったもの。

将来的には米国株のリターンは、ここ数年よりも下がるかもしれない。二〇〇〇年春現在、株価評価は相変わらず高いが、金利が上昇してきているからだ。

しかし、保有資産を分散しておけば、投資リスクを軽減することができる。投資について学び、投資対象の調査を徹底的に行い、ウォーレン・バフェットのように、「何がうまくいって、何がうまくいかなくなるか」と自問してみれば、それだけ勝ちにつながる投資対象を選び抜く確率もアップするだろう。

投資・運用先を決める

個別に投資対象を買ってもいいし、ミューチュアル・ファンドを購入する、個別運用口座（プロの資産運用担当者が管理してくれる）を設定する、あるいはこの三つを組み合わせてもいいだろう。ただし、それぞれにプラス面、マイナス面があるものだ。例えば、個別株を買えば、自分のおカネを自分でコントロールできるが、知識と技術に加え、投資対象を調べて選別しモニター（監視）していくだけの時間が必要となる。ミューチュアル・ファンドの場合は、分散投資ができるし、プロに運用してもらえるが、銘柄の選別や売り時などについて一切口出しできない。

プロの資産運用担当者が管理する個別口座は、以前は富裕層だけを対象としていたが、最近では最低限必要な投資金額が五万ドルぐらいに引き下げられている。他人のおカネと一緒に運用されるミューチュアル・ファンドとは違い、個別口座では一人ひとりに合わせたポートフォリオを組んでもらえる。ただし、小口口座の割に手数料が高くつく場合があるので気をつけてほしい。また、個別口座の場合は、ファンドの運用報告書とは報告基準が異なるため、運用担当者の成績を評価することはさらに難しくなる。ミューチュアル・ファンドを買うにしろ、個別運用口座を設定するにしろ、運用担当者の過去の実績を調べ、その運用方針を知っておくことが大切である。投資・運用先を選ぶに当たっては、ファイナンシャル・アドバイザーが相談に乗ってくれるだろう。

自分の投資スタンスを見極める

以下の質問に答えていくと、自分が保守派なのか、中道派なのか、積極派なのか、自分の投資スタンスが判定できる。質問の内容については、よく考えてみることが重要である。例えば、（問一）は投資に関する価値観を見るものである。また、（問一二）において、失業時に半年分か一年分の生活費として持ち株の二五％超を売却（現金化）しなければならないのだとしたら、現金の蓄えがもっと必要ということになる。各質問ごとに四角いブランクのなかにチェックマークをつけ、該当する答えのところにある数字を足し合わせていくと、最後にその合計点によって、自分がどのタイプの投資家なのかが分かる。

《投資スタンス判定テスト》

〔問一〕おカネを持っていることの大切さを一言で表わすとしたら？

□（1）安全
□（2）自由
□（3）権力

〔問二〕ポートフォリオのなかにまず組み入れるのはどの投資対象ですか？

□（3）株式
□（2）債券
□（2）ミューチュアル・ファンド（投資信託）
□（2）個人向けの資産運用担当者に任せる

〔問三〕あなたが契約している年金の種類はどれですか？

□（3）変額年金
□（1）定額年金
□（2）変額年金と定額年金

〔問四〕株についてどのような調査をしていますか？
□（2）調査レポートや企業の報告書を調べる
□（2）右記に加え、企業に電話をかけるか直接訪問して、自分の調査と知識を基に質問する
□（3）内報か、直感に頼る

〔問五〕投資決定はどのようにして下していますか？

□（1）投資のプロに相談する
□（2）独自に調査し、自分で判断する

〔問六〕自分ではどのタイプの投資家だと思いますか？

□（1）保守派
□（2）中道派
□（3）積極派

〔問七〕投資する上で一番の狙いは何ですか？

□（1）元本の安全性といくらかのインカム収入

□（2）リスクをいくらかとって、いくらかの値上がり益を期待
□（3）リスクを大きくとって、元本の成長を期待

〔問八〕コンテストで一〇万ドル獲得したら、どうしますか？
□（1）一〇万ドル受け取っておく
□（3）五〇万ドルの獲得チャンスのあるギャンブルに一〇万ドル注ぎ込む
□（2）一五万ドルの獲得チャンスのあるギャンブルに八万ドル注ぎ込む

〔問九〕徹底的に調査し、細心の注意を払って買った株が二〇％下落してしまったら、どうしますか？
□（1）そのまま保有し続けるが、夜眠れなくなる
□（3）買い増しする（ナンピンを入れる）
□（1）売却する（損切りする）

〔問一〇〕どのくらい保有するつもりで投資していますか？
□（1）三年未満
□（2）三年から一〇年

□（2）　一〇年超

〔問一一〕複利ベースでどのくらいの投資利回りを期待していますか？

□（1）　九％未満

□（2）　九％から一五％

□（3）　一五％超

〔問一二〕万一失業してしまった場合、今後半年分か一年分の生活費として、投資勘定からどのくらい現金化しなければいけませんか？

□（1）　一〇％未満

□（2）　一〇％から二五％

□（3）　二五％超

〔問一三〕あなたか、あなたの扶養家族が保険のきかない病気に急にかかってしまった場合、投資勘定からどのくらい現金化しなければいけませんか？

□（1）　一〇％未満

□（2）　一〇％から二五％

□(3)　二五%超

〔問一四〕退職予定はいつですか？

□(1)　一年から五年後
□(2)　五年から一〇年後
□(3)　一〇年後以降

〔問一五〕一番大切な目標は何ですか？

□(2)　おカネをもっと貯めること
□(1)　手持ちのおカネを減らさないようにすること
□(2)　おカネを相続人に分けること

〔問一六〕ポートフォリオのなかに組み入れている外国株あるいは国際型ミューチュアル・ファンドの割合はどのくらいですか？

□(1)　一〇%未満
□(2)　一〇%から二〇%
□(3)　二〇%超

〔問一七〕ポートフォリオのなかに組み入れている小型株あるいは小型株ミューチュアル・ファンドの割合はどのくらいですか？

□（1）一〇％未満
□（2）一〇％から二〇％
□（3）二〇％超

〔問一八〕以下のような投資をしていますか？

□（2）不動産投資
□（3）商品取引
□（3）不動産投資と商品取引

〔問一九〕一番気になっていることは何ですか？

□（1）投資をして損をしている
□（2）長期的には値上がりする可能性があるので投資しているが、いくらか損が出そうだ
□（3）相場自体は堅調なのに、全然儲からない

〔問二〇〕あなたにとって決断を下し、そのとおりに実行することはたやすいことですか？

□(2)　はい

□(1)　いいえ

あなたは以下のタイプの投資家だと思われます。

二三～三四点……保守派

三五～四六点……中道派

四七～五六点……積極派

個人向け純資産表

資産の部

流動資産

銀行預金口座

　当座預金・小切手勘定＿＿＿＿＿＿＿＿＿＿

　普通預金・貯蓄預金＿＿＿＿＿＿＿＿＿＿

　バンク・マネー・マーケット・アカウント＿＿＿＿＿＿＿＿＿＿

　譲渡性預金(CD)＿＿＿＿＿＿＿＿＿＿

ミューチュアル・ファンド・マネー・マーケット・アカウント＿＿＿＿＿＿＿＿＿＿

割引短期国債(Tビル)＿＿＿＿＿＿＿＿＿＿

その他＿＿＿＿＿＿＿＿＿＿

長期資産

個別株式＿＿＿＿＿＿＿＿＿＿

投資クラブ勘定＿＿＿＿＿＿＿＿＿＿

個別債券＿＿＿＿＿＿＿＿＿＿

社債＿＿＿＿＿＿＿＿＿＿

地方債＿＿＿＿＿＿＿＿＿＿

中期国債・長期国債＿＿＿＿＿＿＿＿＿＿

各種ミューチュアル・ファンド＿＿＿＿＿＿＿＿＿＿

投資不動産

パートナーシップ関係＿＿＿＿＿＿＿＿＿＿

事業関係＿＿＿＿＿＿＿＿＿＿

年金

　定額年金＿＿＿＿＿＿＿＿＿＿

　変額年金＿＿＿＿＿＿＿＿＿＿

生命保険の解約返戻金＿＿＿＿＿＿＿＿＿＿

その他＿＿＿＿＿＿＿＿＿＿

退職金積立プラン

IRAs＿＿＿＿＿＿＿＿＿＿

401kプラン＿＿＿＿＿＿＿＿＿＿

キオプラン＿＿＿＿＿＿＿＿＿＿

403bプラン________________

その他の退職金積立プラン________________

個人使用資産

住宅________________

家具________________

衣類________________

自動車________________

ボート________________

宝飾品________________

美術品________________

収集品________________

準備金

教育________________

緊急医療用________________

緊急一般用________________

贈与/遺贈________________

資産合計________________

負債の部

住宅ローン________________

税金(未払い分)________________

ローン________________

　自動車________________

　事業________________

　クレジットカード________________

　教育________________

　その他________________

　その他の負債________________

負債合計________________

資産総額________________

負債総額________________

純資産________________

収支一覧表

収入の部

給与＿＿＿＿＿＿＿＿＿＿
手数料＿＿＿＿＿＿＿＿＿＿
ボーナス＿＿＿＿＿＿＿＿＿＿
利金＿＿＿＿＿＿＿＿＿＿
配当金＿＿＿＿＿＿＿＿＿＿
パートナーシップ収入＿＿＿＿＿＿＿＿＿＿
社会保障給付＿＿＿＿＿＿＿＿＿＿
その他＿＿＿＿＿＿＿＿＿＿
収入合計＿＿＿＿＿＿＿＿＿＿

支出の部

住居費
　住宅ローン/賃貸料＿＿＿＿＿＿＿＿＿＿
　住宅総合保険＿＿＿＿＿＿＿＿＿＿
　税金＿＿＿＿＿＿＿＿＿＿
　維持管理＿＿＿＿＿＿＿＿＿＿
　家具・備品・家電製品＿＿＿＿＿＿＿＿＿＿
　改修工事＿＿＿＿＿＿＿＿＿＿
公共料金
　電気＿＿＿＿＿＿＿＿＿＿
　ガス＿＿＿＿＿＿＿＿＿＿
　水道＿＿＿＿＿＿＿＿＿＿
　電話＿＿＿＿＿＿＿＿＿＿
　テレビ＿＿＿＿＿＿＿＿＿＿
　その他＿＿＿＿＿＿＿＿＿＿
食費
　食品雑貨類＿＿＿＿＿＿＿＿＿＿
　外食＿＿＿＿＿＿＿＿＿＿
自動車
　ガソリン＿＿＿＿＿＿＿＿＿＿
　維持管理＿＿＿＿＿＿＿＿＿＿
　買い替え準備＿＿＿＿＿＿＿＿＿＿
　その他＿＿＿＿＿＿＿＿＿＿
教育
　自分自身＿＿＿＿＿＿＿＿＿＿

子供____
孫____
プライベート
衣類____
ボディーケア____
趣味____
書籍____
雑誌____
娯楽・旅行
バカンス____
映画・観劇____
その他____
寄付・贈与____
保険
健康保険____
生命保険____
障害保険____
災害保険/財産保険/自動車保険____
長期介護保険____
歯科保険____
その他____
保険がきかない分の医療費/歯科診療費____
税金
連邦税____
州税____
市税____
専門家に支払う手数料・費用
弁護士____
公認会計士(CPA)____
資産運用担当者への手数料____
その他____
扶養家族の支援
子どもの世話____
高齢者の世話____
預貯金/投資____
その他の費用____
費用合計____
収入合計－費用合計____

訳者あとがき

アメリカに一足遅れて、日本でもちょっとしたバフェット・ブームが起きた。バフェットがITバブルの崩壊に巻き込まれなかったからだ。なぜか。それは、「自分の頭で理解できない企業には投資しない」という彼独自の哲学を貫いた結果、ハイテク株に手を出さなかったからだ。偉大な投資家たちは自分で納得のいかない場合には投資を見送っている。自分の判断ミスに気づいたときは、すばやく損切りし、大勢に流されることなく独自の判断で買い向かう。本書を読んでいると、自分でも簡単に儲けられそうな気がして元気がわいてくる。が、綿密な裏付け調査に強靭な精神力と柔軟性があってはじめてうまくいくことだ。目先のことに一喜一憂することなく、長期的な展望を持ち、熟慮に熟慮を重ねた上で手堅い投資プランを立てていきたいものだ。

二〇〇一年夏、日本株はバブル崩壊後の最安値を更新し、銀行の不良債権問題も構造改革の痛みの大きさも不透明。近隣諸国との関係もぎくしゃくし、異常気象に、いずれは来るかもしれない大地震。不安材料は山積しているが、一〇月からは運用しだいで受取額が変わる確定拠出年金（日本版401k）がスタートし、自己責任原則がますます求められるようになる。幸か不幸か、株価はバブルの発端と言われたプラザ合意前の水準に戻っている。本書には株のみならず、債券や投信、国際分散投資など投資の知恵が詰まっている。IR（投資家向け広報）の観点からも、プロの投資家がどのような目で企業を見ているかが分かり参考になるだろう。アメリカでは子どものうちから学校で投資の勉強をするという。証券投資には、政治・経済・社会の動きを追うだけでなく、「風が吹けば桶屋が儲かる」式の発想も必要である。頭の活性化にはもってこいである。

本書は著者と訳者とのやりとりのなかで初版本に修正を加えたいわゆる改訂版である。それでも外国株や外債に投資していない人にはなじみのないもの、日本の方式とは若干異なるものもあるが、今の日本のマーケットにも十分応用できるものとなっている。

本書の翻訳・出版には多くの方にご協力いただいた。翻訳の機会を与えてくださった後藤康徳氏（パンローリング）、編集・校正をしていただいたＦＧＩ、ご助言をいただいた庭山邦禎氏（ＳＭＢＣさくらフレンド証券）ほか、証券会社時代の知人、友人には心からお礼を申し上げたい。

二〇〇一年八月

木村規子

（二〇〇五年現在、合併等により会社名〔銘柄名〕が変更になっているものが多々あります。また、配当減税の影響で、マイクロソフトが配当を出すようになるなど、初版刊行時とは状況が変わっているところもありますが、会社名や訳者注など、今後も変更になる可能性があるところは、初版刊行時のままとしました。

二〇〇五年八月　木村規子）

や

ら

わ

ま

な

は

た

さ

索　引

あ

■著者紹介

ニッキー・ロス（Nikki Ross）
公認ファイナンシャル・プランナー（CFP）。元インターナショナル・ファイナンシャル・プランニング協会南フロリダ支部会長。ラジオやテレビ番組にも出演し、マイアミ・デイリー・ビジネス・レビューにミューチュアル・ファンドに関するコラムを書いているほか、新聞・雑誌にも寄稿している。全米の組合や企業、マイアミ大学、ノバ大学、その他の教育機関などを対象に金融をテーマにした数多くのセミナーや会議を開くかたわら、マイアミ・ヘラルド紙の退職資産計画セミナーも手掛けている。夫のジョーゼフ・ロスと共同で金融・保険サービス事業を運営し、公認会計士（CPA）や弁護士とともにクライアントの金融ニーズのコーディネートを行っている。
e-mail: nikki@nikkiross.com

■訳者紹介

木村規子（きむら・のりこ）
慶應義塾大学文学部卒。山種証券（現SMBCさくらフレンド証券）本店国際金融部外国債券課、三菱重工業長崎造船所資材部造船購買課勤務を経て、翻訳に従事。証券会社時代には、郵貯・簡保などの機関投資家を担当。全米証券業協会登録有価証券外務員試験（RRシリーズ7）合格。主な訳書に『アルウィンのスケッチ入門』（MPC）、『目覚めよ日本／リー・クアンユー21の提言』（たちばな出版）、『スマートマネー流株式選択術』『最高経営責任者バフェット』『あなたもマーケットタイミングは読める！』、編集協力に『マンガ　ウォーレン・バフェット』『マンガ　世界投資家列伝』（以上、パンローリング）。

2001年10月14日　初版第１刷発行
2005年９月１日　　　第２刷発行
2006年１月２日　　　第３刷発行
2018年９月１日　　　第４刷発行

ウィザードブックシリーズ ㉒

株の天才たち

――バフェット、グレアム、フィッシャー、プライス、テンプルトンから学ぶ

著　者　　ニッキー・ロス
訳　者　　木村規子
発行者　　後藤康徳
発行所　　パンローリング株式会社
〒160-0023　東京都新宿区西新宿 7-9-18　6階
TEL 03-5386-7391　FAX 03-5386-7393
http://www.panrolling.com/
E-mail　info@panrolling.com
編　集　　エフ・ジー・アイ（Factory of Gnomic Three Monkeys Investment）合資会社
印刷・製本　株式会社シナノ

ISBN978-4-7759-7054-6